道教典籍選刊

赤松子章曆校釋

劉祖國　校釋

中華書局

圖書在版編目(CIP)數據

赤松子章曆校釋/劉祖國校釋. —北京:中華書局,
2023.12
(道教典籍選刊)
ISBN 978-7-101-16403-9

Ⅰ.赤… Ⅱ.劉… Ⅲ.道藏 Ⅳ.B951

中國國家版本館CIP數據核字(2023)第220168號

責任編輯:劉浜江
責任印製:管 斌

道教典籍選刊
赤松子章曆校釋
劉祖國 校釋
*
中華書局出版發行
(北京市豐臺區太平橋西里38號 100073)
http://www.zhbc.com.cn
E-mail:zhbc@zhbc.com.cn
三河市博文印刷有限公司印刷
*
850×1168毫米 1/32·11印張·2插頁·200千字
2023年12月第1版 2023年12月第1次印刷
印數:1-2000册 定價:46.00元

ISBN 978-7-101-16403-9

道教典籍選刊緣起

道教是我國土生土長的宗教，歷史悠久，可以溯源到戰國時期的方術，甚至更古的巫術，而正式形成於東漢時期。它是我國傳統文化的重要組成部分，對我國人民的思維方式、生活方式，對古代科學、技術的發展，都産生過重大影響，並波及社會政治、經濟等各方面。

道教典籍極爲豐富，就道藏而言，有五千餘卷，是有待進一步發掘、清理和利用的文化遺産之一。爲便於國内外學術界對道教及其影響的研究，便於廣大讀者瞭解道教的概貌，我們初步擬訂了道教典籍選刊的整理出版計劃。其中既有道教最基本的典籍，也包括各種流派的代表作，有不少書與哲學、思想史關係密切。所有項目，都選用較好的版本作爲底本，進行校勘標點。

由於我們缺乏經驗，工作中難免有失誤之處，亟盼關心此項工作的專家和廣大讀者給以指導與幫助。

中華書局編輯部
一九八八年二月

目録

赤松子章曆卷之四……一七三

前言

一、赤松子章曆的内容

赤松子章曆，全書凡六卷，主要内容是早期天師道上章科儀，備列上章時必須知道的各種事項，如章信、章辭、上章之宜忌、章奏模式等。

卷一總説章曆由來，首言上章之目的或爲國家，或爲己身，或爲眷屬，或爲亡人，皆爲祈福禳災。次列各種章信一百三十五種，及上章的章辭格式與吉凶日時等。其中，章信各有章名、信物，信物的品目、數量因章而異，分爲三等。

卷二載書符式、書章法、封章法、斷章法等。又有三元日、三會日、五德日、六合日、天地閉塞日、天父日、天母日、四季日、五臘日等内容。還有上章用辭如「誠惶誠恐」「稽首再拜」「頓首死罪」等用法，及上章時請官、存思、避忌、禁戒等規定。

卷三至卷六具載各種章奏六十七通，載各種章名及格式，如天旱章、解呪詛章、消怪章、謝先亡章、大醮宅章、大塚訟章、解謫章等等，通過上章儀式，解決人生中的各種問題，消災度厄。這些文字模式可供法師直接抄寫使用，相當於一部指導道教科儀的手册。

赤松子章曆可大致分爲「章」「曆」兩部分，其中後四卷爲章表的文本，前兩卷則涉及上章的章信、章辭、書章方法、請官避忌、擇日①規定。赤松子章曆中「曆」的部分，内容豐富，思想駁雜，涉及中國古代陰陽五行、天文曆法、星占學、易學、堪輿術、古代式法等民間擇日方法，包括了許多先秦兩漢民間信仰和習俗。兩漢時期，擇日之風盛行，王充論衡、王符潛夫論均有記載，赤松子章曆的擇日避忌與先秦兩漢民間擇日多有重合，可以互相證發。

二、赤松子章曆的成書與流傳

赤松子章曆，托之赤松子問天老。崇文總目著録問天老曆一卷，宋史藝文志作門②

① 周豔萍認爲：「上章的擇日用了大量的篇幅，幾乎佔這兩卷經文的三分之二。」（周豔萍：赤松子章曆擇日避忌研究，北京大學二〇〇七年碩士學位論文，五頁。）

② 「門」乃「問」之訛。（丁培仁：增注新修道藏目録，巴蜀書社，二〇〇八年，二七三頁。）

天老曆，四庫闕書目作問天老曆一卷。

赤松子章曆作爲一部重要的天師道上章科儀手册，關於其成書年代問題，學界多有討論①。

陳國符南北朝天師道考長編一文認爲赤松子章曆「卷三之六所録章表，尚是三張古科。」②任繼愈主編道藏提要認爲赤松子章曆約出於南北朝③。龍彼得（P. van der Loon）所著宋代收藏道書考的目録裏問天老曆、赤松子問天老曆兩書後提示讀者參見赤松子章曆，顯然推測它們是同一部書④。大淵忍爾也注意到了文獻中的記録，但没有斷然認定赤松子

---

① 見王宗昱赤松子章曆的成書年代，劉仲宇、吉宏忠主編：正一道教研究（第一輯），宗教文化出版社，二〇一二年，一四七—一六一頁。此文對赤松子章曆的成書與流傳問題進行了深入細緻的研究，下面主要參考王先生的文章對這一問題加以介紹。

② 陳國符：道藏源流考（新修訂版），中華書局，二〇一四年，三四八頁。吕鵬志先生也認爲：「儘管此書的編訂時代晚至南朝，但其中有不少章本的文字可能出自漢中教團祭酒之手。大部分章本所請的官君都可在千二百官儀中找到，表明赤松子章曆的主要内容與千二百官儀同樣古老。」（吕鵬志：唐前道教儀式史綱（一），宗教學研究二〇〇七年第二期。）

③ 任繼愈主編：道藏提要（第三次修訂），中國社會科學出版社，一九九一年，二六八頁。

④ P. van der Loon: *Taoist Books in the Libraries of the Sung Period: A Critical Study and Index*. Ithaca Press, 1984.

章曆就是赤松子問天老曆，只是在要修科儀戒律鈔的「赤松子問天老平長」後注明宋代存世有赤松子問天老曆。

藤原佐世（八二八—八九八）日本國見在書目中有一本赤松子玉曆，王宗昱認爲應該是同一本書，並指出從藤原佐世的生活年代看，這是記録赤松子曆的最早的文獻了。孫猛日本國見在書目詳考云：「赤松子寶章曆，見道藏正乙部呂太古道門通教必用集卷九（第十三頁背）、正乙部胡湘龍編道門定制卷一（第九頁背）。宋史藝文志道家神仙類著録赤松子門天老曆一卷。章曆、寶章曆、問天老曆與玉曆關係不詳。」①

大淵忍爾認爲該書内容屬六朝，但編纂時間在唐朝②，後進一步指出本書蓋唐末以前編著③。倪克生（P. Nickerson）也認爲赤松子章曆的編定要遲到唐朝末年④。小林正美則

① 孫猛：日本國見在書目詳考，上海古籍出版社，二〇一五年，一五九四頁。

② 大淵忍爾：後漢末五斗米道の組について，東方宗教六十五號，一九八五年，一—一九頁。

③ 大淵忍爾、石井昌子、尾崎正治編：六朝唐宋の古文獻所引道教典籍目録採録文獻簡介，國書刊行會，一九八八年初版，一九九九年改定版，八頁。

④ Stephen R. Bokenkamp: *Early Daoist Scriptures*, University of Cambridge Press, 1997, p. 238.

認爲是唐朝初年①。丸山宏認爲在六朝末期到唐朝，並指出書中上清言功章反映了三洞制度確立以後的經法系統，所以赤松子章曆成書不能早於六朝末年②。

傅飛嵐（Franciscus Verellen）認爲赤松子章曆受到唐代特有的信仰和實踐的影響，如城隍信仰和孝道或爲先亡燒衣物錢財等③。傅飛嵐在另一篇文章中進一步指出赤松子章曆是一個幾世紀形成的文本，歷經數代道士傳用搜集，保存了公元二世紀漢代四川漢中地區的天師舊儀，成爲研究東漢至唐代天師道科儀實踐的第一手證據④。施舟人（Kristofer Schipper）、傅飛嵐主編的道藏通考認爲該書大部分屬六朝，但因爲它提到了孝道仙王，所以赤松子章曆的現存文本不能早於唐朝末年⑤。

---

① 小林正美：唐代の道教と天師道，知泉書館，二〇〇三年，四〇頁。

② 丸山宏：道教儀禮文書の歷史的研究，汲古書院，二〇〇四年，六四頁。

③ 傅飛嵐著，吕鵬志譯：天師道上章科儀——赤松子章曆和天辰章醮立成曆研究，見黎志添主編：道教研究與中國宗教文化，中華書局，二〇〇三年，三七—七一頁。

④ Franciscus Verellen: "The Heavenly Master Liturgical Agenda: The Petition Almanac of Chisongzi", *Cahiers d'Extreme-Asie* 14, 2004, pp. 291–343.

⑤ Kristofer Schipper and Franciscus Verellen: *The Taoist Canon: A Historical Companion to the Daozang*, The University of Chicago Press, 2005, pp. 134–135.

丁培仁將赤松子章曆的年代定爲南北朝①。蕭登福認爲赤松子章曆章辭用語質樸，應是漢魏早期正一派所使用之道書，撰作年代約在南北朝初期②。王宗昱赤松子章曆的成書年代一文根據目録和文獻對赤松子章曆可能載於傳世目録的名稱進行比較，指出赤松子章曆在流傳過程中可能存在名稱變異的多個科本③。王文主要探討了赤松子章曆和要修科儀戒律鈔的關係，認爲這兩個文本在擇日曆忌部分、章信部分相同内容較多，應該都來自赤松子曆這部書，赤松子章曆是抄録赤松子曆以及其他文獻而成，並通過章文中晚出的關鍵性詞彙進行斷代，結合道教的符籙觀念辨析確定章文吸收他本的證據。最後，王先生把赤松子章曆成書年代的下限定在北宋初期。

現存道教文獻中有幾種引用赤松子章曆或赤松子曆的經典。南宋初期的道門定制、無上黄籙大齋立成儀都引用了赤松子章曆，無上黄籙大齋立成儀有三處援引，只有一處稱赤松子章曆，另外兩處稱赤松子曆。見於赤松子曆的文字也見於赤松子章曆，只有個别文字出入，所以無上黄籙大齋立成儀的三處援引應該是來自同一部書。

① 丁培仁：增注新修道藏目録，巴蜀書社，二〇〇八年，二七三頁。
② 蕭登福：正統道藏總目提要，文津出版社，二〇一一年，五九七—五九八頁。
③ 王宗昱：赤松子章曆的成書年代，一四七—一六一頁。

赤松子曆這一名目又見於靈寶玉鑑第十八卷，稱爲赤松子曆古科，同卷下又引時稱赤松曆，顯然是簡稱，在第十八卷開端時又稱赤松寶籙玉曆，這當然不是簡稱。道法會元第一百七十九卷也出現了赤松寶曆的名稱，應該也是「寶籙玉曆」一類的名稱。「寶曆」類的説法亦見於道門通教必用集第九卷，文中稱之爲赤松子寶章曆。就目前所見，「寶章曆」的意思還不清楚，但這些名目似乎都是指的同一部書，即現存的赤松子章曆。

靈寶玉鑑第十七卷有很多和赤松子章曆相同的内容，但未説明引自赤松子章曆，有兩組共十個條目的順序和赤松子章曆相同，另有一些條目也相同，這麼多内容相同或相似，但却没有説明來歷，頗爲費解。王宗昱不認爲它們直接來自赤松子章曆，也不是來自要修科儀戒律鈔，可能來自另外一個科儀本。

赤松子章曆前兩卷的許多内容見於唐朱法滿撰要修科儀戒律鈔，柳存仁早已指出要修科儀戒律鈔這兩卷保存了早期天師道的制度①。「要修科儀戒律鈔第十卷『章表』節至第十一卷全篇的内容與赤松子章曆前兩卷甚爲相似，當是由後書節選出來的。」②赤松子

① 柳存仁：和風堂文集，上海古籍出版社，一九九一年。
② 王宗昱：登真隱訣所反映的天師道，東方宗教第九十六號。按：要修科儀戒律鈔卷十記「治屋」「治名」「治所屬」「治室」「章表」「治病忌日」等，卷十一列叙除罪、求子、治病、請雨等章醮所需物儀。

章曆的前兩卷在「章信」條後有七十個條目，其中有二十二條見於要修科儀戒律鈔，但某些内容有差異。要修科儀戒律鈔也有些文字不見於赤松子章曆，但比例很小，不足百分之二十。赤松子章曆的文字顯然不是直接來源於要修科儀戒律鈔，不僅因爲在數量上要遠大於要修科儀戒律鈔，更由於編排方式很不相同。赤松子章曆與要修科儀戒律鈔的一個重要區别是要修科儀戒律鈔的内容很多没有小標題。

黄亮亮博士最新研究指出：「要修科儀戒律鈔中的兩卷並不能説明赤松子章曆是一個分裂的文本，相反，從它的章科信儀部分可知朱法滿所見的抄本應當是有章文的，只有存在具體章文才會有上章的章信條目。赤松子章曆作爲一個赤松子曆與章文合體的文本，可能在朱法滿編纂要修科儀戒律鈔之時便已經存在了，不過現存的赤松子章曆版本顯然並不是要修科儀戒律鈔所見的版本。無論從赤松子曆部分還是後面多出十三種章文來看，這二者都不屬於同一版本。現存的赤松子章曆還包括唐代晚期和北宋的成分，應該是最後經由北宋道士修改而定。」①

我們現在見到的赤松子章曆中有唐朝甚至更晚增加的内容，應看作是一個增補的本

① 黄亮亮：赤松子章曆與早期方術的比較研究，北京大學二〇二〇年博士學位論文，一七頁。

子。王宗昱先生甚至把它看成是一個重新編輯的本子。對赤松子章曆的成書年代要靈活地看，這本書也許很早就有了，但是後來又不斷有人增進了新的内容。赤松子章曆第一段就告訴我們這本書不是赤松子曆，它是抄録了赤松子曆以及其他的文獻而成的，並且繼續沿用了「赤松子曆」這樣的名目，由於版本可能很多，名目也不統一，所以我們在道藏中能見到不同的名稱。王先生認爲無論是早期的赤松子曆還是後來的赤松子章曆或問天老曆，都是流行於世間的科儀手册，性質相同，文字詳略不等，而我們目前見到的赤松子章曆還不是一個增補本，而是一個彙編本。唐張萬福洞玄靈寶道士受三洞經誡法籙擇日曆中提到很多和赤松子章曆相似的擇日規矩，内容互有參差，説明赤松子章曆條目的系統性是不嚴密的。赤松子章曆不是一本獨立創作的書，而是資料彙編。我們的任務是把那些後代出現的東西挑出來，不要讓它們影響我們認識早期天師道的活動。

倪克生認爲大塚訟章裏有城隍的那條應該是晚出的①。王宗昱先生認爲赤松子章曆中的「城隍」顯然是地獄的含義，據俞樾説此用法始見於太平廣記。三五雜籙言功章中説到很多的籙，它們反映了赤松子章曆的成書年代，其中二十四階法籙更靠近三洞奉道科

① Stephen R. Bokenkamp: *Early Daoist Scriptures*, University of Cambridge Press, 1997, p. 238.

戒營始中的系統。據勞格文（John Lagerwey）教授研究，目前所知最早記載了二十四階法籙的是張萬福的醮三洞真文五法正一盟威籙立成儀，醮三洞真文五法正一盟威籙立成儀中的正一籙和赤松子章曆記録的二十四階極其相似。而赤松子章曆和張萬福這部著作裏的二十四籙又同杜光庭太上三五正一盟威閲籙醮儀的二十四階法籙大同小異。王宗昱先生認爲三五雜籙言功章這篇材料是張萬福以後的文字。

赤松子章曆第一卷有一段和北帝信仰有關係的文字，這段咒語很像太上元始天尊説北帝伏魔神咒妙經，文句上有很多相同點，在時間上應該同時，王先生認爲這段書符咒語的年代大約在唐朝末年。

赤松子章曆第二卷的存思一節文字，可在靈寶無量度人上經大法、道法會元、靈寶領教濟度金書、上清天心正法找到副本，其中上清天心正法第六卷的文字最相近。上清天心正法是北宋天心正法派的重要經典，成書年代在公元一〇一一至一〇七五年間。上清天心正法也是上列諸種相近版本最早的一種，而赤松子章曆的故事情節比上面這段話還要長一些。王宗昱教授根據這條材料把赤松子章曆成書年代的下限定在北宋初期①。

① 王宗昱：赤松子章曆的成書年代，一六一頁。

赤松子章曆中有關千二百官儀的内容，又見於登真隱訣、正一法文經章官品；涉及天師道上章的儀軌的部分，如卷二的書符式和書章法、卷四百姓言功章等，亦見於登真隱訣，其中有不少類似的内容。據王家葵先生研究，卷二請官，經對照，全部内容都鈔自登真隱訣卷下「請官」條①；卷五大塚訟章、又大塚訟章，還可在登真隱訣、真誥中發現一些綫索，這些内容頗可對勘。

我們應如何看待赤松子章曆這一複雜的文本呢？黄亮亮研究指出：「前兩卷從整體結構而言可分爲序言—章科信儀—曆忌。通過對比要修科儀戒律鈔，我們知道赤松子章曆的結構是交織錯雜的。它將曆忌與章科信儀的許多條目錯置，使得兩者在本身的結構邏輯上不能形成一以貫之的叙事。另外，赤松子章曆本身從多個曆日文本摘抄的曆忌造成同一時間的反復，一些曆日的穿插又破壞了原本曆忌具有的可操作性的邏輯。後四卷章文則是以南朝劉宋陸修静改革道教之後形成的三洞制度爲基礎，整合各種不同教團的章文，從而使得各種不同時期不同教團的章文能够形成一個有效的整體。」②

① 王家葵：登真隱訣輯校前言，中華書局，二〇一一年，一九頁。
② 黄亮亮：赤松子章曆與早期方術的比較研究，一四頁。

對赤松子章曆文本時代的鑒別，除了上文所提及的文獻學方法、歷史學方法、文化學方法等，還可以利用語言學方法。語言具有社會性，亦有時代性，個人的思想活動、遣詞造句必須以其所處時代的語言爲基礎，不管造假者水平多麼高超，都難免會在語言表達上露出蛛絲馬跡。

赤松子章曆中量詞使用尤爲豐富，從量詞入手進行考察，不失爲一個較好的切入點。筆者撰寫發表從量詞使用看赤松子章曆的成書年代①一文，對今本赤松子章曆的量詞使用情況進行了分析，我們發現其中多爲中古時期的用法，也有一些是唐代才出現的，可見今本赤松子章曆在流傳過程中有不少後人增補的內容。書中出現了「貼」「對」「事」「鋌」「管」「笏」六個唐代新興的量詞②，特別是頻繁使用「笏」「管」，由此可以判定今本赤松子章曆的最後成書時間不可能早於唐代。我們從量詞角度所進行的語言

---

① 宗教學研究二〇二〇年第三期，收入本書附録。

② 黄亮亮博士也發現了其中兩個量詞的使用問題，他指出：「章信中用墨的形制與量詞的變化爲我們提供了赤松子章曆在宋代被修改的證據。值得注意的是唐人當時用墨並不稱『笏』，多用『挺』『梃』或『鋌』。現存的赤松子章曆文本中章信用墨皆稱『笏』，應是北宋中期以後道士修改的痕跡。」（黄亮亮：赤松子章曆與早期方術的比較研究，一五—一六頁。）

學分析，或可爲赤松子章曆的時代判定提供新的輔助證據。

三、關於赤松子章曆校釋

我從二〇〇三年在華東師範大學中文系讀碩士起，開始接觸中古道經文獻，最先研讀的是太平經，後來以此書爲中心，相繼完成了碩士論文太平經複音詞研究與漢語大詞典、博士論文太平經詞彙研究①。二〇〇九年博士畢業，我來到山東大學文學院工作，並於二〇一一年完成了博士後出站報告東晉南北朝古道經詞彙研究，研究對象主要是真誥、周氏冥通記、赤松子章曆等三十部中古道典，此報告後經修訂，更名爲魏晉南北朝道教文獻詞彙研究②出版。在十多年對道經文獻語言的研讀學習中，我越發感覺中古道經内容龐雜，晦澀難明，尚有許多空白有待填補，其中一些重要道經的整理釋讀，就是一個亟待解決的重要問題。

① 花木蘭文化事業有限公司，二〇二一年。
② 山東大學出版社，二〇一八年。

二〇一六年春天，承蒙西南民族大學周作明教授推薦，中華書局朱立峰先生信任，我確定了赤松子章曆一書的整理工作。最初關注赤松子章曆，是因其語言質樸，多有套語，口語性較强，是研究中古漢語詞彙的優質語料。在後來的整理過程中，我逐漸發現，赤松子章曆雖然篇幅不大，但其思想駁雜，廣涉陰陽五行、本命元辰、干支、星命、六壬、八卦、建除、納音、九宮、式占、堪輿、擇日、卜宅等術數内容，難點頗多，理解殊爲不易，於是我又花了不少時間專門去學習有關知識，加之近年手頭有多個課題在研，整理的進展一度較爲緩慢。

二〇二〇年春節以後，新冠肺炎肆虐，學校的正常上課秩序完全被打亂，春季學期都在家上網課。因爲不必往返學校，時間相對比較完整，藉助這個機會，我把前幾年搜集的有關材料及已經寫好的部分，進行了較爲系統的修改完善，在暑假時基本上完成了初稿。秋季學期開學後，我利用課餘時間，進一步調整有關格式，完善個别條目，逐漸完成了整部經典的整理注釋工作。

本書得到衆多師友的幫助和支持。北京語言大學游帥博士、山東大學孫齊先生、山東大學韓吉紹教授，惠賜寶貴資料；成都中醫藥大學王家葵教授、上海大學黄景春教授、山東師範大學李建平教授、煙臺大學張文冠先生，爲我解疑釋惑，王教授還特意爲拙著題簽；友生鹿方舟、孟冰潔，幫我進行前期資料整理。我在此向以上諸位師友表達衷心的感謝。

道教文獻的整理與研究是一份極具挑戰性的工作，内容博雜的赤松子章曆一書更是如此。雖然花費了多年的心血，但囿於個人學識，以及相關參考資料較少，掛漏疏失自所難免，静俟覽者指正。

劉祖國　定稿於二〇二〇年歲杪

校釋説明

一、本書以文物出版社、上海書店、天津古籍出版社一九八八年聯合影印正統道藏本赤松子章曆爲底本，校勘主要採用本校，結合他校，參以理校。他校資料包括摘引本書的文獻和本書引述的文獻，主要包括道門定制、無上黄籙大齋立成儀、要修科儀戒律鈔，以及其他一些與本經密切相關的文獻，如登真隱訣、正一法文經章官品、女青鬼律、靈寶玉鑑等。中華道藏第八册所收尹志華點校本，整理時有所參考。

二、凡底本訛、脱、衍、倒，顯誤而可確證者，改正之，並出校説明。

三、凡底本與校本文字互異，意義有别而難判其誤者，或知其誤而證據不足者，出校注其異同，不改其字。

四、凡底本不誤，而校本顯誤者，不出校。

五、凡俗字、異體字一律改作通行字，間有例外。

六、人名（含神仙名）及字號、地名（含仙境地名、宫觀名）、朝代、年號，用專名綫。經名、書名，用書名綫。神仙名諱、尊號、職官龐雜繁富，虚實掩映，難以判然區分，本書在專名綫方面採取寬泛原則，不刻意辨析。

七、注釋採用的方法首先是書中不同卷之間的内證，其次是引用與書中内容相關或與本書時代相近的道教文獻和其他古文獻，再次是引用今人相關研究成果。

主要參考文獻

【文獻專著】

道藏，文物出版社、上海書店、天津古籍出版社影印，一九八八年
中華道藏，張繼禹主編，華夏出版社，二〇〇四年
道藏提要（第三次修訂），任繼愈主編，中國社會科學出版社，一九九一年
道藏源流考（新修訂版），陳國符，中華書局，二〇一四年
The Taoist Canon: A Historical Companion to the Daozang. Kristofer Schipper and Franciscus Verellen. The University of Chicago Press, 2005
增注新修道藏目録，丁培仁，巴蜀書社，二〇〇八年
正統道藏總目提要，蕭登福，文津出版社，二〇一一年
中國道教史，卿希泰，四川人民出版社，一九九六年
中國道教考古，張勳燎、白彬，綫裝書局，二〇〇六年

考古發現與早期道教研究，劉昭瑞，文物出版社，二〇〇七年
中華道教大辭典，胡孚琛主編，中國社會科學出版社，一九九五年
道教大辭典，中國道教協會編，華夏出版社，一九九四年
中國方術考，李零，東方出版社，二〇〇一年
中國方術概觀選擇卷，李零主編，人民中國出版社，一九九三年
雲夢秦簡日書研究，饒宗頤、曾憲通，香港中文大學出版社，一九八二年
睡虎地秦簡日書研究，劉樂賢，文津出版社，一九九四年
簡牘日書文獻語言研究，張國豔，中國社會科學出版社，二〇一八年
道教時日禁忌探源，廖宇，巴蜀書社，二〇一七年
中國宗教性隨葬文書研究：以買地券、鎮墓文、衣物疏爲主，黄景春，上海人民出版社，二〇一八年
六朝道教古靈寶經的歷史學研究，劉屹，上海古籍出版社，二〇一八年
天師道二十四治考，王純五，四川大學出版社，一九九六年
道教法術，劉仲宇，上海文化出版社，二〇〇二年
道教齋醮科儀研究，張澤洪，巴蜀書社，一九九九年

六朝隋唐道教文獻研究，趙益，鳳凰出版社，二〇一二年
敦煌道經寫本與詞彙研究，葉貴良，巴蜀書社，二〇〇七年
中古道書語言研究，馮利華，巴蜀書社，二〇一〇年
東漢佛道文獻詞彙新質研究，俞理明、顧滿林，商務印書館，二〇一三年
中古上清經行爲詞新質研究，周作明，中國社會科學出版社，二〇一三年
東晉南北朝道經名物詞新質研究，周作明、俞理明，中國社會科學出版社，二〇一五年
魏晉南北朝道教文獻詞彙研究，劉祖國，山東大學出版社，二〇一八年
中古漢語讀本，方一新、王雲路，吉林教育出版社，一九九三年
近代漢語指代詞，吕叔湘，學林出版社，一九八五年
佛經詞語彙釋，李維琦，湖南師範大學出版社，二〇〇四年
漢語詞綴研究，蔣宗許，巴蜀書社，二〇〇九年
古書疑義舉例五種，俞樾等，中華書局，二〇〇五年
敦煌寫本文獻學，張涌泉，甘肅教育出版社，二〇一三年
東漢石刻磚陶等民俗性文字資料詞彙研究，吕志峰，上海人民出版社，二〇〇九年

敦煌契約文書語言研究，陳曉强，人民出版社，二〇一二年
魏晉南北朝量詞研究，劉世儒，中華書局，一九六五年
隋唐五代量詞研究，李建平，山東人民出版社，二〇一六年
隋唐五代量詞研究，王紹新，商務印書館，二〇一八年
魏晉南北朝石刻名量詞研究，鄭邵琳，上海古籍出版社，二〇一六年
敦煌吐魯番文書中之量詞研究，洪藝芳，文津出版社，二〇一〇年
五行大義，蕭吉撰，馬新平、姜燕點校，學苑出版社，二〇一四年
五行大義校注，日中村璋八，汲古書院，一九八八年
六朝道教史研究，日小林正美著，李慶譯，四川人民出版社，二〇〇一年
唐代の道教と天師道，日小林正美，知泉書館，二〇〇三年
道教儀禮文書の歷史的研究，日丸山宏，汲古書院，二〇〇四年
道教の基礎的研究，日福井康順，書籍文物流通會，一九五八年
説文解字，漢許慎撰，清段玉裁注，上海古籍出版社，一九八一年
宋本玉篇，梁顧野王撰，中國書店，一九八三年
宋本廣韻，宋陳彭年等編，中國書店，一九八二年

集韻，宋丁度等編，上海古籍出版社，一九八五年
廣雅疏證，清王念孫撰，江蘇古籍出版社，二〇〇〇年
爾雅義疏，王其和等點校，中華書局，二〇一七年
揚雄方言校釋匯證，華學誠匯證，中華書局，二〇〇六年
一切經音義三種校本合刊，徐時儀校注，上海古籍出版社，二〇〇八年
淮南子校釋（增訂本），張雙棣校釋，北京大學出版社，二〇一三年
黄帝内經素問語譯，郭靄春主編，人民衛生出版社，一九九二年
金匱要略校注，漢張仲景撰，何任主編，人民衛生出版社，一九九〇年
諸病源候論校注，隋巢元方撰，丁光迪主編，人民衛生出版社，一九九二年
外臺秘要方，唐王燾編撰，高文鑄校注，華夏出版社，一九九三年
備急千金要方，唐孫思邈撰，人民衛生出版社，一九九二年
千金翼方校注，唐孫思邈撰，朱邦賢、陳文國等校注，上海古籍出版社，一九九九年
新校注本本草綱目，劉衡如、劉山永校注，華夏出版社，二〇一三年

【學位論文】

早期買地券、鎮墓文整理與研究，黄景春，華東師範大學博士學位論文，二〇〇四年

死與重生：漢代墓葬信仰研究，李虹，山東大學博士學位論文，二〇一一年
出土戰國秦漢選擇數術文獻神煞研究——以日書爲中心，王强，吉林大學博士學位論文，二〇一八年
赤松子章曆與早期方術的比較研究，黄亮亮，北京大學博士學位論文，二〇二〇年
赤松子章曆擇日避忌研究，周豔萍，北京大學碩士學位論文，二〇〇七年

【期刊論文】

唐前道教儀式史綱（一），吕鵬志，宗教學研究二〇〇七年第二期
天老考，朱越利，宗教學研究一九八六年第二期
「塚訟」考，姜守誠，東方論壇二〇一〇年第五期
「塚訟」的内涵及其流變，高朋，文化遺産二〇〇八年第四期
敦煌社邑文書量詞「事」「笙」辨考，敏春芳，敦煌學輯刊二〇〇五年第二期
道教「注鬼論」釋義，何江濤，宗教學研究二〇一一年第四期
漢晉解除文與道家方術，連劭名，華夏考古一九九八年第四期
晉書「履版」考，張文冠，温州大學學報二〇二〇年第三期
也談道經中的「搏頰」，田啓濤，敦煌研究二〇一二年第四期

所見＝所，吴金華，中國語文一九八一年第五期
漢代「血忌」觀念對道教擇日術之影響，姜守誠，宗教學研究二〇一四年第一期
香港所藏「松人」解除木牘與漢晉墓葬之禁忌風俗，姜守誠，成大歷史學報二〇〇六年第三十一號
漢晉道書中所見「玉女」考釋，姜守誠，湖南科技學院學報二〇一二年第十期
道教文獻中「開通道路」考釋，姜守誠，東方論壇二〇一五年第二期
「籍系星宿，命在天曹」：道教星辰司命信仰研究，孫偉傑，湖南大學學報二〇一八年第一期
四川劍閣縣「天師石敢當」碑研究，白彬、鄧宏亞，四川大學學報二〇一九年第三期
鎮墓文中所見到的東漢道巫關係，吴榮曾，文物一九八一年第三期
老子想爾注雜考，劉昭瑞，敦煌研究二〇〇四年第五期
談佛教詞語「業」向「孽」的嬗變，楊同軍，宗教學研究二〇〇四年第四期
試説「冰矜」，王雲路，中國語文一九九六年第六期
元辰章醮立成曆所見的正一章儀，程樂松，宗教學研究二〇一一年第三期
從量詞使用看赤松子章曆的成書年代，劉祖國，宗教學研究二〇二〇年第三期

正一道的上章儀禮——以「塚訟章」爲中心，日丸山宏著、張澤洪譯，宗教學研究一九九二年第Z1期

東漢墓葬出土的解注器材料和天師道的起源，張勳燎，見陳鼓應主編道家文化研究第九輯，上海古籍出版社，一九九六年

赤松子章曆的成書年代，王宗昱，見劉仲宇、吉宏忠主編正一道教研究（第一輯），宗教文化出版社，二〇一二年

天師道上章科儀——赤松子章曆和天辰章醮立成曆研究，法傅飛嵐（Franciscus Verellen），見黎志添主編道教研究與中國宗教文化，中華書局，二〇〇三年

“The Heavenly Master liturgical agenda: The Petition Almanac of Chisong zi”, Franciscus Verellen, *Cahiers d'Extrême-Asie* 14, 2004, pp. 291–343

儀式、身體、罪謫——漢唐間天師道的上章儀式與疾病，陳昊，見程恭讓主編天問（丁亥卷），江蘇人民出版社，二〇〇八年

正一法文經章官品初探，王宗昱，見程恭讓主編天問（丙戌卷），江蘇人民出版社，二〇〇六年

正一法文經章官品校勘，王宗昱，見鄭開編水窮雲起集——道教文獻研究的舊學新

知，社會科學文獻出版社，二〇〇九年

道科「命籍」「宅録」與漢魏户籍制的一個側面——讀陸修静道門科略劄記之一，凍國棟，中國中古經濟與社會史論稿，湖北教育出版社，二〇〇五年

赤松子章曆卷之一

謹按：太真科〔一〕及赤松子曆〔二〕，漢代人鬼交雜〔三〕，精邪遍行，太上垂慈，下降鶴鳴山〔四〕，授張天師正一盟威符籙〔五〕一百二十階〔六〕，及千二百官儀〔七〕、三百大章〔八〕、法文〔九〕祕要，救治人物。天師遂遷二十四治〔一〇〕，敷行正一章符，領户化民〔一一〕，廣行陰德。爾後年代綿遠，寶章缺失，今之所存，十得一二。

【校釋】

〔一〕「太真科」，原書三卷，後亡佚，玄都律文、要修科儀戒律鈔等道經多有引用。無上祕要卷五六太真中元齋品云：「太真科文爲學之本，當先修中元齋直之法，以贖己身積滯之愆。」又，卷九五昇玉宮品云：「太真科有九品，品有十二條。」吕鵬志認爲，「科」是專門講授傳經規則和儀式規範的，太真科約編成於劉宋初期，此書的儀式部分除主要受靈寶科儀影響的齋儀和上清經派本身的傳授儀外，基本上都是天師道科儀，内容包括上章、授籙、三會等①。

① 唐前道教儀式史綱（一），一五頁。

〔二〕「赤松子曆」，據王宗昱先生研究，南宋初期的道門定制、無上黄籙大齋立成儀都引用了赤松子章曆，無上黄籙大齋立成儀有三處援引，只有一處稱赤松子章曆，另外兩處稱赤松子曆。見於赤松子曆的文字也見於赤松子章曆，只有個别文字出入，所以無上黄籙大齋立成儀的三處援引應該是來自同一部書。赤松子曆這一名目又見於靈寶玉鑑第十八卷，稱爲赤松子曆古科，同卷下又引時稱赤松曆，顯然是簡稱，在第十八卷開端時又稱赤松寶籙玉曆，這當然不是簡稱。赤松子章曆是抄録了赤松子曆以及其他的文獻而成的，並且繼續沿用了「赤松子曆」這樣的名目，由於版本可能很多，名目也不統一，所以我們在道藏裏能見到不同的名稱①。

〔三〕「人鬼交雜」，道經描寫末世景象的常用語，多指大道不行，社會失序，鬼氣横行，危害人間。三天内解經卷上：「自從漢光武之後，世俗漸衰，人鬼交錯。」太上洞玄靈寶業報因緣經：「自是之後，人心破壞，三洞不行，智慧不興，人鬼交雜，運度促急，不滿百年，念念無常，死亡不絶。吾重出世，宣行三洞，布化人間，隨代機緣，敷揚經教，或大或小，隨物所宜。」

〔四〕「鶴鳴山」，山名，在今四川大邑縣西北。後漢書劉焉傳：「（張魯）祖父陵，順帝時客於蜀，學道鶴鳴山中，造作符書，以惑百姓。」神仙傳卷五張道陵條云：「陵年五十，方退身修道，

①　赤松子章曆的成書年代，見劉仲宇、吉宏忠主編正一道教研究（第一輯），一六一頁。

十年之間，已成道矣。聞蜀民樸素可教化，且多名山，乃將弟子入蜀，於鶴鳴山隱居。」

〔五〕「正一盟威符籙」，出自漢代張陵，一般認爲其已經後人修訂，摻入了南北朝的内容。陳國符云：「正一經中，最主要者爲正一盟威籙。」①傅飛嵐（F. Verellen）認爲，正一盟威爲天師教之「新約」和立教章程的專門用語，老子因患人鬼錯亂，故氣横行，故降授張道陵，該故事在許多天師道經典中被講述，例如陸先生道門科略②。

〔六〕「一百二十階」，三洞修道儀云：「三洞科格，自正一至大洞，凡七等，籙有一百二十階，科有二千四百，律有一千二百，戒有一千二百，仍以四輔真經以佐之。」

〔七〕「千二百官儀」，早期天師道的一份神明目録，模仿漢代官制而造作，完整形態現已無存，梁陶弘景登真隱訣有一些引文。登真隱訣卷下云：「千二百官儀始乃出自漢中，傳行於世，世代久遠，多有異同，殆不可都按。」福井康順認爲千二百官儀的成立是在抱朴子以降，梁末以前③。小林正美對此問題進行了進一步的研究，指出原本千二百官儀的成立是在東晉以前，爲天師道的根本經典，梁代所行的千二百官儀已不再是原封不動的原本了④。吕鵬

---

① 道藏源流考，九九頁。
② 天師道上章科儀——赤松子章曆和天辰章醮立成曆研究，見黎志添主編道教研究與中國宗教文化，三八頁。
③ 道教の基礎的研究，四六—五〇頁。
④ 六朝道教史研究，三七三—三八三頁。

志認爲，千二百官儀實質上主要是供祭酒上章請官時選擇適當官君的參考書，南朝道士將其編入「正一法文」經典叢書時易名爲正一法文經章官品，宋代科儀書道門定制稱其爲千二百官章經。正一法文經章官品與登真隱訣卷下徵引的千二百官儀大體相合，應當就是千二百官儀的南朝改編本，是目前所知最詳備的本子。除了文字方面的異同之外，現存的千二百官儀各種佚文在内容上並無太大差異①。

〔八〕「三百大章」，正一威儀經云：「正一受道威儀：次當詣師奉受三百大章、千二百官。不受之者，章中吏兵不受爾言，徒爲謹按，身反招愆。」

〔九〕「法文」，中古天師道文獻通稱「正一法文」，例如正一法文天師教戒科經、正一法文經章官品等。雲笈七籤卷六曰：「正一者，盟威經云：正以治邪，一以統萬。又言：法文者，法以合離，文以分理。此言衆生離本，所以言離。故下文云：反離還本，合真捨僞，由法乃成。言統萬者，總攝一切，令得還真。故下文云：一切學士，覺悟少欲，欲少近乎道宗，宗道在乎戒也。治邪者，文云：衆生根麤，去道賒邈，大道慈悲，立法訓治，趣令心開，兩半成一，一成無敗，與常道合真。故曰正一法文也。」

〔一〇〕「二十四治」，「治」爲五斗米道的傳教點。二十四治絶大多數在今四川境内，以陽平治爲中

① 唐前道教儀式史綱（一），六頁。

央教區，由張陵及其子孫擔任首領。無上祕要卷二三正一炁治品云：「太上漢安二年正月七日日中時，下二十四治，上八、中八、下八，應天二十四炁，合二十八宿，付天師張道陵奉行布化。」據雲笈七籤卷二八所載爲：一陽平治、二鹿堂山治、三鶴鳴神山上治、四漓沅山治、五葛璝山治、六庚除治、七秦中治、八真多治、九昌利治、十隸上治、十一涌泉山神治、十二稠稉治、十三北平治、十四本竹治、十五蒙秦治、十六平蓋治、十七雲臺山治、十八瀘口治、十九後城山治、二十公慕治、二十一平岡治、二十二主簿山治、二十三玉局治、二十四北邙山治。三洞珠囊卷七、蜀中廣記卷七一等書所載治地，略有不同①。

〔二〕「領户化民」，指把信徒當作子民來管理。要修科儀戒律鈔卷一〇：「學久德積，受命爲天師，署男女祭酒二千四百人，各領户化民，陰官稱爲籙治，陽官號爲宰守。」老君音誦戒經：「吾本授二十四治，上應二十八宿，下應陰陽二十四氣，授精進祭酒，化領民户。」三天内解經卷上：「立二十四治，置男女官祭酒，統領三天正法，化民受户，以五斗米爲信。化民百日，萬户人來如雲。」

又按：赤松子問天老平長〔一〕：「己丑上章〔二〕，何不報〔三〕？」平長答云：「見扶

① 王純五天師道二十四治考、傅飛嵐二十四治和早期天師道的空間與科儀結構對此問題有深入探討，可參。

章〔四〕齎到天門，門閉〔五〕。」復問：「一日一夜〔六〕何時開，何時閉〔七〕？」平長具答〔八〕，悉如科文。

【校釋】

〔一〕「天老平長」，靈寶玉鑑卷一七作「天門主事左平長」。「天老」，相傳爲黄帝輔臣。韓詩外傳卷八：「（黄帝）乃召天老而問之曰：『鳳象何如？』」後漢書張衡傳：「方將師天老而友地典，與之乎高晼而大談。」李賢注：「帝王紀曰：『黄帝以風后配上臺，天老配中臺，五聖配下臺，謂之三公。』」後因以指宰相重臣，本經中指掌管天門開閉的官員①。

〔二〕「己丑上章」，要修科儀戒律鈔卷一〇作「己丑日未時上章」，靈寶玉鑑卷一七作「某前日巳日未時上某章一通」。要修科儀戒律鈔卷一〇云：「己丑上章，凶死。」又云：「巳日：閉，巳爲日神，傷女婦，時不可用卯、巳、未、酉、亥、丑。」故「己丑日未時上章」「某前日巳日未時上某章一通」都適值天門閉時。

〔三〕「報」，靈寶玉鑑卷一七作「獲報」。

〔四〕「扶章」，「扶」謂扶持、護持。道法會元卷一八一云：「四部按章從事，監章從事，校章從事，考章從事，定章從事，録章從事，扶章從事，護章從事，齎章從事，呈章從事，刺章從事，通章

① 朱越利天老考一文有詳細考證，可參。

從事，傳章從事，奏章從事，省章從事，受章從事，禦章從事，印章從事。已上從事各二人。」太上金書玉牒寶章儀云：「金光童子十二人，五宮六人，雲中扶章督郵吏二人，從事二人，案章二人，齎章二人，左社右稷，扶護臣章。」

〔五〕「見扶章齎到天門，門閉，要修科儀戒律鈔卷一〇作「己丑日，見扶香案齎章到門，門閉，不開便去」，靈寶玉鑑卷一七作「前日見扶香玉女齎來，值天門閉，便去」。

〔六〕「一日一夜」，要修科儀戒律鈔卷一〇作「一夜一周」。

〔七〕「一日一夜何時開，何時閉」，靈寶玉鑑卷一七作「一日夜十二時辰，門閉之法，可得聞之」。

〔八〕「平長具答」，此處多有省略。靈寶玉鑑卷一七作「陽日陰時，陰日陽時，是開時也。陽日陽時，上章妨六畜。陰日陰時，上章殺人妨遠人，天門閉故也。」要修科儀戒律鈔卷一〇作「閉，卯、巳、未、酉、亥、丑。開，辰、午、申、戌、子、寅。」下文則有對每日開閉時間的詳細分析，例如：「子日：閉，子爲日神，傷師母，時不可用辰、午、申、戌、子、寅。開，卯、巳、未、酉、亥、丑。」

且世人求貢章奏〔一〕，或爲家國，或爲己身，或爲眷屬，或爲先亡〔二〕，種種不同，具如分別。又云：人生年命，悉有星宿管係。若爲惡事，記名黑簿〔三〕，令人精神恍惚，夢寐不安，既多迍邅〔四〕，更減年算。若清心信向之士，崇尚道法，求乞章符，奏即罪滅福生，增添禄壽，先靈遷達，願念從心。凡曰〔五〕奏章，先須備信〔六〕，神明鑒燭，冀質誠心〔七〕。若都無信，即神明不納，責子有慳鄙不捨之心。

【校釋】

〔一〕「章奏」，本爲臣僚呈報皇帝的文書，道經借用此詞，轉指上章者向神靈仙官所奏之章表，如無上黃籙大齋立成儀卷四九：「凡書章奏等，並用紙遮護兩頭，毋令以衣著上。」

〔二〕「先亡」，指家族中的先亡者，多指去世的父母、祖父母等長輩。早期道教認爲先亡者鬼魂作祟，能使親屬生病或遭厄。登真隱訣卷下云：「人家或有先亡，故氣纏著不解，猶爲注害禍患者。」玄都律文云：「請求章奏，解先亡冥考殃罪，及身中所犯坐疾病、災禍、吉凶，由本治。」①

〔三〕「黑簿」，道教認爲，有罪之人，其死名會記録在黑簿上。道門經法相承次序卷中云：「一切衆生名籍仰隸、人民善惡等業，衆靈申奏上曹，善功者升名黃籙，罪責者書之黑簿。功滿三千，遷名仙格。」元始無量度人上品妙經李少微注：「左主生事，右主死事，有功書左府青簿，有罪書右府黑簿。」

〔四〕「迍邅」，謂困頓不順利。語出周易屯：「屯如邅如，乘馬班如。」孔穎達疏：「屯是屯難，邅

① 姜守誠中國古代的「家先」觀念，一三八—一四五頁。

是邅回。」集韻仙韻：「邅，屯邅，難行不進貌。」太上感應篇卷二八：「大抵世人作福者少，造惡者多，是以累歲迍邅，連年困篤，鮮有安者。」

〔五〕「曰」，無上黃籙大齋立成儀卷一〇無。

〔六〕「信」，表誓約的財物，信物。

〔七〕「神明鑒燭，冀質誠心」，無上黃籙大齋立成儀卷一〇無。

又云〔一〕：章無的信，富饒〔二〕者增之，貧窮〔三〕者減之。或有官高富足之家〔四〕，心希功德，而悋〔五〕惜財物，便效貧窮之人，出信如此，亦無益於有爲〔六〕。科云〔七〕：有寒棲貧乏之人求請章醮〔八〕，師爲代出法信。舊章雖各具所用，大抵有三：天子、王公、庶人。且〔九〕尊卑不同，品目〔一〇〕各異，不可殽混〔一一〕而無分別。科云：章信之物，施散〔一二〕貧窮，宜行陰德，不可師全用之〔一三〕。十分爲計〔一四〕，師可費入者〔一五〕三分而已。天科嚴峻〔一六〕，犯者獲罪於三官，殃延九祖，永爲下鬼〔一七〕，可不慎〔一八〕之。今並次比，具有條貫，冀行之者知次第焉。

【校釋】

〔一〕「云」，無上黃籙大齋立成儀卷一〇作「曰」。

〔二〕「饒」，無上黃籙大齋立成儀卷一〇無。

〔三〕「窮」，無上黃籙大齋立成儀卷一〇無。

〔四〕「或有官高富足之家」，無上黃籙大齋立成儀卷一〇作「富貴之家」。

〔五〕「悋」，無上黃籙大齋立成儀卷一〇作「慳」。

〔六〕「便效貧窮之人……亦無益於有爲」，無上黃籙大齋立成儀卷一〇作「只效貧者出信，如此無益於事」。

〔七〕「科云」，無上黃籙大齋立成儀卷一〇無。

〔八〕「有寒棲貧乏之人」，無上黃籙大齋立成儀卷一〇作「貧寒之士」。「章醮」，張澤洪認爲：「上章是早期正一道最盛行的儀式，早期正一道的上章要設醮儀，稱爲章醮，上章是採用醮祭儀式，故可稱爲章醮。」①正一道章醮之法，蓋始於張陵創教時期。

〔九〕「且」，無上黃籙大齋立成儀卷一〇無。

〔一〇〕「品目」，無上黃籙大齋立成儀卷一〇作「品名」。

〔一一〕「不可殽混」，無上黃籙大齋立成儀卷一〇作「不得淆亂」。

---

① 道教齋醮科儀研究，二二一——二二三頁。

〔一二〕「施散」，無上黄籙大齋立成儀卷一〇作「散施」。

〔一三〕「不可師全用之」，無上黄籙大齋立成儀卷一〇作「師不可全用」。

〔一四〕「計」，無上黄籙大齋立成儀卷一〇作「卒」。

〔一五〕「費入者」，無上黄籙大齋立成儀卷一〇作「用」。

〔一六〕「嚴峻」，要修科儀戒律鈔卷一一作「甚嚴」。

〔一七〕「犯者獲罪於三官……永爲下鬼」，無上黄籙大齋立成儀卷一〇無。

〔一八〕「慎」，無上黄籙大齋立成儀卷一〇作「謹」。「可不慎之」，要修科儀戒律鈔卷一一作「慎之慎之」。「可」，謂不可。尚書堯典：「異哉！試可乃已。」孫星衍注：「史遷作『試不可用而已』。」又疏：「史公『可』爲『不可』者，聲之緩急。俗字增爲『叵』，即『可』字也。」

章信〔一〕

天旱章

米一石二斗，油一斗二升，命素一疋，净席一領，筆二管〔二〕，墨二笏〔三〕，五方綵隨方色，紙二百四十張，銀鐶一雙，重一兩二銖，香二兩。

請雨得水過止雨章

米一石二斗，油一斗二升，命素一疋，净席一領，筆二管，墨二笏，五方綵隨方色，紙一百二十張，香一兩，錢一千二百文。

却蟲蝗鼠災食苗章闕信儀

收鼠災章闕信儀

收除虎災章闕信儀

解呪詛章闕信儀

消怪章

芒繩一百二十尺，刀一口，五方綵隨方色，錢一千一百文，米一石二斗，筆一管，命素一疋，墨一笏。

禳災却禍延年拔命却殺都章

命素一疋，錢一千二百文，油一斗二升，米一石二斗，紙二百四十張，筆二管，墨二笏，香二兩，果子。

本命謝過口啓章闕信儀

【校釋】

〔一〕「章信」，請上章者應提供給道士的物品，也是向諸神表示虔誠的手段①。

〔二〕「管」，北魏寇謙之老君音誦誡經：「歲輸紙三十張，筆一管，墨一挺，以供治表救度之功。」我們認爲，最晚至隋唐時期，「管」作爲量詞已經産生，而其成熟與大規模應用要到唐代以後。赤松子章曆中共出現五十二例量詞「管」，數量相當可觀，這些内容當爲流傳過程中後人所增益②。

〔三〕「笏」，量詞，條、塊，用於金銀、墨等。南宋寧全真靈寶領教濟度金書卷二一：「此法用全幅皮黄書之，以展手劄二十一幅，筆一管，墨一笏，木硯一筒，同焚與亡人，須召存至，方焚之，想亡人接去。」李建平研究指出，「笏」作爲量詞唐代時已經出現，但在隋唐五代文獻中還較爲罕見③。我們認爲，以「笏」稱量「墨」這種用法的大規模出現是在宋代之後。赤松子章曆中出現了大量以「笏」量「墨」的用例，這些「笏」應爲流傳過程中後世道徒所添補④。

---

① 丸山宏著、張澤洪譯正一道的上章儀禮——以「塚訟章」爲中心，五五頁。
② 劉祖國從量詞使用看赤松子章曆的成書年代，見本書附録。
③ 隋唐五代量詞研究，九八頁。
④ 劉祖國從量詞使用看赤松子章曆的成書年代，見本書附録。

飛度九厄天羅章

青絲一百二十尺，算子一百二十枚，米一石二斗，命素一疋，錢一千二百文，香二兩，紙一百二十張，油一斗二升，筆一管，墨一笏。

却三災章闕信儀

青絲拔命章

命素四十尺，米一石二斗，錢一千二百文，紙一百一十張，筆墨各一，算子百□十〔一〕枚，錫人五身〔二〕，香一兩，油一斗二升。

疾病醫治章闕信儀

疾病困重收減災邪拔命保護章闕信儀

扶衰度厄保護章

命素一疋，米一石二斗，錢一千二百文，油一斗二升，香一兩，紙一百二十張，筆一管，墨一笏。

謝土章闕信儀

却虛耗〔三〕鬼章闕信儀

言功安宅章闕信儀

斷瘟毒疫章闕信儀

斷䰠〔四〕泉章闕信儀

解天羅地網章

命素一疋，錢一千二百文，白米一石二斗，油一斗二升，香一兩，紙一百二十張，朱繩一百二十尺，釧子一，素絲一兩，筆一管，墨一笏。

驛馬章

亦云開度章。金人一身，五方綵各一疋，紫案巾、牙笏一，冠一，衣一，領、幘一，筆、墨、算子、紙、青絲、席一，書刀〔五〕一，水履一，紫傘蓋一，錢一千二百文，米一石二斗，命素一疋，油、香。

謝五墓章

黄繒一疋，白米一石二斗，油一斗二升，錢一千二百文，筆一管，紙一百二十張，墨一笏，香一兩，果子。

解五墓章

錫人五形，米一石二斗，錢一千二百文，命素一疋，墨一笏，油一斗二升，紙一百二十張，筆一管，算子一百二十枚。

【校釋】

〔一〕「十」，此字前有空字，當爲「二」字。揆之全書文例，上章時算子數量皆爲「百二十」。

〔二〕「身」，量詞。可用於代人受過受罪的金人、銀箔人、錫人、鉛人等。

〔三〕「虚耗」，謂家庭財物損失，古人認爲是虚耗鬼作祟所致。晉干寶搜神記卷六：「上叱問之，小鬼曰：『臣乃虚耗也。』上曰：『何謂虚耗？』小鬼曰：『望空虚中盜人物，耗人家喜事。』」

〔四〕「魍」，鬼怪名。杜光庭録異記異魚：「䱻魚狀如鱧，其文赤班，長者尺餘，豫章界有之，多居污泥池中，或至數百，能爲魍（原注：子故反）。」

〔五〕「書刀」，東漢劉熙釋名釋兵：「書刀，給書簡札有所刊削之刀也。」

謝先亡章闕信儀

保胎章闕信儀

催生章闕信儀

小兒上光度化章

米一石二斗，錢三百六十文，命素一疋，紙一百二十張。

保嬰童章闕信儀

斷亡人復連〔一〕章闕信儀

疾病謝先亡章闕信儀

疾病破棺章闕文

白素四十尺，金人一形，刀一口，斧一張，鑿一，大槌一，鋸一，炭〔二〕三十斤，木銜一雙，鍬一，紙一百二十張，錢一千二百文，筆墨一副〔三〕，油一斗二升。

收除火災章

五方綵五疋，素絹一疋，銀鐶一雙，錢一千二百文，墨一笏，米一石二斗，油一斗二升，紙一百二十張，筆一管，席一領，絳巾一丈二尺。

【校釋】

〔一〕「復連」，亦作「伏連」。張勳燎、白彬指出，前面有人以某種方式死亡，後來相繼有人以同樣的方式死去，用宗教的觀點加以解釋，認爲這是前死者由於種種原因靈魂在陰司遭受折磨，回到陽世祟害於人，索取生人魂魄代其受苦以求自身之解脱所致，這種看似完全重複的現象，就是「復連」①。

① 中國道教考古，一二六〇頁。

〔二〕「炭」，靈寶無量度人上經大法卷七一：「科曰：炭者，陽類也。陽中生陰，以炭鎮陽官，資陰氣。闕者考屬陽宮曹。」

〔三〕「副」，劉世儒認爲，「副」的本義是「分判」（說文：「副，判也。」），由此引申，凡有「分合」「配合」義可說的大都就可以用它作量詞，這是南北朝新興的量詞，在此以前還不多見①。

甲子丐過章闕文、信儀

上清言功章闕信儀

三五雜籙言功章闕信儀

絶泰山死籍言功章闕信儀

遷達先亡言功章闕信儀

百姓言功章闕信儀

收怪章

扶衰章

① 魏晉南北朝量詞研究，二〇九頁。

斷傷章

斷官章

大斷骨血注代命章

斷土章

拔厄章

救難章

斷墓章

斷子注章

解一身羅網章

拔墓章

拔天河章

拔三十六獄章

初化除罪章

求子章

夫妻積病療〔一〕治章

產後疾病首罪乞愈章

夫妻興氣相應首過章

暴〔二〕病請官〔三〕一時相付章

家道轗軻〔四〕絶子請宅乞祐章

宅中光怪〔五〕歸命乞丐〔六〕白章

疾病牒所犯移徙諸忌請官救章

疾病歸化心口有違改更乞恩章

請官收捕妄作一法章

夫妻離別斷注消怪章

違犯科要〔七〕首謝乞原章已上二十七章皆闕文

右同用白素四十尺，白米一石，油一斗，香一斤，紙一百張，筆一雙，墨一笏，書刀一口，席二領，布巾五尺。

【校釋】

〔一〕「療」，要修科儀戒律鈔卷一〇作「醫」。

〔二〕「暴」，要修科儀戒律鈔卷一〇作「困」。

〔三〕「請官」，書寫神官名字，以鎮鬼除凶。
〔四〕「轗軻」，同「坎坷」，人生曲折，困頓不得志。杜光庭太上宣慈助化章卷二：「招罹災考，疾患更互，所爲無可，所向不利，肉人轗軻，私心憂懼。」
〔五〕「光怪」，鬼怪。太上正一咒鬼經：「前亡後死，男女復連，無辜之鬼，客死之鬼，兵死之鬼，星死之鬼，注死之鬼，前死之鬼，後死之鬼，應時咒殺之鬼，及諸百怪、梟鳥、鵄鵲，百鳥妄鳴，狗嘷作怪，血光金光，火光水光木光，衣光髮光，舍宅門户開閉音聲之怪，甑叫釜鳴金鐵之精。」
〔六〕「丐」，要修科儀戒律鈔卷一〇無。
〔七〕「違犯科要」，要修科儀戒律鈔卷一〇作「違科犯禁」。

憂厄困辱謝過解咎章

金鐶一雙，書刀一口，紙一百幅〔一〕，筆二管，墨一笏，米五斗，席二領，香五兩。

始覺有疾首罪乞恩章

錢百一十，米三斗，紙百幅，筆二管，墨一笏，香一兩，席一領，書刀一口。

疾〔二〕病累日謝醫救治章

紙百幅，筆二管，墨一笏，書刀一口，米三斗，香一兩，席一領，錢一百二十文。

斷瘟疫章

紙百幅，香三兩，筆一管，墨一笏，書刀一口，席二領，油一斗，錢七十文，繒一丈二尺，隨家口多少各別。

請雨章

油三斗六升，筆二管，墨一笏，紙百幅，朱砂一兩，香三兩，席二領，米五斗，錢三百六十五文。

疾厄斷除鬼訟拔危保安章

紙三百張，油三斗，青絹四十尺，筆一管，墨一笏，香五兩，米五斗，席二領，書刀一口。

解九五元辰厄會章〔三〕

白米石二，席四領，油一斗二升，絳繒一疋，無者用紙百張，筆二管，墨二笏，書刀一口，算子百二十，金鐶一雙，香二斤，絳繩三種，每種九條，百二十尺。厄重者，五色絲各三兩。

【校釋】

〔一〕「幅」，王紹新先生指出，由布帛的幅度引申出的量詞「幅」始見於南北朝，稱量紡織品，還可量紙，如高僧傳神異篇：「忽求黄紙兩幅作書。」①

〔二〕「疾」，要修科儀戒律鈔卷一〇作「沈」。

〔三〕「解九五元辰厄會章」，黄亮亮博士指出，要修科儀戒律鈔卷一二作「解子午元辰厄會章」。按元辰推算之術，當是②。

請晴章

蠟五斤，筆二管，墨二笏，紙百幅，朱砂五兩，書刀一口，席二領，米五斗。

解八卦元辰大厄章

白素四十尺，米一石二斗，油一斗二升，書刀一口，素絲五兩，金鐶一雙，重二分，錢一千二百，亦可六百，或三百八十四文，算子百二十，紙百幅，香一十三兩，筆二管，墨一笏，席二領，書刀一口。

退盜章

五色左繩隨方丈數，青紋九十尺，大刀一口，紙一百張，筆墨一副，香三兩，席一

---

① 隋唐五代量詞研究，二一一頁。

② 赤松子章曆與早期方術的比較研究，四八頁。

領，書刀一口，米五斗。

入居改易不利大小謝宅章

紙百二十張，筆一管，墨一笏，書刀一口，五方綵各隨方數，蠟五斤，席二領，米五斗，錢百二十文，香三兩。

新居恐懼鎮宅章

黄繒十尺，錢百二十文，米五斗，席二領，紙百幅，筆一管，墨一笏，香三兩，書刀一口。

虚耗光怪斷絶殃注章

紙百張，筆一管，墨一笏，書刀一口，席一領，油一斗，黄布一十四尺，白米石二，香二兩。

解釋三曾五祖塚訟〔一〕章

术五十斤，燒，及作散，法在後，十五斤、二十五斤亦得。黄布五丈，米一石五斗，紙一百張，墨一笏，筆一管，香一兩，席一領。

官私咎謫死病相連斷五墓殃注章

紙百張，筆一管，墨一笏，書刀一口，席一領，油一斗，黄布二十四尺，米一石二斗，朱砂一兩，香一兩。

數夢亡人混涉消墓注〔二〕章

黄布五丈，白素四十尺，油三斗六升，紙一百張，筆一管，墨一笏，書刀一口，香三兩，朱砂二兩。

宅中怪異小驅除章

紙五十張，筆一管，墨一笏，米三斗，席一領，香一兩，錢七十二文。

喪葬後〔三〕大驅除章

紙一百張，筆二管，墨一笏，書刀一口，香一兩，席一領，米三斗，錢百二十文，朱砂一兩，繒十尺。

【校釋】

〔一〕「塚訟」，要修科儀戒律鈔卷一〇作「注訟」。塚訟，或稱鬼訟、鬼注、塚注，是基於先人的行爲給後人帶來不幸的一種處罰，「塚訟」觀念是六朝道士融合解注、承負等民間信仰和道教觀念的産物①。靈寶無量度人上經大法卷五三：「右準符命，拔度六道四生孤魂滯魄等衆，

① 姜守誠「塚訟」考，七頁；高朋「塚訟」的内涵及其流變，一二九—一三七頁。

解除塚訟死魂之對。或祖先墳墓以興災，或因子孫誤犯而致死，或報對三官之府，或注訟五墓之中，受死亡魂，號曰塚訟，執對長夜，争訟冥曹。」

〔二〕「墓注」，陳昊先生認爲，墓注和塚訟在赤松子章曆中指先祖由於各種因素對後代造成的疾病和災厄，這些因素包括道德和各種禁忌①。

〔三〕「後」，要修科儀戒律鈔卷一〇作「殯後」。

病死〔一〕不絶銀人代形章

銀箔人隨家口多少，一人一形。銀無，用錫人，或錢九十九，奏章後，投水中。紙百張，筆一管，墨一笏，書刀一口，米五斗，香二兩，繒一丈一尺。

疾病多怪收捕故氣章

桃符六十枚，板長尺二寸，廣一寸二分，厚三分。赤小豆九斗，左繩百一十尺，大刀一口，紙百張，筆一管，墨一笏，席一領，香二兩，書刀一口。

疾厄沈滯〔二〕解二十四獄章

① 儀式、身體、罪謫——漢唐間天師道的上章儀式與疾病，二五五頁。

青紋二十四尺，香三兩，紙一百張，筆一管，墨一笏，米五斗，刀一口，席一領。

拔五獄救疾章

素絲三兩，金鐶一雙，香十兩，紙百張，筆一管，墨一笏，席一領，米五斗，書刀一口。

解五斗閉繫災〔三〕絶拔命章

白素四十尺，素〔四〕絲三兩，金鐶一雙，墨二笏，筆二管，紙二百張，香五兩，米五斗，書刀一口。

夢見亡人閉繫大遷達章

素絲〔五〕四十尺，紙一百張，筆一管，墨一笏，書刀一口，油一斗，席二領，香三兩，錢百一十文，米五斗。

夢見亡人愁恨小遷達章

紙百張，筆一管，墨一笏，書刀一口，油一斗，香二兩，席一領，米三斗，錢百二十文。

服滿後遷達請恩章

紋繒四十尺，紙百張，筆一管，墨一笏，米五斗，書刀一口，油一斗，香七兩，席二領，錢一百二十文。

解呪詛章

錢三百二十六文，命綵隨年數，紙一百張，筆墨各一副，米五斗，席二領，香五兩，書刀一口。

解五方呪詛章

錢三百六十文，命絲隨年數，紙一百張，筆一管，墨一笏，米三斗，席二領，香五兩，書刀一口，五色絲隨方數。

【校釋】

〔一〕「病死」，要修科儀戒律鈔卷一〇作「死病」。

〔二〕「疾厄沈滯」，要修科儀戒律鈔卷一〇作「沈滯疾厄」。

〔三〕「災」，要修科儀戒律鈔卷一〇作「交」。

〔四〕「素」，要修科儀戒律鈔卷一〇作「白」。

〔五〕「素絲」，要修科儀戒律鈔卷一〇作「白素」。

乞子章

油一斗四升，米二石四斗，紙一百張，筆一管，墨一笏，朱砂二兩，書刀一口，席一領，命素一疋，錢一千二百文，香五兩。

銷口舌誹謗章

蠟三斤，炭五十斤，錢百二十文，米三斗，席一領，香五兩，紙五十張，筆墨一副，書刀一口。

解厄延命章

米九斗，油七斗，錢一百二十文，紙一百張，筆一管，墨一笏，書刀一口，香一兩，席二領。

積病忽劇急〔一〕請命章

白素四十尺，米一石，油五斗，香二兩，紙一百張，筆一管，墨一笏〔二〕，書刀一口，席二領。

延算拔命章

紙一百張，筆一管，墨一笏，香五兩，朱砂二兩，書刀一口，席二領，金鐶一雙，青〔三〕絲三兩，絹一疋，米一石二斗，算子百二十枚。

録魂魄章

錢一百一十文，席一領，朱砂一兩，香二兩，書刀一口，紙一百張，筆一管，墨一笏，米三斗。

度厄保護章

和香五斤，席一領，紙一百張，筆一管，墨一笏，書刀一口，米三斗。

八方大保護章

紙一百張，墨一笏，筆一管，書刀一口，絹一疋，米一石二斗，油三斗，銀鐶一雙，素絲三兩，和香一斤，席二領。

五方生養保護章

米一石二斗，白素四十尺，香五兩，席二領，紙一百張，筆一管，墨一笏，書刀一口。

滯疾進退解羅網章

白素四十尺，米一石，金鐶二雙，紙一百張，筆一管，墨一笏，書刀一口，朱砂五兩，香五兩，席一領。

扶衰度厄解羅網章已上三十九章皆闕文

金鐶二雙，素絲二十四兩，白素四十尺，米一石，香五兩，紙一百張，筆二管，墨一笏，書刀一口，席二領。

爲天地神祇言功章

三五言功章

除太山死籍章

爲先亡言功章

三月一時言功章

三會言功章

【校釋】

〔一〕「積病忽劇急」，要修科儀戒律鈔卷一〇作「救積病忽劇色」。

〔二〕「笏」，要修科儀戒律鈔卷一〇作「梃」。説文木部：「梃，一枚也。」王筠句讀：「謂一枚曰一梃也。下文：材，木梃也。竹部：竿，竹梃也。但指其榦，不兼枝葉而言。」段注：「凡條直者曰梃，梃之言挺也。」劉世儒指出，「梃」最常見的是用於指量甘蔗，偶然也有用來量「墨」的，也是取其挺直義，只是後來發展才寫作「鋌」，但用「梃」量「墨」，在南北朝並不多見，常見的是「丸」①。

〔三〕「青」，要修科儀戒律鈔卷一〇作「素」。

酆都章

米一石二斗，炭五十斤，油一斗二升，著身衣三事〔一〕，命素一疋，香二兩，錢一千二百文，紙一百二十張，筆一管，墨一笏。

生死解殗〔二〕洗蕩宅舍章闕信儀

大醮宅章

五方綵各一疋，命素一疋，油一斗二升，紙二百四十張，錢一千二百文，米一石二斗，筆一管，墨一笏，香二兩。

開通道路章

衣服三事，錢三百六十文，絹巾一丈五尺，衣綿三事，紙一百二十張。

拔河章闕信儀

① 魏晉南北朝量詞研究，九九頁。

保蠶章

油二斗四升，白素一疋，米一石二斗，紙五貼〔三〕，筆墨各五事，雞卵一雙。

【校釋】

〔一〕「事」，相當於「件」，唐五代新興量詞，可以稱量衣服、器物等①。我們調查發現，「事」在赤松子章曆中共出現四例，其用法略同於「件」，其中三例用來稱量衣物（「著身衣三事」「衣服三事」「衣綿三事」），一例稱量筆墨（「筆墨各五事」）②。

〔二〕「殗」，穢物，道經中常與「淹」通用，多指死人或分娩所致的死穢之氣，能致人病死③。上清握中訣卷中：「正一道士乃自有常用，而八吏六甲别有一符水，於解殗爲勝。」

〔三〕「貼」，王紹新先生認爲，説文只有「帖」，釋爲「帛書署也」，義爲簽條兒、字條兒。「貼」是新附字，釋作「以物爲質也」。二字本義有别，但作爲量詞因音同可通用。「帖（貼）」是隋唐五代新生量詞，可稱量紙張等（只作「帖」，不作「貼」）④。從赤松子章曆用例可見，

① 敏春芳敦煌社邑文書量詞「事」「笙」辨考，一八一頁。
② 劉祖國從量詞使用看赤松子章曆的成書年代，見本書附録。
③ 周作明、俞理明東晉南北朝道經名物詞新質研究，一四九頁。
④ 隋唐五代量詞研究，一七二—一七三頁。

稱量紙張亦可寫作「貼」，可爲補。我們發現，「帖（貼）」作爲新興量詞，稱量紙張的用法並不常見，且大多出現於敦煌文獻、吐魯番文書中。在唐代，「帖」的主要用法是稱量藥劑，因古代藥方寫於紙上，因此稱藥一劑爲一帖。赤松子章曆中的「貼」當爲唐以後道徒所竄入①。

接算章

青絲一百二十尺，筭子百二十枚，錢一千二百文，米一石二斗，油一斗二升，香五兩，命素一疋，金鐶一雙，紙百二十張，墨兩笏，筆兩管。

大塚訟章二通

沐浴章

解謫章

久病大厄金紫代形章

錢二百四十文，紫紋四十尺，金人一形〔一〕，重一兩二銖，墨一笏，紙二百張，書刀

① 劉祖國從量詞使用看赤松子章曆的成書年代，見本書附録。

一口，香十兩，席二領，米一石二斗，筆一管，油一斗，朱砂五兩。

收魘夢章

爲亡人首悔贖罪解謫章

齎亡人衣物解罪謫遷達章

滅度三塗五苦鍊尸受度適意更生章

出喪下葬章

新亡遷達開通道路收除土殃斷絶復連章

新亡灑宅逐注却殺章

受官拜章

臨官〔二〕莅民章

受官消滅妨害章

遷臨大官章

保護戎征章

【校釋】

〔一〕「形」，中古量詞系統裏，表示身體、身軀義的「身」「軀」「形」，引申都可作量詞，用來稱量佛道造像、俑人等①。

〔二〕「臨官」，治理官務。張國豔指出，日書有「臨官莅政」三例，孔家坡漢簡三二一：「臨官立（莅）正（政）相宜，以徙官，免事。」左傳已有「臨政」一詞，「臨官莅政」應該也是一種擴展形式。「臨政」與「莅政」均爲動賓結構，兩者表義相同②。

論三等章

千二百官儀，三百大章，章中雖各具質信〔一〕，然教跡來久，行之者多有增減，所以尊卑雷同〔二〕，高下不等，今抄出三等，約爲準的。

繒綵，天子用紫紋，疋數。王公用本命色，丈數。庶人用縵繒〔三〕。尺數。

鎮錢〔四〕，天子用金錢，王公用銀錢，庶人用銅錢。

禄米〔五〕，天子三石六斗，王公二石四斗，庶人一石二斗。

鎮油〔六〕，天子一石二斗，王公六斗四升，庶人二斗二升。

---

① 鄭邵琳魏晉南北朝石刻名量詞研究，五三—六九頁。
② 簡牘日書文獻語言研究，三六九—三七〇頁。

用香，天子全斤，王公半斤，庶人三兩、五兩。

紙、筆、墨、朱砂，此物給主者書章起草，換易陋誤，應是諸章悉須置辦，不可暫闕，其餘並依本例色目〔七〕，不得謬濫。違，減年算。

【校釋】

〔一〕「質信」，表誠心的財物，信物。國語楚語下：「容貌之崇，忠信之質，禋絜之服，而敬恭明神者，以爲之祝。」韋昭注：「質，誠也。」

〔二〕「雷同」，據上下文義，似當作「異同」。

〔三〕「縵繒」，無花紋的絲織品。北周無上祕要卷三四：「天王帝主禳災度厄，用五色紋繒，隨方丈數，龍用上金，命繒用紫紋，庶民用縵繒，龍用中金，然燈請乞同如上法。」

〔四〕「鎮錢」，道教科儀中鎮壇傳信用的錢幣。上清靈寶大法卷一七：「科曰：鎮錢二萬四千，以代上金之信，質心三界，告盟十天。缺者，考屬玄都曹。」

〔五〕「禄米」，靈寶無量度人上經大法卷七一：「科曰：米者，養生之本，民以食爲命。故齋法以米質信天官，增加品禄，所不可闕也。闕者，考屬天官曹。」

〔六〕「鎮油」，靈寶無量度人上經大法卷七一：「科曰：油者，陰類也，陰中生陽，以油鎮陰官，續陽景。闕者，考屬陰官曹。」

〔七〕「色目」，種類名目。宋陸游監丞周公墓志銘：「邑賦色目極繁，以入償出，不足者猶四萬緡，率苛征預借，苛逭吏責。」

章辭

凡欲奏章〔一〕，先具辭疏，列鄉貫、里號、官位、姓名、年幾〔二〕，并家口、見存眷屬、男女、大小等，令依道科，齎某法信於某處，詣某法師，請求章奏，伏乞慈悲，特爲關啓〔三〕。辭中或説事意，須質而不文，拙而不工，樸而不華，真而不僞，直而不肆〔四〕，辯而不煩，弱而不穢〔五〕，清而不濁。簡要輸誠，則感天地、動鬼神，御上天曹，報應〔六〕立至。如違，奪算一紀。

【校釋】

〔一〕「奏章」，上章啓事。洞真太上太霄琅書卷四：「男女生官，不得以帔奏章，啓齋得道，亦不得著帔，讀經聽講，帔皆可通。」

〔二〕「年幾」，年紀，歲數。「幾」，通「紀」。南朝梁劉孝威擬古應教詩：「美人年幾可十餘，含羞轉笑斂風裾。」

〔三〕「關啓」，稟告，稟報。中古道經常用「關達」「關奏」「關白」「關告」等詞，表示稟告、稟報義。

〔四〕「直而不肆」，語出道德經第五八章，杜光庭道德真經廣聖義卷四〇：「肆，申也。聖人之行不邪，彼自從而正直，非爲彼之不正而申直以正曲。」

〔五〕「弱而不穢」，杜光庭道德真經廣聖義卷四〇：「廉，清廉也。穢，濁也。聖人率性清廉，自然化下，非穢彼之濁以揚其清。有本爲劌，劌，傷也。聖人廉以成行，不傷於物。」

〔六〕「報應」，上章過程中出現的徵兆，不同徵兆代表尊神、天將對所求之事的反應。

天門開時

子日卯巳未酉亥丑開。子爲日神，傷師命〔一〕時不可用。

丑日辰午申戌子寅開。丑爲日神，傷牛犢時不可用〔二〕。

寅日卯巳未酉亥丑開。寅爲日神，傷六畜時不可用。

卯日辰午申戌子寅開。卯爲日神，傷師〔三〕時不可用。

辰日卯巳未酉亥丑開。辰爲日神，傷父母時不可用。

巳日辰午申戌子寅開。巳爲日神，傷婦女〔四〕時不可用。

午日卯巳未酉亥丑開。午爲日神，傷師〔五〕時不可用。

未日辰午申戌子寅開。未爲日神，傷病者時不可用。

申日卯巳未酉亥丑開。申爲日神，傷遠人〔六〕時不可用。

酉日辰午申戌子寅開。酉爲日神，傷飛鳥時不可用。

戌日卯巳未酉亥丑開。戌爲日神，傷遠行時不可用〔七〕。

亥日辰午申戌子寅開。亥爲日神，傷行人時不可用〔八〕。

【校釋】

〔一〕「師命」，要修科儀戒律鈔卷一〇作「師母」。

〔二〕「傷牛犢時不可用」，廖宇研究指出，十二地支與生肖的配屬關係中，丑與牛相配，既然丑爲日神，那麽與丑有配屬關係的牛犢在此日也就這有著特殊的重要性，因此不可以用①。

〔三〕「師」，要修科儀戒律鈔卷一〇作「師父」。

〔四〕「婦女」，要修科儀戒律鈔卷一〇作「女婦」。

〔五〕「師」，要修科儀戒律鈔卷一〇作「物類」。

〔六〕「遠人」，要修科儀戒律鈔卷一〇作「遠行」。

① 道教時日禁忌探源，四二頁。

〔七〕睡虎地秦簡日書甲種：「遠行者毋以壬戌、癸亥到室。以出，凶。」

〔八〕廖宇認爲，赤松子章曆中戌日避傷遠行時、亥日避傷行人時的原因或來自戰國、秦代的傳統。壬戌日、癸亥日遠行的人歸家和出行是凶險的，在戰國、秦代時有避免戌日和亥日出行的習俗，因此在章曆中避免用戌日、亥日中傷行人時①。

天門閉時〔一〕

辰午申戌子寅閉。子日。　卯巳未酉亥丑閉。丑日。

辰午申戌子寅閉。寅日。　卯巳未酉亥丑閉。卯日。

辰午申戌子寅閉。辰日。　卯巳未酉亥丑閉。巳日。

辰午申戌子寅閉。午日。　卯巳未酉亥丑閉。未日。

辰午申戌子寅閉。申日。　卯巳未酉亥丑閉。酉日。

辰午申戌子寅閉。戌日。　卯巳未酉亥丑閉。亥日。

① 道教時日禁忌探源，四三頁。

【校釋】

〔一〕關於天門開閉的時間，宋呂元素道門定制卷一云：「章後，古人寫年月日下，止云天門開時，蓋别有法，謂陽日（小注云：子、寅、辰、午、申、戌日也）當陰時，天門開（小注云：謂酉、亥時之類）。陰日（小注云：丑、卯、巳、未、酉、亥日也）當陽時，天門開（小注云：謂子、戌時之類）。」廖宇指出，天門開閉的規律即是陽日陰時天門開，陰日陽時天門開。何以陽日陰時、陰日陽時天門開？這是因爲道教認爲，陰陽互根，缺一不可①。

五音呈章利用〔一〕

建日〔二〕可呈章九通。利上開化大道、收捕凶殃鬼賊，不上誅符廟，傷一門及師。忌申時，斗擊〔三〕下。他倣此〔四〕。

除日可呈章十二通。利上治病、分解塚墓、殃考連達子孫〔五〕，不上保護錢財。忌酉時。

滿日可呈章六通。利上安穩塚墓及保護錢財，不上解宅中虚耗，傷六畜時不可用〔六〕。忌戌時。

---

① 道教時日禁忌探源，四〇頁。

平日可呈章十七通。利上分解百功禁忌、收除衆邪，不上保護錢財、六畜，傷師及奴，不可用。忌亥時。

定日可呈章十七通。利上五方保護、安宅、解土公虚耗，不上收除故炁，傷長者。忌子時。

執日可呈章五通。利上收百鬼賊，解中捕者，不上治病，傷病者。忌丑時。

破日可呈章七通。利上誅房廟、收滅殃怪、伏尸惡死，不上解塚墓絶世，不吉。忌寅時。

危日可呈章十二通。利上度星，解亡人復連、先世〔七〕牽逮子孫，不上安宅，傷六畜。忌卯時。

成日可呈章十八通。利上録署、保護大小、治病，不上遠行，行人不還。忌辰時。

收日可呈章百二十通。利上首謝度厄、保護六畜、安宅，不上解官，有獄死。忌巳時。

開日可呈章百二十通。利上收除故炁房廟、千師萬巫、六畜衆精、室中魍魎雜神之死，不解亡人復連，六畜死。忌午時。

閉日可呈章五通。利上解土工禁忌、破射年命，不上保護大小，傷材。忌未時。

【校釋】

〔一〕廖宇認爲，赤松子章曆五音呈章時利用的和推斗擊時所避忌的時辰，是以正月斗建寅爲依據的歲破時。建日忌申時，因申時爲歲破；除日忌酉時，因酉時爲歲破①。黄亮亮指出，此

① 道教時日禁忌探源，四九頁。

處標題爲「五音呈章利用」，但其下却是建除十二名上章利忌，據其内容其篇題應改爲「建除呈章利用」①。

〔二〕古代曆家以歲星所指位置將所有的日子分爲十二種，即建、除、滿、平、定、執、破、危、成、收、開、閉日，建除家以之與十二地支相配，以占日辰吉凶。

〔三〕「斗擊」，漢書藝文志：「陰陽者，順時而發，推刑德，隨斗擊，因五勝，假鬼神而爲助者也。」淮南子天文訓：「天神之貴者，莫貴於青龍，或曰天一，或曰太陰。太陰所居，不可背而可向，北斗所擊，不可與敵。」廖宇認爲，斗擊是陰陽家的一種作戰理論依據，「斗擊」是「北斗所擊」之簡稱。「斗擊」是北斗斗柄所指的方位，這一方位極爲神聖，因此説「北斗所擊，不可與敵」，尊貴的原因則是其爲天神中至尊的「太陰所居」②。

〔四〕「他倣此」，要修科儀戒律鈔卷一〇作「左行」。

〔五〕「殃考連達子孫」，要修科儀戒律鈔卷一〇作「列考建子孫」。

〔六〕「不上解宅中虛耗，傷六畜時不可用」，要修科儀戒律鈔卷一〇作「忌不上解一宅中虛耗，傷六畜」。

---

① 赤松子章曆與早期方術的比較研究，八一頁。

② 道教時日禁忌探源，四八—四九頁。

〔七〕「先世」，要修科儀戒律鈔卷一〇作「七世」。

五音利用〔一〕

宫音屬土，長生〔二〕申，七月。沐浴酉，八月。冠帶戌，九月小墓。臨官亥，十月。帝王子，十一月。衰丑，十二月。病寅，正月。死卯，二月白虎。墓辰，三月大墓。絶巳，四月。囚死午，五月。廢休〔三〕未，六月。破殺寅卯，本音亥子，刑殺亥子，季殺丑未。

商音屬金，長生巳，四月。沐浴午，五月白虎。冠帶未，六月小墓。臨官申，七月。帝王酉，八月。衰戌，九月。病亥，十月。死子，十一月。墓丑，十二月大墓。絶寅，正月。囚死卯，二月。廢休辰，三月。本音申酉，破殺寅卯，刑殺巳午，季殺辰戌。

角音屬木，長生亥，十月。沐浴子，十一月。冠帶丑，十二月小墓。臨官寅，正月。帝王卯，二月。衰辰，三月。病巳，四月。死午，五月。墓未，六月大墓。絶申，七月。囚死酉，八月白虎。廢休戌，九月。本音寅卯，刑殺申酉，季殺丑未。

徵音屬火，長生寅，正月。沐浴卯，二月。冠帶辰，三月小墓。臨官巳，四月。帝王午，五月。衰未，六月。病申，七月。死酉，八月。墓戌，九月大墓。絶亥，十月。囚死子，十一月。廢休丑，十二月。本音巳午，破殺子亥，刑殺申酉，季殺丑未。

羽音屬水，長生申，七月。沐浴酉，八月。冠帶戌，九月小墓。臨官亥，十月。帝王子，十一月。衰丑，十二月。病寅，正月。死卯，二月。墓辰，三月大墓。絶巳，四月。囚死午，五月白虎。廢休未，六月。本音亥子，破殺巳午，季殺丑未。

【校釋】

〔一〕「五音利用」，按照宫、商、角、徵、羽五種音配五行，即宫音屬土、商音屬金、角音屬木、徵音屬火、羽音屬水排列。在賦予五音以五行屬性的基礎上，按照五行某種屬性在一年十二個月中地支的生、旺、墓、絶等不同的處境來確定某一音在四時中的狀態，進而指出「破殺」「刑殺」等不吉的月支。以五音六律配時在先秦時已有之，至漢代淮南子所述尤詳：「合氣而爲音，合陰而爲陽，合陽而爲律，故曰五音六律。音自倍而爲日，律自倍而爲辰，故日十而辰十二。」①

〔二〕古代五行理論認爲，五行在一年十二個月有從初生到死亡的不同狀態，分别爲受氣，舊氣已禁絶，新氣已受；胎，新的開始；養，慢慢滋養；生，意爲初生；沐浴，意爲初長，如人的嬰

① 周豔萍赤松子章曆擇日避忌研究，一六—一七頁。

兒階段；冠帶，意爲初長成，如人的青年階段；臨官，意爲成熟，如人之中年階段；王，意爲壯實，如人之壯年；衰，意爲開始衰退①。

〔三〕「廢休」，東漢太平經行道有優劣法：「春王當温，夏王當暑，秋王當涼，冬王當寒，是王德也。夫王氣與帝王氣相通，相氣與宰輔相應，微氣與小吏相應，休氣與後宫相同，廢氣與民相應，刑死囚氣與獄罪人相應，以類遥相感動。」五行，也可以説是五氣，用五行生克來稱氣，則有王氣、相氣、休氣、囚氣、廢氣。帝氣、王氣、相氣、囚亡之氣分别象天、象地、象人、象萬物，發揮著生、養、變、亂的作用。帝氣、王氣合稱帝王之氣，王氣、相氣合稱王相之氣，皆主吉主善。休氣亦名休衰之氣，囚氣、廢氣合稱囚廢之氣，有時休囚廢總名休囚死氣，皆主凶主惡。

六甲旬天門開時〔一〕

甲子旬辰時天門開，

甲戌旬寅時天門開，

① 中村璋八五行大義校注，五〇頁。

甲申旬子時〔二〕天門開，甲午旬戌時天門開，甲辰旬申時天門開，甲寅旬午時天門開。

【校釋】

〔一〕「時」，靈寶玉鑑卷一七作「日」。

〔二〕「子時」，靈寶玉鑑卷一七作「辰時」。

上章〔一〕吉日

甲午吉利，甲戌大吉，甲申吉〔二〕，乙未、乙亥、丙午、丁丑、丁巳、戊子、己亥、己卯、己酉、己未、庚午、庚子、庚辰、庚戌、庚申、辛巳、辛卯、壬午、壬子、壬辰、癸卯、癸未、癸丑，並吉〔三〕。

正月十一日，二月三日、十八日，三月七日、九日，四月十五日，五月二日、五日，六月三日、十三日，七月一日、十七日，八月二日、八日、十八日，九月九日，十月五日，十一月四日、十六日，十二月二十一日〔四〕。

【校釋】

〔一〕「上章」，道家建齋醮法事，上達其章奏也。以呈獻奏章的形式請求神靈仙官消災除厄，滅罪生福。南朝梁陶弘景登真隱訣卷下：「謂家有惡强之鬼爲禍祟，請後右仙食氣君將等爲逐却之，上章者不以朱題署，止書爲上章人某治祭酒甲，又後姓某耳。」

〔二〕「甲午吉利，甲戌大吉，甲申吉」，靈寶玉鑑卷一七作「甲午，甲戌，甲申」。

〔三〕「並吉」，靈寶玉鑑卷一七無。

〔四〕「正月十一日……十二月二十一日」，靈寶玉鑑卷一七省作「正月十一日，二月二十八日，三月十九日，四月十五日，五月二十五日，六月二十三日，七月十七日，八月十八日，二十八日，十月初五日，十一月初四日、十六日，十二月二十一日。」

五德日

甲辰、丙辰、甲午〔一〕。已上三日可謝罪，求乞善願，吉〔二〕。

【校釋】

〔一〕「甲辰、丙辰、甲午」，靈寶玉鑑卷一七作「甲辰日、丙辰日、甲午日」。

〔三〕「已上三日可謝罪，求乞善願，吉」，靈寶玉鑑卷一七作「以上三日可上章，大醮天地」。

天願日

己丑。此日求乞善願，易遂心〔一〕。

甲辰、乙巳。此日名天生日，宜設醮，大吉〔二〕。

【校釋】

〔一〕「此日求乞善願，易遂心」，靈寶玉鑑卷一七作「皆求，善願如心」。

〔二〕「宜設醮，大吉」，靈寶玉鑑卷一七作「皆可上章醮」。

修齋吉日

每月三、九、十一、十七、十八、二十四、二十七日。已上齋日大吉。此日令人歡樂，功德成就，齋主〔一〕長生，主人受福，師得仙道。

三元、八節、甲子、庚申、三會、五臘、十直、本命、行年〔二〕、四始〔三〕。已上等日修齊大吉。

【校釋】

〔一〕「齋主」，道家以修建齋醮道場法事之家主稱爲齋主。

〔二〕「行年」，流年。舊時星命家所謂某人當年所行之運，亦稱「小運」。唐張籍贈任道人：「欲得定知身上事，憑君爲筭小行年。」

〔三〕「四始」，指農曆正月旦、冬至、臘明日（臘日的第二天）、立春。史記天官書：「凡候歲美惡，謹候歲始。歲始或冬至日，産氣始萌。臘明日，人衆卒歲，一會飲食，發陽氣，故曰初歲。正月旦，王者歲首。立春日，四時之始也。四始者，候之日。」

醮章吉〔一〕日

己酉、壬申、庚辰、壬子、辛未、甲寅、戊子、癸丑、己丑、丙申、壬辰、甲午、乙亥、丁酉、庚子、丙午、丙辰、庚申、甲子、乙丑、庚午、癸酉、甲戌、乙亥、己卯、辛巳、甲申、乙酉、丁亥、甲午、乙未、甲辰、丁未、庚戌、戊申、戊午、己未、辛酉、癸亥、丁卯、壬午、己丑、辛卯、丁巳。

上件〔二〕醮祭大吉〔三〕。

【校釋】

〔一〕「吉」，靈寶玉鑑卷一七無。

〔二〕「上件」，上面談及的事物。
〔三〕「上件醮祭大吉」，靈寶玉鑑卷一七無。

七星醮〔一〕日

建、滿、平、定、成、收、閉。已上醮星神下降，主人歡喜，得福進財〔二〕。

【校釋】

〔一〕「醮」，靈寶玉鑑卷一七作「章奏」。周黼萍認爲，七星醮日與五音呈章利用相類似，二者都是以建除法來確定日期以及章醮的吉凶和具體内容。七星醮日是在建、除、滿、平、定、執、破、危、成、收、開、閉這十二個日子中挑選出七個日子作爲醮日①。
〔二〕「已上醮星神下降，主人歡喜，得福進財」，靈寶玉鑑卷一七無。

① 赤松子章曆擇日避忌研究，一八頁。

六甲章符日

甲子，上章凶，設醮書符吉。厭百鬼不去。
乙丑，章、符凶，醮吉。厭百鬼去不遠。
丙寅，章、醮凶，符損三人。厭百鬼去百里。
丁卯，章、醮吉，符鎮宅凶。百鬼不去。
戊辰，章、醮、符凶。鬼煞三人。
己巳，章、符吉，醮凶。鬼南去百里。
庚午，章、醮、符吉。鬼速去。
辛未，章吉，醮、符凶。鬼不去。
壬申，章、符凶，醮吉。鬼損二人，鬼西去七百里。
癸酉，章、符凶，醮吉。鬼殺人不去。
甲戌，章、醮吉，符五人凶。鬼去千里。
乙亥，章、醮吉，符二人凶。鬼東去一百里。

丙子，章、醮、符吉。鬼南去七百里。

丁丑，章吉，醮凶，符妻凶。鬼東去九百里。

戊寅，章、醮凶，符吉。鬼東去百里。

己卯，章凶，醮吉，符中子凶。鬼南去百里。

庚辰，章吉，醮凶，符奴婢凶。鬼不去。

辛巳，章、醮吉，符凶。鬼南去千里。

壬午，章、醮吉，符失火。鬼南去萬里。

癸未，章吉，醮凶，符得財。鬼南去萬里。

甲申，章、醮吉，符宅得財。鬼西去萬里。

乙酉，章、醮吉，生貴子，符凶。鬼西去萬里。

丙戌，章、醮吉，符益財。鬼去千里。

丁亥，章、醮吉，符中子吉。鬼不去。

戊子，章、醮、符吉。鬼東去萬里。

己丑，章、醮、符吉。鬼東去萬里。

庚寅，章、醮吉，符凶。鬼不去，殺家長。

辛卯，章吉，醮、符凶。損中子，鬼不去。

壬辰，章吉，醮、符凶。鬼不去。

癸巳，章、醮吉，符傷母。鬼不去。

甲午，章、醮吉，符王凶。鬼去不遠。

乙未，章吉，醮凶，符失火。鬼東去萬里。

丙申，章、醮吉，符凶。鬼去他方。

丁酉，章凶，醮吉，符小子凶。鬼南去十里。

戊戌，八靖忌醮，符不帶，二人凶。鬼不去。

己亥，章、符吉，醮殺婦。鬼不去，殺六畜凶。

庚子，章、醮吉，符失火。鬼不去。

辛丑，章吉，醮凶，符女子凶。鬼不去。

壬寅，章、符吉，醮凶。鬼不去。

癸卯，章、符吉，醮凶。鬼不遠去。

甲辰，章凶，醮、符吉。鬼不去。

乙巳，章、醮吉，符家長凶。鬼妨家母。

丙午，章、醮凶，符婦凶。鬼去千里。

丁未，章、醮吉，符子凶。鬼南去萬里。

戊申，章吉，醮凶，符得財。鬼去不五人凶。

己酉，章、醮吉，符長子凶。鬼〔一〕。

庚戌，章、醮吉，符凶。鬼不去。

辛亥，章凶、醮吉，符必鬪。鬼去不遠。

壬子，章、醮、符吉。鬼不去。

癸丑，章、醮、符吉。鬼去不遠。

甲寅，章、醮吉，符二人凶。鬼不去。

乙卯，章、醮吉，符得財。鬼不去。

丙辰，章、醮吉，符得財。鬼南去萬里。

丁巳，章、醮吉，符凶。鬼南去萬里。

戊午，章、醮、符吉。鬼去不遠。

己未，章凶，醮吉，符二千石。鬼不去。

庚申，章、醮吉，符凶，殺三人。鬼不去。

辛酉，章、醮吉，符凶。鬼去千里。

壬戌，章吉，醮凶，符〔二〕。鬼去七百里。

癸亥，章、醮吉，符凶。鬼不去。

右六甲章符，厭百鬼等，日宜細看之。

【校釋】

〔一〕「鬼」，據上下文例，此後當有脱文。

〔二〕「符」，據上下文例，此後當有脱文。

赤松子章曆卷之二

受道倍日〔一〕

正月、二月。子日五十倍，丑日四十〔二〕倍，寅日殺子，卯日殺妻〔三〕，辰日大凶〔四〕，巳日自如，午日七十〔五〕倍，未日殺身，申日殺父〔六〕，酉日殺子〔七〕，戌日七十倍，亥日五十倍。

三月、四月。闕注〔八〕。

五月、六月。子日殺子〔九〕，丑日大凶〔一〇〕，寅卯日凶〔一一〕，辰日五十倍〔一二〕，巳日殺子〔一三〕，午日自刑〔一四〕，未日殺婦〔一五〕，申日殺父〔一六〕，酉日五十倍，戌日二十倍，亥日不吉。

七月、八月。子日五十倍〔一七〕，丑日大吉〔一八〕，寅日大凶〔一九〕，卯日殺母〔二〇〕，辰日大凶〔二一〕，巳日四十〔二二〕倍，午日殺子〔二三〕，未日五十倍，申日三十倍〔二四〕，酉日殺母，戌日二十倍，亥日五十倍。

九月、十月。子日自如，丑日五十倍〔二五〕，寅日凶〔二六〕，卯日二十倍，辰日七十〔二七〕倍，巳日大凶〔二八〕，午日殺子〔二九〕，未日二十〔三〇〕倍，申日三十〔三一〕倍，酉日殺母〔三二〕，戌日殺子，亥日殺婦。

十一、十二月。子日殺子，丑日殺子〔三三〕，寅日二十倍〔三四〕，卯日五十倍，辰日五十倍，巳日殺父〔三五〕，午日殺婦〔三六〕，未日七十倍，申日三十倍，酉日三十倍，戌日大凶，亥日殺婦。

【校釋】

〔一〕「受道倍日」，唐張萬福洞玄靈寶道士受三洞經誡法籙擇日曆（以下簡稱擇日曆）有類似記載，通過按月之地支列出受治籙之禁忌。廖宇認爲，兩種道經中都採用同樣的結構，即將一年十二月分爲六組，每組兩個月，然後逐日標出吉凶。兩種道經中的内容基本一致，每日的吉凶大致相同，只是部分名稱不同，這兩本道經應當同一來源①。黄亮亮指出，赤松子章曆在此條目命名爲「受道倍日」，擇日曆則稱這組日期爲「度道吉凶日」，綜合二者應當以後者爲是。這組日期並非單論受道吉日，同時也談到不同日期的妨害對象，在此角度而言，「度道吉凶日」比「受道倍日」概括更精確全面②。

〔二〕「四十」，擇日曆作「二十」。

〔三〕「殺妻」，擇日曆作「殺婦」。

---

① 道教時日禁忌探源，一〇八—一一〇頁。

② 赤松子章曆與早期方術的比較研究，三一一頁。

〔四〕「大凶」，擇日曆作「大吉」。

〔五〕「七十」，擇日曆作「九」。

〔六〕「殺父」，擇日曆作「殺婦」。

〔七〕「殺子」，擇日曆作「小吉」。

〔八〕「闕注」，擇日曆作「子日五十倍，丑日殺母，寅日大通，卯日小吉，辰日小凶，巳日十倍，午日師自殃，未日三十倍，申日三十倍，酉日五十倍，戌日二十倍，亥日二十倍」。

〔九〕「殺子」，擇日曆作「殺母」。

〔一〇〕「大凶」，擇日曆作「害母」。

〔一一〕「寅卯日凶」，擇日曆作「寅日大凶，卯日殺父」。

〔一二〕「五十倍」，擇日曆作「殺母」。

〔一三〕「殺子」，擇日曆作「小凶」。

〔一四〕「自刑」，擇日曆作「殺子」。

〔一五〕「殺婦」，擇日曆作「殺子」。

〔一六〕「殺父」，擇日曆作「殺母」。

〔一七〕「五十倍」，擇日曆作「大通」。

〔一八〕「大吉」，擇日曆作「大凶」。

〔一九〕「大凶」，擇日曆作「小凶」。
〔二〇〕「殺母」，擇日曆作「殺父」。
〔二一〕「大凶」，擇日曆作「殺母」。
〔二二〕「四十」，擇日曆作「二十」。
〔二三〕「殺子」，擇日曆作「殺母」。
〔二四〕「三十倍」，擇日曆作「殺子」。
〔二五〕「五十倍」，擇日曆作「自如」。
〔二六〕「凶」，擇日曆作「小凶」。
〔二七〕「七十」，擇日曆作「五」。
〔二八〕「大凶」，擇日曆作「六十倍」。
〔二九〕「殺子」，擇日曆作「大凶」。
〔三〇〕「二十」，擇日曆作「三十」。
〔三一〕「三十」，擇日曆作「二十」。
〔三二〕「殺母」，擇日曆作「二十倍」。
〔三三〕「殺子」，擇日曆作「殺婦」。
〔三四〕「二十倍」，擇日曆作「小凶」。

〔三五〕「殺父」，擇日曆作「殺婦」。
〔三六〕「殺婦」，擇日曆作「殺父」。

書符式

凡欲書符，先向王方叩齒，勑劍水，存七星，呪，噴了，啓曰：元命真人唐葛周三將軍，今有男女某甲〔一〕疾病，告訴，向臣求乞救護，臣謹依道法，以道真符與某甲吞帶，當願勑下真官直符〔二〕使者，百千萬重道氣，隨禁降入符中，行神布氣，搜索邪精，誅戮鬼賊，救濟天人。次存思案前五色真氣，真氣上，左右有直符童子，朱衣青裙，案前有一行符將軍，朱衣玄冠，佩劍持鉞斧，左右各有一直符，黄冠黄裙緋褐，執劍，我面前有左日右月，去面九寸，日月光芒覆朱盞，頭上七星，星在頭，魒在朱盞上。畢，口三云：合明天帝日。了，存朱筆爲螣蛇，便閉氣書符。

【校釋】

〔一〕「某甲」，某人，代指不確定人的姓名，也可自稱。洞玄靈寶三洞奉道科戒營始卷四：「凡十號男女，詞告啓奏，得稱此號於天尊大道前，皆下言（小注云：某甲），不得直爾。」

〔二〕「直符」，當值仙官，職掌印信文書。太平經卷一一一：「故言天君勑命曹，各各相移，更爲直符，不得小私，從上占下，何得有失？」

凡書符之法，先以青墨郭〔一〕外四周，乃以丹書符文於内，若無青墨，丹亦可用。

若書治邪病符，當用虎骨、真朱合研，研畢，乃染筆書符，呪曰：謹勑臣身中五體真官，魂爲天父，魄爲地母，頭爲雷公，髮爲黑雲，頂爲明星，腦門爲朱雀，眉爲麒麟，眼爲日月，鼻爲虎賁，上脣爲風伯，下脣爲雨師，舌爲九州都督，喉爲九層樓臺，左頰爲東王公，右頰爲西王母，耳爲仙童遠聽，項爲天柱，肩爲金剛，肘爲力士，左臂爲璇璣却狄〔二〕大將軍，右臂爲玉衡破狄〔三〕大將軍，掌爲火車，指爲甲卒，肝爲青帝，肺爲白帝，心爲赤帝，腎爲黑帝，脾爲黄帝，腸爲黄龍〔四〕，膽爲太一〔五〕，膀胱爲河伯，血爲水官〔六〕，筋爲天綱，骨爲地綱，毛爲天羅〔七〕，足爲白馬，前步三官，各領七千萬衆，乘駕大〔八〕車，並從臣身中出，助臣書符行炁，破殺兇魔，魍魎魑魅，惡鬼邪炁，急急如太上口勑律令〔九〕。

甲子旬。治病使者，領炁功曹，子時太上還治。

甲戌旬。治病使者，治病功曹，戌時太上還治。

甲申旬。治病使者，治病功曹，申時太上還治。

甲午旬。治病使者，正一功曹，日中太上還治。

甲辰旬。治病使者，中部功曹，食時太上還治。

甲寅旬。治病使者，直使功曹，平明太上還治。

右凡書符，取此時乞願，符禁迅速。

【校釋】

〔一〕「郭」，由外城義引申爲物體的外框、周邊，此處用作動詞，指在四周劃圈。

〔二〕「璇璣却狄」，太上元始天尊説北帝伏魔神咒妙經卷二作「玉衡却敵」。

〔三〕「破狄」，太上元始天尊説北帝伏魔神咒妙經卷二作「却敵」。

〔四〕「黄龍」，太上元始天尊説北帝伏魔神咒妙經卷二作「龍虎」。

〔五〕「太一」，太上元始天尊説北帝伏魔神咒妙經卷二作「太乙」。

〔六〕「水官」，太上元始天尊説北帝伏魔神咒妙經卷二作「河水」。

〔七〕「筋爲天網，骨爲地網，毛爲天羅」，太上元始天尊説北帝伏魔神咒妙經卷二作「皮爲天羅，肉爲地網」。

〔八〕「大」，太上元始天尊説北帝伏魔神咒妙經卷二作「火」。

〔九〕「如律令」，本爲「請按法令執行」之意，漢朝詔書或檄文結尾多用此語，後來道教符籙、東漢買地券、鎮墓文等都仿效官文書，末尾多用「如律令」或「急急如律令」①。

書章法

書章，筆、硯勿雜用。研墨，左轉四十九，重磨亦然。「以聞」，去「再拜」下一寸。「臣姓」，去「以聞」隔三行〔一〕。「太清」，去「臣姓」三行〔二〕。「太歲」，去「太清」三行〔三〕。若書章已成，而有小事，經年不可上。若未下細字，經月可上。細字〔四〕，上度三寸五分〔五〕，中度四寸五分，下度五寸，不得過此。今人多言一寸五分，非也〔六〕。章至「太歲」，紙盡〔七〕，不可上。若有主行〔八〕，即可。若兩行，可全紙續之。錯誤脱〔九〕字，小章不過三字，大章以意量之。書章，上讓〔一〇〕八分，下通蟻走〔一一〕。

書章，以巾敷案上，不得令著牀，勿以衣著章上及落地。書章，入静，不得常人亂鬧、論及他事、臭穢之言。書章，不得以筆點水中及口，當閉口，不得有所食及氣衝。書章，净洗手，向北書。身經殗穢，不得書章。書不得敗，字不成。紙不得破裂。不得飲酒、食肉、

① 吕志峰東漢石刻磚陶等民俗性文字資料詞彙研究，二八七頁。

薰穢。當整理衣冠，不得裸露。書章，當須匍匐恭敬，不得蹲踞〔一二〕。書章畢，先校讀一遍，然後奏之。「臣」字不得上行頭，不得懸「生」露「死」〔一三〕。「鬼」字不得居行首。不得抽破人姓名，不得令人竊讀，觸動太清。日月不得預下，當在臨時。

若急事上章，當用朱筆題署。若上逐鬼章，當朱書所上正一弟子姓名。若治邪病章，用青紙，三官君吏，貴在青色。若疰〔一四〕氣鬼病作繫鬼章，朱書青紙〔一五〕。章奏了，於治中燒，和真朱二分擣，和蜜爲丸，平旦入靖〔一六〕，再拜服之，垂死皆活，莫令人知。若因病入靖書章，即四面燒香火。

【校釋】

〔一〕「臣姓，去以聞隔三行」，靈寶玉鑑卷一八作「以聞後控三行，書臣姓」。

〔二〕「太清，去臣姓三行」，靈寶玉鑑卷一八作「臣姓後控三行，書太清階」。

〔三〕「太歲，去太清三行」，靈寶玉鑑卷一八作「太清階後控三行，書太歲、臣姓名」。

〔四〕「細字」，要修科儀戒律鈔卷一一作「下細字」。

〔五〕「五分」，靈寶玉鑑卷一八作「六分」。

〔六〕「非也」，要修科儀戒律鈔卷一一作「皆是好意自造，非細法所載也」。

〔七〕「紙盡」，要修科儀戒律鈔卷一一作「紙纔足」。

〔八〕「若有主行」，要修科儀戒律鈔卷一一作「餘有行」。

〔九〕「脱」，要修科儀戒律鈔卷一一作「儳」。

〔一〇〕「讓」，靈寶玉鑑卷一八作「控」。

〔一一〕「蟻走」，靈寶玉鑑卷一八作「走蟻」。

〔一二〕「蹲踞」，踞坐。坐時兩脚底和臀部著地，兩膝上聳，古人以此爲野蠻無禮的舉動。淮南子説山訓：「以非義爲義，以非禮爲禮，譬猶裸走而狂人，盜財而予乞者，竊簡而寫法律，蹲踞而誦詩書。」朱君緒要修科儀戒律鈔：「多疑少信是一病，笑顛狂人是一病，蹲踞無禮是一病，醜言惡語是一病。」

〔一三〕「不得懸生露死」，道教書符禁忌，「生」字不得寫在行最下端，「死」字不得寫在行最上端。正一修真略儀：「若楷隸字數，每行不過二十字，要令調而匀，不得懸生露死，謂死字不居行首，生字不在行下，當度其行間。若弟子名號，宜甚謹細，亦勿使居行之首也。此其法則，不可不審。」

〔一四〕「疰」，要修科儀戒律鈔卷一一作「注」。「疰」，本指具有傳染性和病程長的慢性病，亦作「注」。廣雅釋詁一：「疰，病也。」王念孫疏證：「釋名：『注病，一人死，一人復得，氣相灌注也。』『注』與『疰』通。」何江濤指出，注病本身應該是一個醫學概念，是古代的一種類似傳染病的疾病，與所謂的鬼祟、注鬼無關。但在當時巫鬼思想彌漫、醫療技術低下的情況下，注病因病因不明、症狀不清，被道教作了神學上的解釋，注病從一個醫學概念演變成了一個與鬼祟相關聯的神學概念，道教並因之發展出自己的注鬼理論①。

〔一五〕「朱書青紙」，要修科儀戒律鈔卷一一作「青紙朱書」。

〔一六〕「入靖」，進入静室修煉。

三元日〔一〕

正月十五日上元。
七月十五日中元。
十月十五日下元。
右件〔二〕，天地水三官檢校之日，可修齋祈福。

【校釋】

〔一〕「三元日」，天地水三官考校功過的日期。明朱權天皇至道太清玉册卷七：「其三元之日，

① 道教「注鬼論」釋義，六二頁。

天地水三官二十七府百二十曹之神，先於三會日考校罪福，至三元日上奏金闕，以降禍福。其日可行道建齋，修身謝過。」

〔三〕「右件」，右面已述及的人或事物，由於古人書寫習慣爲自右至左，因此「右件」「上件」即前面述及的人或事物①。

三會日〔一〕

正月五日上會。
七月七日中會。
十月五日下會。

右此日宜上章言功，不避疾風暴雨，日月昏晦，天地禁閉。其日，天帝一切大聖俱下，同會治堂，分形布影，萬里之外，響應齊同。此日上章，受度法籙，男女行德施功，消災散禍，悉不禁制。

① 陳曉强敦煌契約文書語言研究，一〇六頁。

又，女青鬼律云：天會丙午，地會壬午，人會壬子，日會庚午，月會庚申，星辰會辛酉，五行會甲辰，四時會甲戌，天節甲午，地節甲申，人節甲子。

右已上日，可立功德，乞福大吉。

【校釋】

〔一〕「三會日」，百神聚會之日，考校生人功過。朱權天皇至道太清玉册卷七：「其三會之日，三官考覈功過，三魂攢送生人善惡。又謂之三魂會日，宜焚香懺過。」

子時相破

子時破午，午時破子，凡啓醮，宜用子、午二時。若值相破，及斗擊在子，須避子。在午，須避午。若急疾，亦得。或避得爲佳。

奏章向背〔一〕

日中奏章向東，夜奏向北〔二〕。又云：白日受〔三〕度向東，破契子午、請命星宿、急疾〔四〕

章，皆向北，存大帝。自非星宿大章，登壇大事，并收捕驅除急章，不煩〔五〕露上。治病〔六〕向鬼門，消災厄向地户，求長生向天門，求富貴財利向地户〔七〕，消口舌呪詛向人門，厭虎向寅地〔八〕，厭蛇向巳地。

【校釋】

〔一〕「奏章向背」，要修科儀戒律鈔卷一一作「上章背向」。周豔萍指出，「奏章向背」在章曆中羅列較爲複雜，以事項爲綱，方位爲目，涉及到受度、破契、請命、消災厄、求長生、解墓等等①。

〔二〕「日中奏章向東，夜奏向北」，要修科儀戒律鈔卷一一作「奏章向東，其後奏及露章，並向北。」

〔三〕「受」，要修科儀戒律鈔卷一一作「授」。

〔四〕「急疾」，要修科儀戒律鈔卷一一作「請急」。

〔五〕「不煩」，無須，不必。

〔六〕「治病」，要修科儀戒律鈔卷一一作「章消疾病」。

〔七〕「求長生向天門，求富貴財利向地户」，要修科儀戒律鈔卷一一作「求長生、求富貴財利向天門」。

〔八〕「地」，要修科儀戒律鈔卷一一無。下一「地」同。

---

① 赤松子章曆擇日避忌研究，二三—二四頁。

又曰：作〔一〕福延年、消災厭病〔二〕，宜〔三〕東向。解墓陰〔四〕責、開心聰明、過度災厄〔五〕，宜西向。疾病垂死、章符治救，宜北向。治身養命、求乞富貴，宜南向。上章謝罪，宜北向。正月、五月、七月、九月治病，不向東。四月、八月、十二月治病，不向南。七月、三月、十月治病，勿向西。二月、六月、十月治病，勿向北。

右已上向背，章符治病，不得越錯。如違，依科奪算。

【校釋】

〔一〕「作」，要修科儀戒律鈔卷一一作「修」。

〔二〕「消災厭病」，要修科儀戒律鈔卷一一作「消却災害厭百病」。

〔三〕「宜」，要修科儀戒律鈔卷一一作「皆」。下一「宜」同。

〔四〕「陰」，要修科儀戒律鈔卷一一作「除」。

〔五〕「過度災厄」，要修科儀戒律鈔卷一一作「過災度厄」。

逐月詣宮〔一〕

正月、十二月上詣太上虛无〔二〕丈人宮，二月上詣太上玄〔三〕老仙都宮，三月、四月上詣太上三天太清宫，五月上詣太上重道宫，六月、七月上詣太上九炁文昌宫，八月上詣太上天帝宫，九月、十月上詣太上大道宫，十一月上詣太上侍中左右監神〔四〕諸將軍宫，閏月隨月宫，上詣太上金單太歲宫。或隨前月。

【校釋】

〔一〕「逐月詣宫」，無上黄籙大齋立成儀卷一〇作「上章逐月所詣宫分」。

〔二〕「无」，原作「旡」，據無上黄籙大齋立成儀卷一〇改。

〔三〕「玄」，無上黄籙大齋立成儀卷一〇作「九」。

〔四〕「神」，無上黄籙大齋立成儀卷一〇無。

逐日詣曹〔一〕

一日建王曹〔二〕，治赤虚宫〔三〕。二日太素曹，治太微宫。三日太微曹，治北平宫。四日都正曹，治太清宫。五日正一曹，治東明宫〔四〕。六日玄一曹，治上明宫。七日太素曹，治高靈宫。八日靈集曹〔五〕，治紫微宫。九日丹靈曹〔六〕，治待春宫〔七〕。十日太清曹，治武靈宫〔八〕。十一日三水曹，治素女宫。十二日月録曹〔九〕，治巨野宫。十三日清叙曹，治西明宫。十四日玄正曹，治上絳宫。十五日中都曹，治曲平宫〔一〇〕。十六日司非曹，治北府宫。十七日司姦曹，治南真宫〔一一〕。十八日統攝曹〔一二〕，治東明宫。十九日統録曹，治西靈宫。二十日監考曹，治司命宫。二十一日監司曹，治陽明宫。二十二日典考曹，治太陽宫。二十三日司宫曹〔一三〕，治少陽宫。二十四日玄元曹，治太陰宫。二十五日太玄曹，治少陰宫。二十六日都司曹，治北辰宫。二十七日都候曹，治太白宫。二十八日直使曹，治林明宫〔一四〕。二十九日司直曹，治陽明宫。三十日集都曹，治啓明宫。一云典者曹〔一五〕。

【校釋】

〔一〕「逐日詣曹」，無上黄籙大齋立成儀卷一〇作「逐日曹治宫分」，靈寶玉鑑卷一七作「逐日宫分」。

〔二〕「一日建王曹」，靈寶玉鑑卷一七作「初一日建玉曹」。

〔三〕「赤虚宫」，無上黄籙大齋立成儀卷一〇、靈寶玉鑑一七作「赤靈宫」。

〔四〕「東明宫」，無上黄籙大齋立成儀卷一〇作「通明宫」，後注「一作東明宫」。靈寶玉鑑卷一七作「通明宫」。

〔五〕「靈集曹」，無上黄籙大齋立成儀卷一〇作「雲集曹」。

〔六〕「丹靈曹」，無上黄籙大齋立成儀卷一〇作「元靈曹」，後注「一作丹靈曹」。

〔七〕「待春宮」，無上黄籙大齋立成儀卷一〇、靈寶玉鑑卷一七作「待春宮」。

〔八〕「武靈宮」，無上黄籙大齋立成儀卷一〇作「紫靈宮」，後注「一作武靈宮」。靈寶玉鑑卷一七作「紫靈宮」。

〔九〕「月録曹」，無上黄籙大齋立成儀卷一〇、靈寶玉鑑卷一七作「司録曹」。

〔一〇〕「曲平宮」，無上黄籙大齋立成儀卷一〇作「典平宮」，後注「一作興司宮，一作典平宮」。靈寶玉鑑卷一七作「典平宮」。

〔一一〕「南真宮」，無上黄籙大齋立成儀卷一〇作「南伯宮」，後注「一作南真宮」。靈寶玉鑑卷一七作「南伯宮」。

〔一二〕「統攝曹」，無上黄籙大齋立成儀卷一〇作「統部曹」，後注「一作統攝曹，一作通明宮」。靈寶玉鑑卷一七作「統部曹」。

〔一三〕「司宮曹」，靈寶玉鑑卷一七作「司官曹」。

〔一四〕「林明宮」，無上黄籙大齋立成儀卷一〇作「休明宮」。

〔一五〕「一云典者曹」，無上黄籙大齋立成儀卷一〇作「一作典考曹」。

月忌〔一〕

正月庚申，又二日。二月辛酉，又九日。三月甲戌，又十日。四月癸亥，又十一日。五月壬子，又十一日。六月癸丑，又十一日。七月甲寅，又十二日。八月乙卯，又十三日。九月甲辰，又十三日。十月丁巳，又八日。十一月丙午，又十五日。十二月癸未，又十三日。又戊辰、庚辰、壬辰、乙巳、辛巳、癸巳、己巳、丁巳。

已上不可章醮。

【校釋】

〔一〕「月忌」，按月分別以干支記日法和數字記日法列出禁忌之日，月忌日不可上章、齋醮、燒香①。

弦望式〔一〕

上弦〔二〕八日、九日，下弦〔三〕二十二日、二十三日，大月八日、二十二日，小月九日、二十三日，不可用。

① 廖宇道教時日禁忌探源，五三—五五頁。

【校釋】

〔一〕「弦望式」，是一組以月相爲依據的禁忌，月半明半亮爲「弦」，滿月爲「望」。月亮的弦望與氣的消息有關，「弦望」是氣的變化的關鍵點，因此禁止上章①。

〔二〕「上弦」，詩小雅天保「如月之恒」唐孔穎達疏：「八日九日，大率月體正半，昏而中，似弓之張而弦直，謂上弦也。」

〔三〕「下弦」，鮑雲龍天原發微卷七：「上弦是月盈及一半，如弓之上弦。下弦是月虧了一半，如弓之下弦。」

天羅地網〔一〕

戌、亥爲天羅，辰、巳爲地網。子、午爲中宫，寅、申爲算盡，丑、未爲五墓。右章醮推人年命，切須看之。

① 廖宇道教時日禁忌探源，五八頁。

【校釋】

〔一〕「天羅地網」，叢辰名。星命家及選擇家以戌、亥爲天羅，辰、巳爲地網，人命逢之則不吉，引以爲忌。杜光庭廣成集卷七：「九興於坎，戌亥謂之天羅；六起於離，辰巳謂之地網。乃二體昇淪之所，是兩儀代謝之鄉。陽伏而不能剛，陰絶而不能繼。行年所歷，寔日災期。」

血忌〔一〕

正丑，二未，三寅，四申，五卯，六酉，七辰，八戌，九巳，十亥，十一午，十二子。

右十二月血忌日，不可用。

【校釋】

〔一〕「血忌」，漢代開始流行的一種時日禁忌觀念，值「血忌」日不可殺六畜見血。東漢太平經卷一一〇：「先時爲惡，殃咎下及，故令生子必不良之日，或當懷妊之時，雷電霹靂、弦望朔晦、血忌反支，以合陰陽，生子不遂，必有禍殃。」①

① 姜守誠漢代「血忌」觀念對道教擇日術之影響，二八—三二頁。

九空[一]

正辰，二丑，三戌，四未，五卯，六子，七酉，八午，九寅，十亥，十一申，十二巳。

右十二月九空日，不可用。

【校釋】

〔一〕「九空」，漢代流行禁忌之一。論衡譏日篇：「葬曆曰：葬避九空、地臽，及日之剛柔、月之奇耦。」民間通書廣盛堂本增補選擇通書廣玉匣記「九空」條云：「忌出行、求財、開倉庫、種植。」周黼萍認爲其原理與古孤虛之法相近，是按照五行生、旺、墓、絶的狀態相配合之後産生的「空」爲依據確定的。五行按上述每十二月分别有十二種狀態，其中有「墓」，「墓」被認爲是收藏該種屬性的「庫」，以便再生，「九空」是指墓庫被衝破而變空的現象①。

① 赤松子章曆擇日避忌研究，一九一—二〇頁。

天狼籍日〔一〕

正子，二辰，三午，四酉，五子，六卯，七午，八未，九子，十卯，十一午，十二酉。

右十二月狼籍日，不可用。

【校釋】

〔一〕章曆中既有「天狼籍日」，又有「狼籍日」，周魋萍認爲「天狼籍日」乃誤寫，原本應當寫作「天火狼籍日」①。廖宇認爲，這一結論是否正確還有待考證，並進一步指出，章曆中「天狼籍日」，亦可能是「狼籍日」的别名②。

道父母〔一〕

丙寅丁卯道父忌，

① 赤松子章曆擇日避忌研究，二二頁。
② 道教時日禁忌探源，六五—六六頁。

丙申丁酉道母忌，
戊辰戊戌南帝忌，
壬辰壬戌北帝忌。
右已上日，不可燒香啓奏。

【校釋】

〔一〕「道父母」，是代表道體生化萬物的道父道母。據學者研究，道父道母即元始天尊和太元玉女。在道經中，他們是衆神之祖，因此專門爲此二神作忌①。

天官朝禮天門

正月二日，二月九日，三月十日，四月十一日，五月十一日，六月十一日，七月二日，八月十三日，九月十三日，十月八日，十一月十五日，十二月十三日，閏月十一日。
右件日，不可拜章。

① 廖宇道教時日禁忌探源，六六—六九頁。

推斗擊時〔一〕

建日忌申時〔二〕，除日忌酉時，滿日忌戌時，平日忌亥時，定日忌子時，執日忌丑時，破日忌寅時，成日忌辰時，收日忌巳時，開日忌午時，閉日忌未時，危日忌卯時。

右已上日斗擊下時，不可上章治病。

【校釋】

〔一〕「推斗擊時」，靈寶玉鑑卷一七作「斗擊時」。黄亮亮博士認爲，「推斗擊時」這種術語除了見於睡虎地秦簡日書之外，在道經中還可見於赤松子章曆，但不見於要修科儀戒律鈔。即使後來的靈寶玉鑒也只是提及「斗擊時」。就此而論，赤松子章曆的行文風格較爲久遠，更接近秦漢的命名習慣①。

〔二〕「時」，靈寶玉鑑卷一七無。此下各句同。

① 赤松子章曆與早期方術的比較研究，二二二頁。

每月凶妨〔一〕

正庚申，二辛酉，三庚戌，四癸亥，五壬子，六癸丑，七甲寅，八乙卯，九甲辰，十丁巳，十一戊午，十二丁未。

右十二月此日，不可上章，害〔二〕師。

【校釋】

〔一〕「凶妨」，靈寶玉鑑卷一七作「凶方」。赤松子章曆中月忌、天官朝禮天門和每月凶妨的内容實際上是一致的。月忌是按月分別以干支記日法和數字記日法列出禁忌的日子，天官朝禮天門則只以數字記日法列禁忌日子，每月凶妨只以干支記日法列禁忌日子①。

〔二〕「害」，靈寶玉鑑卷一七作「妨」。

① 廖宇道教時日禁忌探源，五三—五四頁。

四時凶日

春三月酉，夏三月午，秋三月亥，冬三月子。

右四時日，不可上章，害〔一〕師。

【校釋】

〔一〕「害」，靈寶玉鑑卷一七作「妨」。

上章香煙

凡上章，先看香煙。南轉向東，病者難差。直起逕衝，大吉。煙遶身師，與章生俱有罪過。煙上中滅，病者死。煙細從四邊起，生人有二心，不精誠。

十二時辰

正月、四月、七月、十月，雞鳴、食時、未、戌，神在門。平旦、禺中〔一〕、申、亥，神在外。日入、午、酉、子。神在內。二月、五月、八月、十一月，卯、午、酉、子，神在門。雞鳴、辰、未、戌，神在外。寅、巳、申、亥。神在內。三月、六月、九月、十二月，寅、巳、申、亥，神在門。卯、午、酉、子，神在外。辰、未、戌、丑。神在內。

右十二月十二時辰，所在不可犯。

【校釋】

〔一〕「禺中」，原作「禹中」，據文意改。禺中，將近午時。東觀漢記光武帝紀：「其有當見及冤結者，常以日出時騶騎馳出召入，其餘禺中使者出報。」

陰殺〔一〕所在

正月在寅，癸亥。二月在巳，辛酉。三月在午，庚戌。四月在未，癸亥。五月在寅，壬子。六月在卯，癸丑。七月在辰，甲寅。八月在亥，九月在巳，乙卯。十月在丑，丁巳。十一月在酉，丙午。十二月在酉。丁未。

右十二月此日，陰殺，可避之。

【校釋】

〔一〕「陰殺」，民間擇日術中的凶煞，陰殺所在，不宜上章①。

天醫〔一〕所在

正丑，二庚，三壬，四庚，五壬，六丙，七壬，八酉，九丙，十申，十一丙，十二辛。

右十二月天醫所在，若欲收擊治病，常從天醫上來，大吉。

【校釋】

〔一〕「天醫」，仙醫。太平經卷八七：「天醫自下，百病悉除，因得老壽。」協紀辨方書義例二成：「天醫者，天之巫醫。其日宜請藥、避病、尋巫、禱祀。」

天綱忌用

正月巳時後，天綱〔一〕加鬼門。二月未時後，天綱加鬼門。三月午時後，天綱加鬼門。

① 廖宇道教時日禁忌探源，七一—七三頁。

四月巳時後，天綱加鬼門。五月辰時後，天綱加鬼門。六月卯時後，天綱加鬼門。七月寅時後，天綱加鬼門。八月丑時後，天綱加鬼門。九月子時後，天綱加鬼門。十月亥時後，天綱加鬼門。十一月戌時後，天綱加鬼門。十二月酉時後，天綱加鬼門。

右天綱頭〔二〕所在。

正月在未，二月在申，三月在酉，四月在戌，五月在亥，六月在子，七月在丑，八月在寅，九月在卯，十月在辰，十一月在巳，十二月在午。

右已上天綱，切須避之。

【校釋】

〔一〕「天綱」，女青鬼律：「北斗主煞，南斗注生，煞是天綱，生是三台，自如人身，上應天地，法之日月，道在不遠，三五來反，超然其可貴也。」煞，即殺也。天綱爲殺，與死相關，故爲凶①。

〔二〕「天綱頭」，按每月所在地支爲衡量標準，其計算方法是以天上星辰所在的時辰與地支相配合，也即以天盤與地盤相配爲主要思路進行推算。「天綱忌用」與「天綱頭所在」有所

① 廖宇道教時日禁忌探源，七三頁。

不同①。

殺師忌日〔一〕

正月巳，四日、十六日、二十一日。二月寅，五日、十九日、二十一日、二十八日。三月酉，六日、十二日、二十七日。四月申，一日、八日、十三日、十五日。五月辰，六日、十四日、二十三日。六月戌，七日、十一日、二十二日、十九日〔二〕。七月未，七日、十五日、二十三日。八月丑，二日、十一日、十四日、二十六日。九月午，六日、七日、八日、九日、二十五日。十月寅，二日、七日、二十四日、二十九日。十一月卯，二日、九日、十二日、十三日、二十五日。十二月酉，四日、七日、二十日、二十八日。

右天殺日〔三〕，上章避之。

【校釋】

〔一〕「殺師忌日」，廖宇認爲，「師」指道官或祭酒，在殺師忌日上章會給他們帶來不利②。

① 周豔萍赤松子章曆擇日避忌研究，三〇頁。
② 道教時日禁忌探源，七四—七五頁。

〔二〕「十九日」，疑當作「二十九日」。

〔三〕「天殺日」，廖宇認爲，「殺師忌日」與「天殺日」爲兩種不同的禁忌，赤松子章曆中將兩種禁忌誤認爲相同了①。

宅神〔一〕將軍遊

正、二、三，三月遊北方。四、五、六，三月遊東方。七、八、九，三月遊南方。十、十一、十二。三月遊西方。

右將軍遊方，不可犯之。

【校釋】

〔一〕「宅神」，住宅之神。漢王充論衡四諱：「夫宅之四面皆地也，三面不謂之凶，益西面獨謂不祥，何哉？西益宅何傷於地體，何害於宅神？西益不祥，損之能善乎？西益不祥，東益能吉乎？」黄亮亮博士研究指出，秦簡有起土禁忌，但並未出現「宅神」，「宅神」當是漢代住宅觀

① 道教時日禁忌探源，七四—七五頁。

念的產物。「宅神」與「將軍」組合在一起，應當出於兵陰陽家或刑德式占的傳統。按馬王堆刑德既有六神遊行又有將軍作戰宜忌，按漢書藝文志有請官除訞祥十九卷，將軍與官皆被道教納入自身神譜之中，用於上章所請之神，或者用於道教授籙的階次之中①。

宅神遊去來

壬戌去，甲子來。丁卯去，辛未來。戊寅去，壬午來。丙戌去，庚寅來。丙申去，辛丑來。戊申去，辛亥來。甲寅去。巳未來。

右宅神遊去來，若醮宅，神在有福。

河伯土公遊

甲子北遊七日，庚午還。甲戌東遊十日，甲申還。甲午南遊七日，庚子還。甲辰西遊十日。

---

① 赤松子章曆與早期方術的比較研究，九九頁。

甲寅還。

右謝土〔一〕遇神在，即有福。

【校釋】

〔一〕「謝土」，舊時建造宅舍落成時，祭謝土神。漢王充論衡解除：「世間繕治宅舍，鑿地掘土，功成作畢，解謝土神，名曰解土。」清顧張思土風録卷二：「東觀漢記鍾離意：『出奉錢，使人作市屋，既成，謂解土，祝曰。』案：即今所謂謝土也。」

將軍太歲遊〔一〕

甲子東遊五日，己巳日還。丙子南遊五日，辛巳日還。庚子西遊五日，乙巳日還。壬子北遊五日，丁巳日還。戊子中宫遊五日。癸巳日還。

右將軍太歲去來，切須避之。

凡宅神，十二月二十五日上天，正月五日下。三月未上天，四月二十七下。五月未上天，六月二十七下。餘時並在宅。又云：宅有二十四神，甲乙丙丁庚辛壬癸。

右已上章醮請乞，遇神在，請福無不應矣。

【校釋】

〔一〕「將軍太歲遊」，道教時日禁忌，在將軍太歲出遊之日和返回之日不能上章，其原因是擔心上章耽誤太歲出行。在敦煌文獻 P. 3594 中有推太歲遊圖法，記載的太歲出遊時間與赤松子章曆完全一致。敦煌文獻反映出太歲遊禁忌不僅是一種時日禁忌，也是一種方位禁忌，即太歲所遊之方位不能動土①。

天狗〔一〕下日

正亥，二子，三丑，四寅，五卯，六辰，七巳，八午，九未，十申，十一酉，十二戌。

右天狗下日，不可用之。

【校釋】

〔一〕「天狗」，曆書凶神。協紀辨方卷四引樞要曆：「天狗者，月中凶神也。其日忌禱祀鬼神，祈求福願。」廖宇研究指出，「天狗」的最初含義是星名，史記天官書：「天狗，狀如大奔星，有

① 廖宇道教時日禁忌探源，七五—七七頁。

聲，其下止地，類狗。」裴駰集解引孟康曰：「星有尾，旁有短彗，下有如狗形者，亦太白之精。」漢唐之際，「天狗」多次作爲凶兆載入史册，以至五代以後民間多次出現關於天狗食用人的内臟和血液的傳言，可見天狗在人們心中之凶惡程度。在現代道教中，天狗確實是道教祭拜的煞星①。

太歲天狗下食

歲在子，狗在寅，下食卯時。巳未酉吉。歲在丑，狗在卯，下食辰時。午申子吉。歲在寅，狗在辰，下食巳時。未酉亥卯丑吉。歲在卯，狗在巳，下食午時。辰卯戌子寅吉。歲在辰，狗在午，下食未時。巳酉亥丑卯吉。歲在巳，狗在未，下食申時。辰午子戌寅吉。歲在午，狗在申，下食酉時。卯未亥丑吉。歲在未，狗在酉，下食戌時。辰午申戌寅吉。歲在申，狗在戌，下食亥時。卯巳未酉亥吉。歲在酉，狗在亥，下食子時。辰午申戌吉。歲在戌，狗在子，下食丑時。卯巳未酉亥吉。歲在亥，狗在丑，下食寅時。午申戌子吉。

① 道教時日禁忌探源，七九頁。

右太歲天狗下食，章醮宜須避之。

十二月天狗〔一〕

正在亥食巳，二在子食午，三在丑食未，四在寅食申，五在卯食酉，六在辰食戌，七在巳食亥，八在午食子，九在未食丑，十在申食寅，十一在酉食卯，十二在戌食辰。

右每月天狗下食時，不可醮祭，鬼殺人，上章即通，但取其方上土，泥鼠穴及蠶室〔二〕四壁，大吉利。

【校釋】

〔一〕廖宇認爲，比較以上三種天狗，可見天狗下日和十二天狗内容是一致的，二者與太歲天狗下食的内容不同，可將三種天狗分爲兩類，兩類分屬於不同的系統①。

〔二〕「蠶室」，古代王室飼蠶的宫館。禮記祭義：「古者天子諸侯必有公桑蠶室。」孔穎達疏：「公桑蠶室者，謂官家之桑，於處而築養蠶之室。」

① 道教時日禁忌探源，七八頁。

十二屬凶時〔一〕

子生人不用午時，丑生人不用未時，寅生人不用申時，卯生人不用酉時，辰生人不用戌時，巳生人不用亥時，午生人不用子時，未生人不用丑時，申生人不用寅時，酉生人不用卯時，戌生人不用辰時，亥生人不用巳時。

右已上神相衝，章醮不用。

【校釋】

〔一〕「十二屬」，十二屬相，十二生肖。由人出生年的干支決定屬相。十二屬凶時，即是某一屬相的人不宜在五行上與本命相冲克的時辰進行章醮①。

帝酷殺日

正丑辰戌，二寅辰巳，三丑卯午，四辰未，五丑巳未，六卯巳未，七丑卯未，八寅酉戌，

① 周鼇萍赤松子章曆擇日避忌研究，一二頁。

九子丑卯戌，十巳午，十一子丑辰巳申戌亥，十二子丑辰戌。

右巳上十二月殺日，不可用。

六甲存思〔一〕

甲子仇明，主入水存之。甲寅成隆，主入病存之。甲辰林車，主入官存之。甲午監兵，主入鬭戰争。甲申益章，主入草存之。甲戌張先。主入火存之。

右六日存神思之。

【校釋】

〔一〕「存思」，又名「存想」，常簡稱爲「存」。若存想專精，則稱爲「精思」。它是道教最常用、最具特色的思維方法①。

① 劉仲宇道教法術，二二三六頁。

六合日〔一〕

寅與亥合，卯與戌合，辰與酉合，巳與申合，午與未合，子與丑合。

【校釋】

〔一〕「六合日」，十二地支兩兩相合，陰陽相會和合之日，是吉利的日子。隋蕭吉五行大義：「支合者，日月行次之所合也。正月，日月會於諏訾之次。諏訾，亥也，一名豕韋，斗建在寅，故寅與亥合。」①

天地閉塞日〔一〕

壬爲六塞日，癸爲六閉日。又云：甲癸不通章醮。

右章醮避忌此日不用。

① 周魖萍赤松子章曆擇日避忌研究，一三頁。

【校釋】

〔一〕「天地閉塞日」，周豔萍指出，如果按照納甲法，可以看出壬癸作爲天地閉塞的可能的解釋。按納甲之法是將十天干配八卦：乾納甲、壬，坤納乙、癸，震長男而納庚，巽長女而納辛，坎中男而納戊，離中女而納己，艮少男而納丙，兑少女而納丁。按此法壬、癸兩天干分別被納入乾坤二卦之中，它們也具有代表天地的意義。另外，「天地閉塞日」單指壬、癸兩天干，是由於它們是十天干中的最後兩干，一陰一陽（壬爲陽，癸爲陰），又因其五行屬水，主收藏，因此被認爲是乾坤之終藏，成爲天地閉塞日。天地閉塞，似應爲陰陽閉塞更妥，不過無論是天地還是陰陽，閉塞自然就不能通章醮了①。

天父日〔一〕

三日、九日、十五日、二十七日。

右此四日不上章。

① 赤松子章曆擇日避忌研究，一四頁。

【校釋】

〔一〕廖宇指出，道教經典中僅此處見「天父日」和「天母日」的記載，但值得注意的是敦煌文獻P. 2905中亦有「天父日」和「天母日」，與赤松子章曆所載基本一致，敦煌所載更加完整，而且更有規律。「天父」「天母」似不是道教中尊奉的神靈，道教典籍中未見專門的記載①。

天母日

四日、十日、十六日、二十八日。

右此四日不上章。

四季日〔一〕

春寅午戌，夏巳酉丑，秋申子辰，冬亥卯未。

右此日不上章及書符。

---

① 道教時日禁忌探源，八二頁。

【校釋】

〔一〕「四季日」，按春夏秋冬不同的季節對應不同屬性的地支來決定吉凶，依季節列出禁忌的地支日。

五臘日〔一〕

王長謂趙昇真人曰：「子知五臘日乎？」趙昇真人曰：「吾於鶴鳴洞侍右〔二〕，聞先師與鬱華真人論之。五臘日者，五行旬盡，新舊交接，恩赦求真，降注生氣，添神請算之良日也。此日五帝朝會玄都，統御人間地府、五嶽四瀆、三萬六千陰陽，校定〔三〕生人，延益之良日也。學道修真求生之士，此日可齋戒沐浴，朝真〔四〕行道。今故明傳妙旨，可宜勤行之。」

正月一日天臘。五帝校定生人神氣，時限長短，益添年命，求禱子孕，祭祀先亡，昇達〔五〕玄祖。其日不可壅滯溝澗，用力色欲，可吟詠歌讚，導引神氣。

五月五日地臘。五帝校定生人官爵，血肉衰盛，外滋萬類，内延年壽，記録長生名字。此日可謝罪，求請移易官爵，祭祀玄祖。其日不可伐損樹木、血食，可服氣，消息〔六〕四大〔七〕。

七月七日道德臘。五帝校定生人骨體枯盛，學業文籍，名官降益。其日可謝罪、請福、服氣、沐浴、祭祀先亡。其日不可伐樹碎石，食啖酸鹹，乘騎臨險，可導引攝理，展舒筋骨。

十月一日民歲臘。五帝校定生人禄科〔八〕、官爵、算盡、疾病輕重。其日可謝罪，請添算壽，祭祀先亡，沐浴玄祖。慎勿多食，婬昏醉睡，可行道禮拜，旋遶庭壇。

十二月王侯臘。五帝校定生人處所，受禄分野，降注三萬六千神氣。其日可謝罪，求延年益壽，安定百神，移易名位，迴改貧乏，沐浴，祭祀先亡，大醮天官，令人所求從願，求道必獲。此日不得聚會飲樂，可清净經行山林有壇庭之處，行道有念，三魂七魄，不得經營俗事，逢臘日即是。

【校釋】

〔一〕「五臘日」，正月一日爲天臘，五月五日爲地臘，七月七日爲道德臘，十月一日爲民歲臘，十二月正臘日爲王侯臘，此五日爲祭祀祖先集會建齋之良辰。王契真上清靈寶大法卷八：「凡臘日，按天尊所説父母恩重經，此日宜齋戒，祭祀先亡祖考，誦經行道，拔度亡者，名爲孝子。」

〔二〕「侍右」，侍候於仙家左右。

〔三〕「校定」，核實訂正。雲笈七籤卷一〇五：「至夏至之日，日中時，天上三官會於司命河侯，校定萬民罪福，增年減筭。」

〔四〕「朝真」，朝拜聖真。

〔五〕「昇達」，拔度亡靈，使超脱苦難，昇登仙界。葛玄太上慈悲道場消災九幽懺：「我今放大光明，徹照五方十地。受苦衆生悉皆超度，惟有忤逆不得昇達。」

〔六〕「消息」，停止，平息。

〔七〕「四大」，道法會元卷二一〇：「又如有人貪念忽生，用心佇思，不覺凝滯，此爲地大。亡者命終，積貪不捨，即有鐵城鐵山大石壓身，碾碓耕磨之報。婬念至極，男女二根自然流液，此爲水大。亡者命終，積淫不已，即有血湖大海，寒冰裂體，飢渴傷殘之報。瞋念一發，四體汗流，百脉火熾，此爲火大。亡者命終，積瞋不化，即有大火逼身，鐵丸銅汗，鑊湯爐炭之報。妄念論轉，意識紛飛，急欲稱意，此爲風大。亡者命終，積妄不變，即有風刀考身，飛戈飄戟，倒懸掛綱之報。如上四大，亦由情想使然，遂有地獄之事。」

〔八〕「科」，原作「料」，據文意改。高上大洞文昌司禄紫陽寶籙：「三司　幽禄科：上品嶽府官僚，中品酆都官僚，下品扶桑官僚。中元地府酆都定貴，分三科三品。」

誠惶誠恐〔一〕

科云：應是諸章悉合著「誠惶誠恐」之語。如違，奪算。

【校釋】

〔一〕「誠惶誠恐」，封建時代奏章中的套話，表示惶恐不安。道教章奏借用此語，雲笈七籤卷四五：「夫誠惶誠恐者，即握簡低身，戢地兩過，捧簡長跪當心，少時復下戢地又兩過止。」太上濟度章赦卷中：「右凡書章，用黄紙朱書，紙高一尺一寸六分，行闊一寸二分，幅宜單幅，幅宜單行，每行定排十七字，前一幅揩兩行，空第三行，方寫章銜疊書，下寫臣某誠惶誠恐，稽首頓首再拜。此一行不揩字，看長短到何處住。」

稽首再拜〔一〕

科云：小小疾病，事事從輕。上章只合言「臣某稽首再拜，上言」。章後亦如此。如違，奪算。

【校釋】

〔一〕「稽首再拜」，五代張若海玄壇刊誤論：「稽首者，一拜額至地。頓首者，亦是一拜，以頭頓地也。再拜者，兩拜也。通云稽首頓首再拜者，是四拜也。誠惶誠恐者，即是握簡曲躬，踼地兩過，捧簡長跪。少頃，又踼地兩過，而止是也。今之修齋者，皆云誠惶誠恐、稽首頓首再拜，却只禮三拜，應數而已。」

頓首死罪稽首再拜

科云：疾病困重，事情迫切，上章云「臣某頓首死罪，稽首再拜，上言」。章後亦如此。若違，奪算。

請官

太真科曰：諸疾病，先上首狀章。不愈，即上解考章。不愈，上解先亡罪謫章。不愈，上遷達章。若沈沈〔一〕，上却殺收注鬼〔二〕章。若頓困〔三〕，上解禍惡〔四〕大章。不差，上解五墓謫章。不差，上扶衰度厄大章〔五〕。不愈，上還魂復魄章。不愈，上安墓解五土耗害章。不愈，上安宅鎮神驅除收鬼章。不愈，上分解中外大考章。若危急〔六〕，上子午請命並却三官死解章。若進退，上仰謝三十二天章。大危篤，上續命文贖〔七〕、又拔命、又獨解復連、又五燈、又二十八宿、又分解先亡大注八十一章。若無此災疾〔八〕，不得妄求此章。犯者二刑論。二刑者，掃路、修橋。五刑論者，謫輸天師治覆屋茅三千束。六刑論，責輸屋瓦二千合。一刑掃路二十日，二刑掃路二十日。若言一紀，是一年。若言算，云十日，或爲一日一算〔九〕。

【校釋】

〔一〕「若沈沈」，要修科儀戒律鈔卷一一作「故沉」。

〔二〕「注鬼」，有學者指出，一般男女老少之人，或由生前爲惡，與人仇怨，或死於非命，亡日不吉，或尸形未得安葬，墳墓爲人侵敗，或葬埋觸犯三官，冥司爭訟，請罰受罪，或陰邪近脅，遭受種種折磨，魂鬼不安，不堪痛苦，因之返回陽間祟害生人，不分親疏内外，貪圖讓生人魂魄遭受謫罰，以求自身得到解脱。這種妄求生人魂魄以爲代替之鬼，稱爲「注鬼」「鬼注」「死注」或「逆注」「咎注」①。

〔三〕「若頓困」，要修科儀戒律鈔卷一一作「復沉頓」。

〔四〕「惡」，要修科儀戒律鈔卷一一作「厄」。

〔五〕「扶衰度厄大章」，要修科儀戒律鈔卷一一作「扶衰疫大厄章」。

〔六〕「危急」，要修科儀戒律鈔卷一一作「急困」。

〔七〕「續命文䟽」，要修科儀戒律鈔卷一一作「贖命交䟽」。

---

① 張勳燎東漢墓葬出土的解注器材料和天師道的起源，二五四頁。

〔八〕「疾」，要修科儀戒律鈔卷一一作「病」。
〔九〕宋李昌齡太上感應篇：「凡人有過，大則奪紀，小則奪筭。傳曰：紀之爲説，一云十二年爲一紀，一云三百日爲一紀。筭之爲説，一云百日爲一筭，一云一日爲一筭。大抵三百日自不可奪，況十二年乎？一日猶不可奪，況百日乎？」

若大事言功，可三四百字。垂死言功，可五百字。小小，可止一二百字耳。多則正氣囂散，吏兵敗事〔一〕。

若有急上章，當上請天昌君，黄衣兵士十萬人。亦可入靖〔二〕東向，口請令，收家中百二十殃怪，中外强殃〔三〕十二刑殺鬼。

若面目有患，當上章及入靖，請天明君五人，官將百二十人，在南宫下，治面上諸疾。

若逆上氣，吐下青黄赤白五瘟五毒六鮫〔四〕六鬼，當請北星〔五〕大機君，官將百二十人，在六宫下爲治之。

若〔六〕腹心〔七〕脹滿、小腸拘急〔八〕、帶下〔九〕，十二病之鬼，當請封離君，官將百二十人，令治之。

【校釋】

〔一〕「正氣囂散，吏兵敗事」，登真隱訣卷下作「正氣讟，吏兵厭事」。

〔二〕「靖」，登真隱訣卷下作「凈」。

〔三〕「⿰歹羊」，「祥」的換旁俗字，玉篇歹部：「⿰歹羊，女鬼。」葉貴良指出，「⿰歹羊」從「災祥」義引申出「妖怪」義，又從「妖怪」義引申出「鬼」義。「⿰歹羊」泛指「鬼」，不可釋作「女鬼」①。

〔四〕「䰨」，登真隱訣卷下作「魃」。

〔五〕「星」，登真隱訣卷下作「裏」。

〔六〕「若」，原作「右」，據登真隱訣卷下改。

〔七〕「腹心」，登真隱訣卷下作「心腹」。

〔八〕「拘急」，因感受風寒而身體痙攣、抽搐。漢張仲景金匱要略痙濕暍病脈症並治：「夫風病，下之則痙，復發汗，必拘急。」

〔九〕「帶下」，古代稱婦科疾病。中醫學以爲帶脈環繞人體腰部一周，猶如腰帶。凡帶脈以下，名曰「帶下」，故婦科病統稱之爲「帶下」。金匱要略婦人雜病脈症並治：「婦人之病……此皆帶下，非鬼神。」尤在涇纂注：「帶下者，帶脈之下，古人列經脈爲病，凡三十六種，皆謂之

① 敦煌道經寫本與詞彙研究，四四七頁。

帶下病，非今人所謂赤白帶下也。」

若腹内飲食不消結堅，淋澀〔一〕不愈者，請赤素君，官將百二十人治之。

若氣逆〔二〕絞急，腹中堅硬，不下飲食，請五衡君，官將百二十人，在大丘宫下爲治之。

若吐逆〔三〕，當請五衡君，官將百二十人，在太平宫治之。

若小腹脹滿，請九河北海君，官將百二十人，在河元宫〔四〕治之。並井竈鬼爲病者，請王法君五人，官將百二十人，在五姓宫制滅治之。

若癰疽，請九集君，官將百二十人，在西玉宫治之。

若疲瘦骨消，肉盡垂困〔五〕者，請陽袂君，官將百二十人，左右百二十人治之。

若益壽命，請南上君，官將百二十人，在倉果宫，令延年不死。

若久病著牀困苦者，請須臾君，官將百二十人治之。

若家中强鬼，令厭絶精祟者，請石仙君一人，官將百二十人，令制之。

若欲斥逐故炁，斷絶鬼疰〔六〕，却死來生，却禍來福，請益〔七〕天將軍十萬人，令捕治之。

若欲收捕衆老之精侵犯家中者，當請上元士君一人，官將百二十人，令收執之。

若犯行年本命、太歲土、五墓、辰建破，當請制地君五人，官將百二十人，下共宮制滅之。

若家中有考訟〔八〕鬼不正之炁，致不安穩，請胡君，官將百二十人，令解散斷絶之。

若家中多死喪，注身中刑害，請運炁解厄君，兵七十萬人治之。

若家中有五墓之鬼作祟，傷鬼往來者，請無上高倉君，兵七十萬人，使收治之。

若家中火復注者，請無上天君，兵十萬人斷絶之。

【校釋】

〔一〕「澀」，登真隱訣卷下作「露」。

〔二〕「氣逆」，中醫術語，謂氣上沖而不順。明李時珍本草綱目草七五味子：「肺寒氣逆，則宜此與乾薑同治之。」

〔三〕「吐逆」，謂嘔吐而氣逆。漢華佗中藏經論胃虛實寒熱生死逆順脈證之法：「病甚則腹脅脹滿，吐逆不入食。」

〔四〕「河元宮」，登真隱訣卷下作「河兑宮」。

〔五〕「垂困」，重病將死。

〔六〕「鬼疰」，登真隱訣卷下作「注鬼」。廣雅釋詁一：「疰，病也。」王念孫疏證：「釋名：『注病，一人死，一人復得，氣相灌注也。』『注』與『疰』通。」急救仙方卷一〇：「夫骨蒸、殗殜、復連、屍疰、癆疰、蟲疰、毒疰、熱疰、冷疰、食疰、鬼疰等，皆曰傳屍者。以疰者注也，病自上注也。與人相似，故曰疰。」連劭名認爲，死者的邪病惡氣轉移於他人稱爲「注」①。

〔七〕「益」，登真隱訣卷下作「蓋」。

〔八〕「考訟」，亡人因爲種種原因，在冥界發動的針對生人的訴訟。本書卷五又大塚訟章：「夫人家事破落，名宦不泰，死厄疾病，痛苦連年，生業不興，子孫凌替，皆云上世考訟，亡靈不安，殃及生人子孫，致之如然。」寧全真靈寶領教濟度金書卷一〇九：「消考訟於先靈，息注殃於後嗣。」

若欲破房廟坐〔一〕席禱鬼邪物者，請平天君，官將百二十人，在北朔宫治之。

若欲學神仙，而轗軻疾病注〔二〕連沈滯〔三〕，請虚素天精君，赤衣兵士十萬人，在天柱宫以制鬼滅禍，却赤天之氣。

若家有惡鬼不肯散故爲者，請赤天食炁君，官將百二十人治之。

若家中壈坎不安，夢寐亂錯，魂魄不守，請收神上羽君，官將百二十人主治之。

---

① 漢晉解除文與道家方術，七七頁。

右請官治病，以應二十四神身中之宮也。官將及吏兵人數，悉道家三炁應事所感作也，非天地生人也。此精誠發，因物致感，所以炁作而成吏兵也。其餘官號，在千二百官儀。此二十四正號以應體中二十四神，有急當隨事稱之，皆驗也。亦可入靖燒香，口啓四方，請求救也。

【校釋】

〔一〕「坐」，登真隱訣卷下作「座」。

〔二〕「注」，登真隱訣卷下作「疰」。

〔三〕「沈滯」，疾病沉重，經久不愈。後漢書列女傳曹世叔妻：「吾今疾在沈滯，性命無常。」

封章法

凡章讀了，置奏案，以書刀朱筆鎮上。次操〔一〕復畢，如法緊卷，以香度過，仍以全紙封之。題云：謹謹詣虛无自然金闕玉陛下。下具所受法位：泰玄都正一平炁，係天師陽平治左平炁門下，版署三品大都功〔二〕，兼左廉察祭酒，赤天三五步綱元命真人臣某謹封。

次入函，以青絲三道纏，然後以蠟填印池，用九老仙都之印印之。

次以青紙外封。先以朱點，上下不得顛倒。然後封兩頭，題作全字，朱書，各以印印之。

外封題云：奉爲大道弟子，具官銜姓名，爲某事請拜某章若干通，謹詣三天門下，請進。三天門下，字須平寫，請進，字於三天門下側注。次題法位，如前某甲〔三〕謹封。謹封處以印印之。

【校釋】

〔一〕「操」，交付章文亦稱「操章」①。

〔二〕「都功」，主要負責治内財産管理的職務。唐王懸河三洞珠囊卷七：「都功職，主功勞，録吏散民，賍義錢穀，金銀玉帛，六畜米物，受取出入，管籥倉庫府，鬼神之物，禮信及治殿作舍，橋道、樓閣、神室，盡主之也。」

〔三〕「某甲」，洞玄靈寶三洞奉道科戒營始卷四：「凡十號男女，詞告啓奏，得稱此號於天尊大道前，皆下言某甲，不得直爾。」

① 傅飛嵐天師道上章科儀——「赤松子章曆」和「元辰章醮立成曆」研究，七〇頁。

殗穢〔一〕

科曰：家有死亡，無論大小，婦人生産，大喪，殗一百日。生産，女子傷身，殗一百日。入産婦房，殗三日。小兒及奴婢死，殗一月。六畜死，殗一日。在外即無殗。期喪〔二〕，四十日。大功緦麻〔三〕，月内殗，出月即解。往喪家哭泣，其日殗。久喪無殗。喪家祭食，産婦三日，及滿月之食，並不可喫〔四〕。

右已上諸殗，不可修齋、設醮〔五〕、上章，如在别處遇者，但以符水解之。

【校釋】

〔一〕「殗穢」，穢物，道經中多指死人或分娩所致的死穢之氣，能致人病死。高上太霄琅書瓊文帝章經：「凡修此道，慎勿輕履殗穢，觸忤真神，犯之九年，拷掠兆之身。」又作「淹穢」，上清太極真人撰所施行祕要經：「太上九變十化易新經曰：若履淹穢及諸不净處，當洗澡浴盥，解形以除之。」

〔二〕「期喪」，猶期服，爲期一年的喪服。宋張君房雲笈七籤卷四五：「經大喪一年殗，期喪四十日殗，限内不得入靖朝真，限滿沐浴，然可朝真。犯者考病十日。」宋王楙燕翼詒謀録卷四：「舊制，期喪百日内妨試，尊卑長幼同。」

〔三〕「緦麻」，靈寶玉鑑卷一七作「緦麻」。

〔四〕「喫」，靈寶玉鑑卷一七作「與食」。

〔五〕「修齋設醮」，靈寶玉鑑卷一七作「設齋建醮」。

存思

科曰：操復畢，便於案前伏地，便存赤紅炁從己心中出，上昇天。俄頃如經歷百里，赤紅炁路蕩蕩，兩邊無瑕〔一〕翳，惟多寶樹，忽見一黄道〔二〕，即日月黄道也。直過黄道五六里，遥見紫雲隱隱。直到紫雲，見天門。門度一丈八尺，諸侍衛悉住。唯與周將軍及直使功曹傳章〔三〕。玉童擎章表至闕門之下，西謁，見正一三天法師，姓張，名道陵。載拜訖〔四〕，具陳〔五〕章表事〔六〕由。天師九拜，即往鳳凰閣門之下入。須臾，有一仙童朱衣玄冠出，就傳章。玉童手中接章表入，少頃，復出，引入見太上。太上著九色雲霞之帔，戴九德之冠，當殿而坐，左右二玄真人侍衛。又見太一著朱衣玄〔七〕冠，呈太上章表，太上一覽，太一承太上意，署太清玉陛下，作依字了，又見一仙童，收章表於右陛〔八〕，分付今日日直曹官使〔九〕。心載拜，辭太上出門。又載拜，辭天師。同奏章真〔一〇〕官抃躍〔一一〕而迴至奏章之所，便起稱以聞。

【校釋】

〔一〕「瑕」，靈寶無量度人上經大法卷四一作「霞」。

〔二〕「黄」，靈寶無量度人上經大法卷四一作「横」。

〔三〕「傳章」，上傳章奏。道法會元卷七四：「齎章從事，呈章從事，刺章從事，通章從事，傳章從事，奏章從事，省章從事，受章從事，禦章從事，印章從事，已上從事各二人。」

〔四〕「載拜訖」，靈寶無量度人上經大法卷四一作「再拜了」。「載」，通「再」，用在動詞前，表示行爲重複發生。吕氏春秋異寶：「五員載拜受賜曰：『知所之矣。』」陳奇猷校釋：「載、再通。」

〔五〕「陳」，上清天心正法卷六作「録」。

〔六〕「事」，靈寶無量度人上經大法卷四一作「來」。

〔七〕「玄」，道法會元作「黑」。

〔八〕「陛」，靈寶無量度人上經大法、道法會元、上清天心正法作「階」。

〔九〕「分付今日日直曹官使」，靈寶無量度人上經大法卷四一作「分付今日直曹官」。

〔一〇〕「真」，靈寶無量度人上經大法卷四一作「直」。

〔一一〕「抃躍」，手舞足蹈，歡欣鼓舞。呂氏春秋古樂：「帝嚳乃令人抃。」高誘注：「兩手相擊曰抃。」

要安〔一〕吉凶

要安日章醮，諸天來降，生〔二〕人受福，大吉。
玉堂日章醮，諸天歡樂，福慶延永，大吉。
金堂日章醮，諸天降靈，延年益算，大吉。
龍虎日章醮，諸天不降，少福。
罪至日章醮，諸天煩惱〔三〕，有理不申，大凶。
敬心〔四〕日章醮，諸天歡悦，神靈鑒納，獲福。
普護日章醮，諸天降福，福〔五〕慶甚多。
福生日章醮，諸天並集，欣悦大吉。
受死日章醮，諸天書罪，主人受殃，大凶。
聖心日章醮，諸天校福，延益之日，大吉。

益後日章醮，諸天喜樂，開度〔六〕萬民，大吉。

續世日章醮，諸天開泰，求乞得福。

右要安等日，以十二月傍通，逐月看十二辰，即定知吉凶日。

【校釋】

〔一〕「要安」，協紀辨方書：「要安，言徼福於鬼神也。」

〔二〕「生」，靈寶玉鑑卷一七作「主」。

〔三〕「煩惱」，靈寶玉鑑卷一七作「不悦」。

〔四〕「心」，靈寶玉鑑卷一七作「新」。

〔五〕「福」，靈寶玉鑑卷一七作「延」。

〔六〕「開度」，開化拔度。太上三十六尊經：「道範敷張，開度群品，俾登道岸，故於是法廣宣教化，令一切衆生修諸功德。」

正二三四五六七八九十十一十二

要安，寅申卯酉辰戌巳亥午子未丑。

玉堂，卯酉辰戌巳亥午子未丑申寅。
金堂，辰戌巳亥午子未丑申寅卯酉。
龍虎，巳亥午子未丑申寅酉卯戌辰。
罪至，午子未丑申寅酉卯戌辰亥巳。
敬心〔一〕，未丑申寅酉卯戌辰亥巳子午。
普護，申寅酉卯戌辰亥巳子午丑未。
福生，酉卯戌辰亥巳子午丑未寅申。
受死，戌辰亥巳子午丑未寅申卯酉。
聖心，亥巳子午丑未寅申卯酉辰戌。
益後，子午丑未寅申卯酉辰戌巳亥。
續世，丑未寅申卯酉辰戌巳亥午子。

【校釋】

〔一〕「心」，靈寶玉鑑卷一七作「新」。

藏章故本

太真科曰：爲人奏章竟，諸小章復鑪〔一〕畢，即卷付函。齋出，別舉諸大章，一時取之。舉録如法。若應燒者，復鑪前燒之。若在他處將章歸，題署封緘，不得泄露。蟲鼠及貨易取利，違太上勑命。蓋章中有真官位號、鬼神〔二〕姓名、靈祇祕訣，不可污辱。章皆有正本，傳爲校定分明，切不可用故本。事狀不同，請宫〔三〕殊〔四〕異，俗人家不得輒留章本。違犯，五刑論。

【校釋】

〔一〕「復鑪」，道教齋醮儀式的一項重要内容。「爐」指手提的香爐。「復爐」與「發爐」相對，「發爐」是高功法師清净心身，召請神將。「復爐」則是高功法師恢復自身之神，復爐一般安排在儀式最後。道法會元卷二四五：「凡朝奏事畢，必當復爐，復身中神明，與天中上聖。故言香官使者，左右龍虎君，令臣朝奏之所，自然生金液丹碧芝英者，自己真炁混合，歸體結成金液丹碧芝英也。其法，於此時掐訣，引炁嚥入丹田，復還元宫，結成寶珠，金碧交映，故有此言。至十方仙童玉女接此香煙，令臣向來所啓之誠，速達逕御至真無極大道，則又存玉童玉女復還天闕，責香達誠故也。與發爐之文，存想之義，前後相應。」

〔二〕「鬼神」，要修科儀戒律鈔卷一一作「神鬼」。
〔三〕「宫」，要修科儀戒律鈔卷一一作「官」。
〔四〕「殊」，要修科儀戒律鈔卷一一作「姝」。

斷章〔一〕

太真科云：上言，謹按文書，臣某治依法修行，宣揚道氣，請召真官，救護萬姓，所奏章表，應燒不燒者，緘封箱閣。卷束積多，法不得散，恐蟲鼠所犯，漏濕爛敗，有所遺落，從來謹遵，不敢違旨，即日依科，隨斯斷奠。自某年月日合有如干〔二〕通，於某净〔三〕壇净處，火化煙通，升靈降炁，布吉除凶。謹請直使正一功曹、治中虎賁威儀銓〔四〕下伍百〔五〕各二人，校尉十二人，功曹主簿幹佐〔六〕小吏、金光童子各五人，中部章督郵從事使者各二人，同時監臨〔七〕，對共料省〔八〕，焚除塵故，采納光新，原赦臣某愚短不及〔九〕之愆。乞前所印寫，永登天府，後所奏聞，悉免寒池〔一〇〕。諸官證明，奬助有功，依都章言功，不負效信。恩惟太上分別，求哀。

斷章通數不同，蓋〔二〕時有豐儉，法有行藏，藏時少，行時多，計滿百通爲斷。如前文，每年至十月爲斷。

【校釋】

〔一〕「斷章」，積章若干通，或歷時若干月，將章於净處火化①。

〔二〕「如干」，若干。太上洞玄靈寶赤書玉訣妙經卷下：「今有上學某嶽真人某甲，本命某生，年如干歲，某月生，命屬東斗，名係泰山，青嶽領籍，氣骨合真，已受上法九天靈文。」

〔三〕「净」，要修科儀戒律鈔卷一一作「靖」。

〔四〕「銓」，要修科儀戒律鈔卷一一作「鈐」。

〔五〕「伍百」，要修科儀戒律鈔卷一一作「伍伯」。謂役卒，多爲輿衛前導或執杖行刑。唐韓愈寄盧仝詩：「立召賊曹呼伍伯，盡取鼠輩尸諸市。」

〔六〕「幹佐」，主管某項事務的輔佐官員。晉葛洪抱朴子外篇卷二七：「冠摧履決，藍縷帶索，何肯與俗人競幹佐之便僻，修佞幸之媚容！」

〔七〕「監臨」，監督。史記張耳陳餘列傳：「且夫監臨天下諸將，不爲王不可，願將軍立爲楚王也。」

---

① 張澤洪道教禮儀學，四九頁。

〔八〕「料省」，考察審閲辭章。本書卷四斷魁泉章：「臣職叨典治，謹爲伏地拜章一通，乞太上老君、太上丈人垂恩料省，原赦某身。」

〔九〕「不及」，不知道，不理解。東漢太平經卷三五：「今意極，訖不知所當復問。唯天師更開示其所不及也。」

〔一〇〕「寒池」，冰池，極寒受罰之地。宋陳景元元始無量度人上品妙經四注：「北帝告寒池受形之魂，部領出泉曲之府。寒池者，刑罰之池也。」靈寶無量度人上經大法：「北都寒池，酆都幽夜，有丘寒之池，寒冰夜府。」

〔一一〕「蓋」，要修科儀戒律鈔卷一一作「凡」。

奏章案

案長二尺四寸，闊一尺二寸，高八寸，仍須曲脚，以柏木楠梓爲佳〔一〕。今人多用高案直脚者，此並非法，違科奪算。〔二〕

【校釋】

〔一〕「案長二尺四寸……以柏木楠梓爲佳」，靈寶玉鑑卷一八作「赤松曆云：長二尺二寸，高八寸，曲脚，造以柏楠梓木。」

〔二〕本條要修科儀戒律鈔卷一一作「玄都律曰：上章，要用曲脚案。若非曲脚，不得上章。違律，罰筭一紀。上章，案長二尺四寸，廣一尺二寸，高八寸，曲脚。違律，考病百日。」

天老問三皇

天老問三皇曰：「何以用戊戌作符？」三皇對曰：「戊者，天門也。戌者，土中宫君像也。天帝常以戊戌日從天門來遊，觀見此日作符，歡悦，賞賜所願。戊者，土也，必得官爵，封侯食〔一〕邑矣。用午時佩之。午爲太陽之精，純金之光也。金紫高位之像。」

【校釋】

〔一〕「食」，原作「食土」，據要修科儀戒律鈔卷二改。

避　忌

科曰：上章醮，弟子不得殺生。違，減算二紀〔一〕。

上章，家中大小、雞犬不得喧雜。違，罰算一紀。

大風大雨、連綿風雨〔二〕，不得上章。違，罰病一年。

身有六疾〔三〕，不得與人上章。違，奪算三紀。

上章，不得食酒肉五辛〔四〕。違，奪算一紀。

【校釋】

〔一〕「紀」，葛洪抱朴子内篇卷六：「大者奪紀，紀者，三百日也。小者奪筭，筭者，三日也。」

〔二〕「連綿風雨」，要修科儀戒律鈔卷二作「連風連雨」。

〔三〕「六疾」，寒疾、熱疾、末疾、腹疾、惑疾、心疾。左傳昭公元年：「淫生六疾……陰淫寒疾，陽淫熱疾，風淫末疾，雨淫腹疾，晦淫惑疾，明淫心疾。」後用以泛指各種疾病。

〔四〕「五辛」，五種辛味之菜，修道者忌之，亦名「五葷」。唐王懸河三洞珠囊卷四：「食五辛，敗仙相也。五辛者，葱、蒜、韭、薤、興渠，今俗間不詳之。」

禁戒

禁曰：上章宫曹請官不得越錯〔一〕。

犯穢，不得入治。

見殗不得入江河山林藪澤。

六畜生産未滿七日，不得入治。

小兒未滿百日，不得入治。

六畜生子未滿月，不得入治。

章醮信物不得假借於人。

不得於治中燒諸臭穢、毛羽、皮角。

入治皆須恭肅禮拜，不得傲誕。

入治不得指斥〔二〕形容，妄説非法，言語戲笑。

治中不得裸露形體。

貺信當須散於道民。詣治請章，救度疾厄，當須束帶履版〔三〕，恭敬叩頭，自陳本末。

不得傲誕狠戾，高聲自貴。犯，三刑論。

【校釋】

〔一〕「越錯」，錯亂，越位。太上洞玄靈寶赤書玉訣妙經：「南方星宿越錯，有諸災異，當朱書青紙上，露於中庭，三日三夜，夕夕南向，依別祝法訖，以火燒文，散之於清煙之中，並別刻書三十六字於赤石上，埋南方，天災自消，星宿復位。」

〔二〕「指斥」，指摘，斥責。北宋張君房雲笈七籤卷二四：「若露慢三光，指斥七曜，呵罵風雨，欺罔玄靈，則致日月薄蝕，星宿流飛。」

〔三〕「履版」，亦作「履板」，指著履執版。真誥卷一七：「丁瑋寧年可三十四五許，並著好單衣，垂幘履版，惟慶安著空頂幘。」洞真太上太霄琅書卷八：「跡非偏時，巾褐履板，單衣帢幘完净常具，貧者一通，富不過三，故弊相治，不得雜用。」①

令曰：父有疾厄，兒受天師大治在身，父當冠帶巾褐，叩頭搏頰〔一〕，子方入治奏章。

令曰：父子求請不如法，父子犯三刑論。兄弟如上。

令曰：婦受治職，夫有急厄，當須束帶履版，叩頭如法，婦乃入靖奏章。

令曰：夫請不依法，坐二刑論。婦宣令不明，坐三刑論。

令曰：親伯叔疾厄，子姪治籙在身，求奏章如父子法。

令曰：舅姑姨疾厄，請子孫上章，如伯叔子姪法。

令曰：凶逆之人，手行誅戮，謀君殺父，此罪大逆，非財貨之功所能補贖，當履刀山，

① 張文冠晉書「履版」考，九頁。

隼〔二〕劍樹，經鑊湯，被燒煮，萬載不原〔三〕，難以拔贖。

禁律曰：人身中常有司過之神，隨時上下，曰以〔四〕善惡。過滿百二十爲一刻，刻者令人多害〔五〕少利。百八十過爲一耗，耗者令人六畜不繁息〔六〕。十過爲一偏，偏者令人疾病〔七〕。五百四十過爲一兇，兇者令人損胎傷子〔八〕。七百二十過爲一吹，吹者令人死。七百二十九過爲一殃，殃者令人瘖瘂盲聾〔九〕。千八十過爲一禍，禍者令人暴夭〔一〇〕死亡。千二百過爲一殘，殘者令人出逆子〔一一〕。千二百六十〔一二〕過爲一咎，咎者令人絶嗣〔一三〕。千四百過爲一基，基者令人殃流五世〔一四〕。千六百二十過爲一謫，謫者令人斷世無後嗣〔一五〕。千八百過爲一患，患者令人家出顛疾狂癡〔一六〕。二千六十〔一七〕過爲一暴，暴者家出兵刀逆死〔一八〕。二千三百三十過爲一虛，虛者家出父子兄弟相攻伐。二千五百二十過爲一曾，曾者家犯肌膚惡疾。二千七百過爲一害，害者家出聾〔一九〕。二千八百〔二〇〕過爲一災，災者家出骨肉婬亂悖逆〔二一〕。三千六十〔二二〕過爲一異，異者家出青盲陰〔二三〕殘。三千一百二十〔二四〕過爲一變，變者家出獄死族誅〔二五〕。三千一百五十〔二六〕過爲一怪，怪者家出都市乞丐人〔二七〕，骸骨棄捐〔二八〕。三千六百過爲一滿，滿者應死也〔二九〕。

【校釋】

〔一〕「搏頰」，又作「自搏」，謂擊打面頰。早期道教文獻中常與「叩頭」相連而用，是道教齋醮儀式中的重要程序，其目的是謝罪、首過①。

〔二〕「皐」，玉篇角部：「觸，昌燭切。牴也，觸也。觕，同上。皐，古文。」

〔三〕「原」，寬恕，原諒。三國志魏志張魯傳：「犯法者，三原，然後乃行刑。」

〔四〕「曰以」，太上洞玄靈寶宣戒首悔衆罪保護經（以下簡稱首悔衆罪保護經）作「白人」。

〔五〕「害」，首悔衆罪保護經作「衰」。

〔六〕「不繁息」，首悔衆罪保護經作「傷損」。

〔七〕「十過爲一偏，偏者令人疾病」，首悔衆罪保護經作「三百六十過爲一漏，漏者令人喜發疾病。」

〔八〕「損胎傷子」，首悔衆罪保護經作「瘖瘂聾盲」。

〔九〕「七百二十九過爲一殃，殃者令人瘖瘂盲聾」，首悔衆罪保護經無。

〔一〇〕「夭」，首悔衆罪保護經作「殘」。

〔一一〕「逆子」，首悔衆罪保護經作「凶逆亂之人」。

〔一二〕「二百六十」，首悔衆罪保護經作「三百」。

〔一三〕「絶嗣」，首悔衆罪保護經後有「無子」。

① 田啓濤也談道經中的「搏頰」，八二頁。

〔一四〕「千四百過爲一基，基者令人殃流五世」，首悔衆罪保護經作「千四百四十過爲一皐，皐者殃流於五世，癭瘺大禍所縛」。

〔一五〕「斷世無後嗣」，首悔衆罪保護經作「斷胤無嗣」。

〔一六〕「患者令人家出顛疾狂癡」，首悔衆罪保護經作「患者主爲奴婢，家内耗亂」，後有「千九百八十過爲一横，横者家出癲瘤狂癡之子」。

〔一七〕「二千六十」，首悔衆罪保護經作「二千一百六十」。

〔一八〕「暴者家出兵刀逆死」，首悔衆罪保護經作「暴者家出反逆，父子、兄弟、自相攻伐；出邪巫鬼異，妄説神教。」

〔一九〕「二千三百三十過爲一虚……害者家出聾」，首悔衆罪保護經無。

〔二〇〕「二千八百」，首悔衆罪保護經作「二千六百九十」。

〔二一〕「婬亂悖逆」，首悔衆罪保護經作「内婬亂勃，生育非真」。

〔二二〕「十」，首悔衆罪保護經作「百」。

〔二三〕「陰」，首悔衆罪保護經作「瘂」。

〔二四〕「一百三十」，首悔衆罪保護經作「二百四十」。

〔二五〕「獄死族誅」，首悔衆罪保護經作「詔獄死族被誅」。

〔二六〕「一百五十」，首悔衆罪保護經作「四百二十」。

〔二七〕「人」，首悔衆罪保護經無。

〔二八〕「骸骨棄捐」，首悔衆罪保護經作「死不以埋，骸骨損棄，無人收拾」。

〔二九〕「三千六百過爲一滿，滿者應死也」，首悔衆罪保護經作「三千六百過爲一刻滿，刻滿則定死，魂神漂浪」。黄景春指出，此處「滿」是達到極限的意思，罪過達到極限，相應的報應也最凶惡①。

律曰：人生或年二十、三十，刻滿兇夭。或五十、六十，而刻滿兇夭。或小來〔一〕無過，而今夭者，此受先世餘過。或妄行惡逆，竟壽而不遇禍患者，受其祖餘慶也。故積德之後有餘福，積惡之後有餘禍。故人能悔過，過滅福生。當思愆自責，改而勿犯。行之一旬，其人身中司過爲之除一刻〔二〕。行之百日，除二刻。行之一歲，除三刻。行之三年，其福自應。如不思不悔，其過日深。小過止其身，大過下流子孫。積善如梁上塵，積惡如突〔三〕中煙。可〔四〕不明慎之哉！

【校釋】

〔一〕「小來」，從小，年輕時。唐杜甫送李校書二十六韻：「小來習性懶，晚節慵轉劇。」

① 中國宗教性隨葬文書研究：以買地券、鎮墓文、衣物疏爲主，一六四—一六七頁。

右義、寶、專等日，傳受經籙吉日，亦具受道曆。

【校釋】

〔一〕黄亮亮博士研究指出，受籙吉辰是以義日、寶日、專日爲吉。這套時間吉凶最早在淮南子中出現，淮南子天文訓云：「子生母曰義，母生子曰保，子母相得曰專，母勝子曰制，子勝母曰困。以勝擊殺，勝而無報。以專從事，而有功。以義行理，名立而不墮。以保畜養，萬物蕃昌。以困舉事，破滅死亡。」「保」，即「寶」。道經最早記載這套曆日的是太上靈寶五符序①。

〔二〕「義日」，地支生天干日。抱朴子内篇卷一七：「又謂義日者，支干下生上之日也，若壬申、癸酉之日是也。壬者，水也；申者，金也。癸者，水也；酉者，金也，水生於金故也。」

〔三〕「寶日」，天干生地支日。抱朴子内篇卷一七：「所謂寶日者，謂支干上生下之日也，若用甲午、乙巳之日是也。甲者，木也；午者，火也。乙亦木也，巳亦火也，火生於木故也。」

〔四〕「專日」，天干地支屬性相同，不生不克。上洞心丹經訣：「專日者，支干比和也，如甲寅、乙卯是也。」黄亮亮博士研究指出，赤松子章曆在專日日期上，同消魔經的日期天干地支五行屬性相同。赤松子章曆的專日除了包括消魔經所載的時間之外，還出現兩個錯誤的時間即

① 赤松子章曆與早期方術的比較研究，二一六頁。

〔二〕「一刻」，上文言及「過滿百二十爲一刻」。

〔三〕「突」，煙囱。文選班固答賓戲「墨突不黔」呂延濟注：「突，竈孔也。」資治通鑑周紀五「竈突炎上」胡三省注：「竈窗謂之突。」

〔四〕「可」，不可。書堯典：「異哉！試可乃已。」孫星衍注：「史遷作『試不可用而已』。」又疏：「史公『可』爲『不可』者，聲之緩急。俗字增爲『叵』，即『可』字也。」戰國策韓策一「言可必用」鮑彪注：「可，豈可。」清劉淇助字辨略卷三：「左傳隱公三年：『光昭先君之令德，可不務乎？』可不，猶云豈可不，省文也。」

受籙吉辰〔一〕

甲子、丙寅、丁卯、辛未、壬申、癸酉、乙亥、丙辰、辛丑、丁未、庚戌、戊午、庚辰。

已上是義日〔二〕。

甲午、丁丑、丙戌、庚子、壬寅、丁未、戊申、己酉、辛亥、癸卯、丙辰、乙巳、丙戌、丙辰。

已上是寶日〔三〕。

己丑、戊戌、丙午、壬子、甲寅、乙卯、己未、庚申、辛酉、癸亥、戊辰、丁巳、丙辰、乙未。

已上是專日〔四〕。

丙辰、乙未。按照以上理論，丙辰日是干生支爲寶日，乙未日是干克支爲制日①。

相刑自刑日〔一〕

子刑卯，卯刑子，巳刑申，申刑寅，寅刑巳，未刑丑，丑刑戌，戌刑未，辰午酉亥自刑。右四辰自刑，章醮切須看之。

【校釋】

〔一〕「相刑自刑日」，「刑」是殺伐之義。相刑是在兩個地支之間相刑或三個地支之間循環相刑，包括子與卯相刑，寅、申、巳三者相刑和丑、未、戌三者相刑。自刑包括辰、午、酉、亥四個地支。「刑」在卜筮中被認爲是不吉的象徵，但是「刑」之不吉並不是絶對的，而是有條件的，在特定條件下可以利用「相刑」轉化爲吉②。

① 赤松子章曆與早期方術的比較研究，二八頁。
② 周黼萍赤松子章曆擇日避忌研究，一三頁。

赤松子章曆卷之三

天旱章

具法位，上言：謹按文書，某以下愚，遭逢道會，得覩聖世，因緣幸遇，染在大法。伏蒙太上廣覆，師君矜愍，功無絲髮，夙夜憂惶，如履冰谷，無以上答天地之恩。臣受法之日，約當虔奉師門，布散道德，助國扶命，拯拔一切，救物爲先。自頃已來，天地運否〔一〕，陰陽相刑，四時失度，國境亢旱，禾稼不登，慮以祆災競起，純陽在上，凝陰在下，二氣不交，玄澤不降，旱風烈日，萬姓熬然〔二〕，稼穡焦枯，涸魚懼日。良由帝王受天禪祚，君臨萬邦，三才台輔，伯牧股肱，宰長首吏等，不能俯仰理物，治功不逮。臣某等受道重任，宣化無方，不能理正允中，調和氣序，致使五行失度，天災所銜。伏尋科法，道氣廣覆，洽潤生靈。臣某伏聞，乾知泰始，坤作成物，天地交泰〔三〕而品物〔四〕咸亨。春生夏長，秋收冬藏，陰陽和順，草木滋榮，五穀成熟。太陰主雨，立春之日，男以農種，女以桑麻，冀以秋冬得資賦稅，承天受地，品類〔五〕以生。立春二月始種五穀，雨水和均，五穀以益，和氣蓄結。某時炎旱若干日，甘雨不降，陽氣興盛，天無行雲之廕，地無津液之潤，臣竊不自揆，謹依天師科法，觸冒湯火，謹以上聞，誠惶誠恐，頓首死罪。伏願太上無極大道，三師君夫人好生惡死，特垂大道之化，願上官典者爲分別五行，驅處律呂〔六〕，羅列八卦，標明節月，使陽不侵境，陰不退度。五來鎮一，水自潤下；五來升二，火自炎上；五來乘三，木自曲直；五來除四，金結從革；五來自偶，法滋稼穡。須五而成，而無不生，然後使鶉火〔七〕收焰，玄枵〔八〕吐津，箕宿〔九〕傾舌，畢宿〔一〇〕動根，五嶽犓石〔一一〕，四瀆騰泉。

【校釋】

〔一〕「運否」，不順。

〔二〕「熬然」，受苦貌。史記淮南衡山列傳：「父不寧子，兄不便弟，政苛刑峻，天下熬然若焦。」

〔三〕「交泰」，易泰：「天地交，泰。」王弼注：「泰者，物大通之時也。」言天地之氣融通，則萬物各遂其生，故謂之泰。後以「交泰」指天地之氣和祥，萬物通泰。

〔四〕「品物」，萬物。說文品部：「品，衆庶也。」易乾：「雲行雨施，品物流形。」

〔五〕「品類」，萬物。唐韓愈皇帝即位降赦賀觀察使狀：「寰宇斯泰，品類皆蘇；渥恩普霑，遠近同慶。」

〔六〕「驅處律呂」，道門定制卷七作「區定律曆」。

〔七〕「鶉火」，星次名。南方有井、鬼、柳、星、張、翼、軫七宿，稱朱鳥七宿。首位者稱鶉首（井、鬼），中部者（柳、星、張）稱鶉火（也叫鶉心），末位者稱鶉尾（翼、軫）。左傳昭公八年：「歲在鶉火，是以卒滅。」

〔八〕「玄枵」，十二星次之一。與二十八宿相配爲女、虚、危三宿，與十二辰相配爲子，與占星術的分野相配爲齊。史記天官書「北宮玄武虚危」唐張守節正義：「虚二星，危三星，爲玄枵，於辰在子，齊之分野。」

〔九〕「箕宿」，星宿名，二十八宿之一。星占家以爲主口舌，又主八風。史記天官書：「箕爲敖客，曰口舌。」

〔一〇〕「畢宿」，星宿名，二十八宿之一。古人以爲主兵主雨，故亦借指雨師。宋史天文志四：「畢宿八星，主邊兵弋獵。」

〔一一〕「觕石」，同「觸石」。集韻燭韻：「觸，亦書作觕。」公羊傳僖公三十一年：「觸石而出，膚寸而合，不崇朝而遍雨乎天下者，唯泰山爾。」後以「觸石」謂山中雲氣與峰巒相碰擊，吐出雲來。唐李正辭賦得白雲起封中：「千年泰山頂，雲起漢皇封。不作奇峰狀，寧分觸石容。」

伏乞天恩哀愍，謹請靈臺宫中漢明君各一人，官將百二十人，主攝天雷等。元名宫中小玄明君一人，官將百二十人，主攝河伯吕公子、三十六水帝、十二溪女、九江水帝、河平侯掾吏〔一〕、中部水神，興雲下雨。河天宫中九海北玄君一人，官將百二十人，主下水氣，出風雷。太山宫中泗州九谷君，官將百二十人，主起水氣。又請泗州九海君水帝，又請浮雲使者等，官將百一十人，一合來下，與某州縣邑下地主明大社神，名山大澤、源谷山川之靈，古今卿士大夫有功於民以配廟食者，及諸村鄉亭里域真官注氣〔二〕，營傳〔三〕符廟司舍，一切諸神君降下，同心盡力，輔助天道，以行神靈，興雲降雨，洪澤沛濡，旱苗蒙膏潤之榮，萬民有來蘇〔四〕之命。功成事立，言功舉遷，風伯、雨師，亦同升三天，預酬勞苦。願天曹告下，速使旱魃〔五〕之鬼應章消滅。特從太上三師，乞丐〔六〕應驗，不負效信。恩惟太上分别，哀臣愚劣。謹因二官直使、正一功曹、左右官使者、陰陽神訣吏、科車赤符吏、剛風騎置、驛馬上章吏，官各二人出操。臣某謹爲某等天氣旱燥，恐百穀失收，拜上，請天官以時降下，潤澤流注。實章一通，上詣三天曹，伏須告報。臣某誠惶誠恐，稽首載拜，以聞。

【校釋】

〔一〕「掾吏」，佐助官吏之通稱。寧全真靈寶領教濟度金書卷一六九：「掾吏翼扶，威神鼓從。蕩生前之業逕，開身後之康衢。」

〔二〕「注氣」，掌管災疫妖氣的鬼神①。

〔三〕「營傳」，供神的廟宇。太上洞神洞淵神咒治病口章：「天䰞、地䰞、青䰞、赤䰞、黃䰞、白䰞、黑䰞，覆水汙池，零林之鬼；營傳符廟，飲食之鬼；殺生血食，愛錢、邪濁不正之神。」

〔四〕「來蘇」，謂因其來而於困苦中獲得蘇息。語本書仲虺之誥：「攸徂之民，室室相慶曰：『徯予後，後來其蘇！』」孔傳：「湯所往之民皆喜曰：『待我君來，其可蘇息。』」晉潘岳西征賦：「激秦人以歸德，成劉后之來蘇。」

〔五〕「旱魃」，傳説中引起旱災的怪物。詩大雅雲漢：「旱魃爲虐，如惔如焚。」孔穎達疏：「神異經曰：『南方有人，長二三尺，袒身，而目在頂上，走行如風，名曰魃，所見之國大旱，赤地千里，一名旱母。』」

〔六〕「乞丐」，求乞。漢書西域傳上罽賓國：「摧彊漢之節，餒山谷之間，乞丐無所得。」顏師古注：「丐亦乞也。」

請雨得水過止雨章

具法位，上言：謹按文書，某遭值運會〔一〕，得承師道，助國扶命。頃以寒暑不節，祆

① 周作明、俞理明東晉南北朝道經名物詞新質研究，八八頁。

蘁〔二〕滋生，初陽〔三〕以來，亢旱無雨，人失農務，禾稼萎枯。臣謹爲百姓寒心，請乞披雲降雨，洪澤四注，陰氣遍降，遂爾不息。霖雨浩衍，百川滂溢，萬姓廢業，田苗蕩没，朝野憂難，請臣謹依舊儀，貢章上聞，願乞遷達。臣前所諮告雨泉官並還天曹，中官録署，進受功賞。重請天公正氣君一人，官將百二十人，河上玉女千二百人，各一合下。上請天曹止雨移風，風伯雨師，依四時八節，無令越錯，收雲斂翳，三光麗景，當爲止雨。諸官言功報賞，以爲效信。恩惟太上分别，求哀。操臣謹爲請雨，蒙荷上恩，今乞停止，拜章一通，上詣某曹。伏須告報，臣誠惶誠恐，稽首載拜，以聞。

【校釋】

〔一〕「運會」，時運際會，革故布新的時候。東漢太平經卷九二：「後生者被其冤毒災劇，悉應無道而治。至於運會滅絶，不能自出。」①

〔二〕「蘁」，「蠥」之俗字。説文虫部：「衣服歌謡艸木之怪謂之祅，禽獸蟲蝗之怪謂之蠥。」古俗字略卷五屑韻：「蠥，妖蠥。凡衣服草木歌謡之怪謂之妖，禽獸蟲蝗謂之蠥。蘁同上，通作孽。」

① 俞理明、顧滿林東漢佛道文獻詞彙新質研究，三五六頁。

〔三〕「初陽」，指初春。唐太宗正日臨朝詩：「條風開獻節，灰律動初陽。」

却蟲蝗鼠災食苗章

具法位，上言：謹按文書，某日載幸遇，得奉清化，某以多招災咎，比年〔一〕田種，每不如意。今年於某處，野穗種植，災蝗所食，不可禁止，向臣求乞禳辟。謹爲伏地拜章上聞，願請北門宮中天田君一人，官將百二十人，主爲某家辟除〔二〕災蝗蟲鼠傷犯〔三〕苗稼者，一切蟲鼠爲害，皆令消滅。重請地盡宮中天野君，官將百二十人，下利田作，令獐鹿百鳥蟲鼠不得傷害。重請三氣陽元君，官將百二十人，治黃雲宮中，主收鳥獸傷暴〔四〕穀稼之精，不得爲害。虛皇大道勑所在土地山林孟長、十二溪女、社稷邑君，令某田收倍獲，無復災損。如願之日，不負效信。恩惟太上分別。云云。謹爲某日拜奏，上請天官，今春田作，蝗蟲鼠災，委恃道氣，令得防護。寶章一通，上奏三天曹，伏須告報。臣等誠惶誠恐，稽首載拜，以聞。

【校釋】

〔一〕「比年」，近年。三國志魏志鍾會傳：「比年以來，曾無寧歲。」

〔二〕「辟除」，祛除，禳除。漢應劭風俗通祀典殺狗磔邑四門：「今人殺白犬以血題門户，正月白犬血辟除不祥，取法於此也。」

〔三〕「傷犯」，傷害。國語周語下：「水火之所犯，猶不可救，而況天乎？」韋昭注：「犯，害也。」

〔四〕「傷暴」，傷害，糟蹋。清王夫之讀四書大全説孟子公孫丑上篇六：「暴者，虐而害之之謂。故不芸苗而任其草滿者，暴其苗也；助之長而揠死之者，亦暴其苗也。」

收鼠災章

具法位，上言：謹按文書，臣某并弟子，素以草苗〔一〕子孫，田作〔二〕爲業，千載有幸，得奉大道，賜佩重籙，顯加治職，天官吏兵，以自營衛〔三〕。罪積山海，功無絲髮，上答天地，不敢自寧。某處田作，横被鼠災傷損，非可禁止。臣不勝所見，謹爲伏地拜章一通上聞，特從無上大道、諸君丈人、三師君夫人、上官典者，垂恩省察，謹上請三五陽元君，官將百二十人，治黄雲宫中；重請南山白虎將軍吏兵，一合來下，收捕境内群鼠，令還曠野，有穀之地，不得停住。界内某鄉里土地山林孟長、十二溪女、社稷邑君，同爲收絶鼠耗，以時静滅，使五穀豐登，百姓蘇悦，以荷大道生育之恩。不負效信，恩惟太上分別。云云。

【校釋】

〔一〕「草苗」，猶草茅，比喻鄙野微賤之人。晉左芬離思賦：「既愚陋而寡識兮，謬忝厠于紫廬。非草苗之所處兮，恒怵惕以憂懼。」

〔二〕「田作」，耕作。戰國策燕策一：「民雖不由田作，棗栗之實，足食于民矣。」

〔三〕「營衛」，護衛。太上老君經律：「第一百七十九戒者，行無居家可投，便止宿樹木巖石間，諷誦百八十戒，神自營衛汝三重，兵賊鬼虎不敢近汝。」

收除虎災章

具法位，上言：謹按文書，某素以胎生，下官子孫，千載幸會，遭逢大化，被受厚恩，夙承師道，賜某天師符籙，以自營衛，寵光重沓〔一〕，實爲過泰。屬以時遇凶災，虎狼入境，餐食生人〔二〕，傷害六畜，日月滋深，無由〔三〕禁止。唯恐某家男女年命衰厄，羅網縈纏，觸犯衆禁，太歲將軍，行年本命，十二禁忌，耑尸〔四〕故氣〔五〕，飲食之鬼，山精海靈，百二十精魅，及太古已來，顛倒將軍，道上將軍，各稱官號，與五方神傷，當路神傷，並乞不爲患害。某上請北玄君一人，官將百二十人，治黑治宫。重請北平護都君，官將百二十人，治赤治宮，一合來下，與禁斷所居里域真官注氣，監察考召〔六〕山川社稷土地之主，同心共意，禳却虎狼之害。重請伏行宮中百精君一人，官將百二十人，一合來下，主收衆老百氣之精與人作祅害者。重請制地君一人，官將百二十人，天中督御、河伯水帝、十二書事，主收捕五方虎狼傷殺萬物、百二十傷注腥血之鬼，斷絶中外死亡傷注之氣。重請九夷八蠻六戎五狄三秦君，各隨方位，春夏秋冬，與某家宅三將軍二十四吏兵士三十萬人，勤加營護，一切衆生，並令掃蕩，願州縣某家男女大小、牛馬六畜，行來〔七〕出入，不逢虎狼衆災之難，毒害不過此境，並蒙全祐。將軍吏兵效力之官，言功報勞，不負效信，恩惟太上分別。云云。謹爲某驅逐凶獸，拜章一通，上詣某曹。云云。

【校釋】

〔一〕「重沓」，重疊，重複，極言其多。漢賈誼旱雲賦：「運清濁之澒洞兮，正重沓而並起。」

〔二〕「生人」，百姓，民衆。東觀漢記馮衍傳：「今生人之命懸於將軍，將軍所仗必須良才，宜改易非任，更選賢能。」

〔三〕「無由」，没有辦法。儀禮士相見禮：「某也願見，無由達。」鄭玄注：「無由達，言久無因緣以自達也。」

〔四〕「芦尸」，「芦」爲「蚩」之俗字。「芦尸」本是因疑慮恐懼而產生的禍祟幻象，而古人認爲是鬼邪精怪在搗亂，因與尸鬼有關，遂將「虫」旁改成了「尸」旁，並只有在表示「⿱丗尸尸」的意義時，「蚩」才寫作「⿱丗尸」①。

〔五〕「故氣」，可表「鬼魂精怪」，如道門定制卷一：「又請蓋天大將軍一人、兵士十萬人，主爲弟子某辟斥故氣，斷絶注訟之鬼，却死來生，却禍來福。」又可表「汙濁之氣、鬼氣」，如真誥卷一五：「人卧室宇，當令潔盛，潔盛則受靈炁，不盛則受故炁。故炁之亂人室宇者，所爲不成，所作不立，一身亦耳，當洗沐澡潔，不爾無冀矣。」

〔六〕「考召」，即考鬼召神，謂行法召致爲害世人的鬼神精怪，考校過失予以處罰。元妙宗太上助國救民總真祕要卷七：「又考召者，爲考鬼召神之事，當發心助國安邦，救治百姓。」

〔七〕「行來」，往來出入。後漢書方術傳下計子勳：「計子勳者，不知何郡縣人，皆謂數百歲，行來於人間。」

解呪詛章

具法位，上言：謹按文書，某即日口辭自列，千載幸會，得奉大道，但以愚鄙，信向多

① 馮利華中古道書語言研究，八八頁。

違，招延〔一〕考氣〔二〕。比者居止轗軻，夢想紛紜，怪異妄生，祆祥〔三〕屢起，四支〔四〕沈重，顔色瘦悴，精神浮散，不附身形。占筮推求，云有惡人，更相厭禱〔五〕，牽引天地，指鬼呼神，呪詛百端。或題刻姓名，或畫作形影，或以刀刺心，或割髮截指，將告神社〔六〕。恐有百盟之鬼，所見拘執〔七〕。莫知何功，可以解釋〔八〕，防保身命。唯用丹心，特齎儀信，上憑大道，告訴〔九〕，向臣求乞章奏，䬠〔一〇〕解呪詛。謹爲伏地拜章，上聞天曹，伏願太上老君、太上丈人、三師君夫人、門下典者，垂神省理檢勑。若是春三月寅卯辰呪詛厭禱某身，上請東方九夷甲乙君爲某䬠而解之。若是夏三月巳午未呪詛厭禱某身者，上請南方八蠻丙丁君䬠而解之。若是秋三月申酉戌呪詛厭禱某身者，上請西方六戎庚辛君䬠而解之。若是冬三月亥子丑呪詛厭禱某身者，上請北方五狄壬癸君䬠而解之。若是四季之月呪詛厭禱某身者，願中央三秦戊己君消而解之。或二十八宿呪詛厭禱者，願隨方星宿君䬠而解之。或被惡人畫作形像及刀刺心，或道上神社、壇場牢獄、樹木神靈、井竈之中，或與河伯水官、俗中邪師私有鬼神之處。伏以太上清高，三天遐邈〔一一〕，正氣悠遠，邪氣縱横，枉害良民，遭者非一，某横罹無辜，深恐一旦奄〔一二〕没鬼官，乞丐太上大道、太上老君、太上丈人、天師、女師、三師君夫人、門下典者、五氣真君，留神省念。或犯五盟七呪之罪，伏請太元兵士百萬衆，又請䬠倒君兵士十萬人，一合下，爲某放遣三魂七魄〔一三〕，不得留執，還魂制魄，平和神氣，分解身中千邪萬鬼，永不干亂，一切邪神呪詛，悉乞消蕩。所請天官，依臣言功遷舉〔一四〕，請住宅至以爲效信。恩惟太上分別。云云。

【校釋】

〔一〕「招延」，招致。陸修靜太上洞玄靈寶素靈真符：「肉人於行多違，招延罪考。」

〔二〕「考氣」，死人亡魂祟擾生者之氣。太上洞神洞淵神咒治病口章：「若章上之後，主某家七祖父母三十六世以來，亡人考氣不解，殃謫不了，牽引生人者，一一令女青詔書制之。」

〔三〕「祅祥」，顯示災異的凶兆。漢書昌邑哀王劉髆傳：「後又血汙王坐席，王問遂，遂叫然號曰：『宮空不久，祅祥數至。血者，陰憂象也。宜畏慎自省。』」

〔四〕「四支」，即四肢。易坤：「君子黄中通理，正位居體，美在其中，而暢於四支，發於事業，美之至也。」孔穎達疏：「四支，猶人手足，比於四方物務也。」

〔五〕「厭禱」，以巫術祈禱鬼神。太上老君説解釋咒詛經：「老君語尹喜曰：汝當諦聽吾所説者，切見中古之人專行厭禱，便於天下地上邪鬼廟社之中，畫其形像，書其姓名庚甲，私竊呪誓，以水噴灑，以脚踐踏，努目張口，種種形勢，專行無道，枉害良善，若自作，若教他作者，令受其殃。」

〔六〕「神社」，古代祭祀社神的場所。晉張華博物志卷八：「子路與子貢過鄭之神社，社樹有鳥，子路搏鳥，社神牽攣子路。子貢説之，乃止。」

〔七〕「拘執」，拘捕。史記李斯列傳：「李斯拘執束縛，居囹圄中。」

〔八〕「解釋」，解除，免除。洞真太上太霄琅書：「衛護臣妾及某，爲解釋先世今世、先身今身，宿新愆舋，悉皆蕩除，原罪降福，布正禳邪，消凶納吉，却死來生。」

〔九〕「告訴」，向上申訴。漢書成帝紀：「刑罰不中，衆冤失職，趨闕告訴者不絕」。

〔一〇〕「飜」，消除，推翻。

〔一一〕「遐邈」，遼闊，遼遠。晉孫綽喻道論：「六合遐邈，庶類殷充，千變萬化，渾然無端，是以有方之識，各期所見。」

〔一二〕「奄」，通「淹」。漢書禮樂志「神奄留臨須搖」顏師古注：「奄讀曰淹。」

〔一三〕「三魂七魄」，道教對魂魄的總稱。北周無上祕要卷五：「三魂：第一胎光，第二爽靈，第三幽精。七魄：第一屍狗，第二伏矢，第三雀陰，第四吞賊，第五蜚毒，第六除穢，第七臭肺。」

〔一四〕「遷舉」，升遷提拔。太平經卷九六：「故天爲法，常諸神以月十五日而小上對，一月而中上對，一歲而大對。故有大功者賜遷舉之，其無功者退去之，或擊治。」

消怪章

具法位，上言：謹按文書，某即日口辭自列，素以胎生，下官子孫，千載有幸，得奉大道，從來蒙恩，誠實罔極。但某比者宅舍不安，邪神擾動，所向不吉，凶災數見。以今某日，忽見某色之怪，開書列字，憂慮非一，求乞消蕩百怪章一通，伏乞上達三天曹。謹爲弟子某家推尋〔一〕怪兆，理合申謄〔二〕，依法齎芒繩一百二十尺，刀一口，及五方鎮信〔三〕、錢米、命素等物，爲拜上五方大消怪章一通，願太上無極大道、三師衆聖曲垂恩眄〔四〕。竊以東方青怪，自稱歲星，妄作祅怪，老木之精，動作青物，多所中傷，乞東方青帝消滅怪殃。南方赤怪，自稱熒惑，動作赤物，欲來所害，願南方赤帝消滅怪殃。西方白怪，自稱太白，動作白物，專爲凶逆，妄爲怪異，乞西方白帝消滅怪殃。北方黑怪，自稱辰星，發泉源黿鼈之精，動作黑物，轉易姓名，乞北方黑帝消滅怪形。中央黄怪，自稱鎮星，動作黄物，託號家親〔五〕，招集不祥，互作怪異，乞中央黄帝除滅怪殃。謹按天師千二百官章，表録上請天昌君，黄衣兵士十萬人；督御君，兵士百萬人。又請無上元士君五人，各官將百二十人，下爲某家收捕百二十殃怪。一時掃蕩，消而滅之，衆老之精，前後愆咎，乞垂原赦。所請天官，依三會言功，不負效信。恩惟太上分別。云云。爲某去某月日見怪，今求乞天官五方大消怪章一通，上詣某曹。云云。

【校釋】

〔一〕「推尋」，推求尋索。漢蔡邕文恭侯胡公碑：「率慕黄鳥之哀，推尋雅意，彷徨舊之。」

〔二〕「謄」，抄寫，過録。説文言部：「謄，迻書也。」段玉裁注：「今人猶謂謄寫。」要修科儀戒律鈔卷一五：「仙公云：若須投藏，付囑經法，悉作辭牒條狀，申謄件别名品，奏聞太上，不有隱昧也。」

〔三〕「鎮信」，道教齋醮儀式中的信物祭品。蔣叔輿無上黄籙大齋立成儀卷一：「科曰：龍者，上天之驛騎也。傳送通感，龍驛爲先。負簡即騰信三官，效誓即告盟十極。鎮信之法，以龍爲首。」

〔四〕「恩眄」，猶恩盼，謂聖恩眷顧。周書王褒傳：「褒等亦並荷恩眄，忘其羈旅焉。」

〔五〕「家親」，指已故的親人。太上洞淵神咒經卷四：「動欲作祟，祟耗田蠶，凡百不利，惱人家親，張生異端。令生人大小疾病，六畜暴死。」

禳災却禍延年拔命却殺都章

具法位，上言：謹按文書，某即日口辭自列，云素以胎生，下官子孫，千載有幸，得奉大道，從來蒙恩。但某入今歲之中，推算年命，災厄多端，無福自輔，唯憑一心，求乞章奏，以救拔身，得遂安居。伏乞三景真官，切爲分解年中天羅地網〔一〕、遊城赤鼠〔二〕、三丘五墓〔三〕、刑殺吟辰，俱欲爲禍，願迴保扶身命，延益年算，消災度厄。謹爲拜保護章一通，上聞天曹官屬〔四〕，布散道氣，流潤弟子某身中。上請太和真一好生君五人，運氣君五人，解刑度厄君五人，延命益算君五人，請命保生君五人，太皇萬福丈人，宮中天昌君，黃衣兵士十萬人。又請收刑却殺君、斬刑絶殺君、執刑收殺君各五人，官將百二十人，保佑弟子某身中百怪刑厄，從一厄至于九厄之中，皆令度脱，却死來生，消災散禍，迴凶作吉。次及劫殺、災殺、天殺、地殺、年殺、月殺、日殺、時殺、陰殺、陽殺、吟辰三殺、五刑、六畜，欲爲殃祟，上請萬福君、運氣君、解厄君、南上司命君、太白明星君、拘魂制魄君、財庫君、禄庫君、定命玉曆君各五人，官將百二十人，爲弟子某落除死簿，注上〔五〕生名。今依玄科，賫法信命素絹一匹，錢一千二百文，油一斗二升，米一石二斗，紙筆香果等，獻上十方靈官，願爲弟子辟斥邪魔，養護身命，天官聖母等，普願特爲利便。又重請東方九夷君，九九八十一官君，寅卯辰甲乙君，爲弟子某解除〔六〕東方青災青厄、青瘟青毒、青疰青殺。又請南方八蠻君，八八六十四官君，巳午未丙丁君，爲弟子某解除南方赤災赤厄、赤瘟赤毒、赤疰赤殺。又請西方六戎君，六六三十六官君，申酉戌庚辛君，爲弟子某解除西方白災白厄、白瘟白毒、白疰白殺。又請北方五狄君，五五二十五官君，亥子丑壬癸君，爲弟子某解除北方黑災黑厄、黑瘟黑毒、黑疰黑殺。又請中央三秦戊己君，千二百官君，爲弟子某解除中央黃災黃厄、黃瘟黃毒、黃疰黃殺，并爲辟斥五方黃病之鬼，時行〔七〕瘴癘水火之災，皆令消滅。及社里邑君，同心併力，加備〔八〕守護弟子某家，福禄日新，公私清吉〔九〕，不負效信。恩惟太上分別。云云。爲某謹拜上却災拔命扶衰度厄章一通，上詣某曹。云云。

【校釋】

〔一〕「天羅地網」，指宿命所致或年命所犯於天地間阻礙信徒成仙的因素。原始天尊説三官寶號經：「下界人民，或有水火刀兵，疾病生産，鬼魅精邪，天羅地網，一切厄難，何由救免？」①

〔二〕「遊城赤鼠」，雨暘氣候親機：「黴烏現跡，又名赤鼠遊城，五六日，南方如此夜天河中無雲，久旱極，不可祈禱，天數也。」元始天尊説東嶽化身濟生度死拔罪解寃保命玄範誥咒妙經：「凡有國王帝主、后妃宮眷、州縣鎮宰官僚人民，或遇兵戈競起，盜賊興行，蟲蝗旱澇，赤鼠遊城，瘟疫流盛，若誦此經，即得天下太平，風調雨順。」

〔三〕「五墓」，陶弘景登真隱訣卷下：「按墓書有五葬，謂水火兵匿露死者，而不名五墓，今此當是五音姓墓也。或有死不得埋，多作禍祟，及傷亡絶後之鬼往來爲害者，宜收治之。」

〔四〕「官屬」，原作「宮官屬」，據上下文義改。

〔五〕「注上」，登記，記録。靈寶無量度人上品妙經卷二九：「道言：凡誦是經十過，諸天齊到，

① 周作明、俞理明東晉南北朝道經名物詞新質研究，二三四頁。

司命司録，延壽益筭，南昌大神，爲其降真，揚軒紫雲，偃蓋下邁，録其姓名，注上生籍，延壽無垠。」

〔六〕「解除」，漢代陰陽家稱禳除凶惡爲解除，後來道經也沿用此名，謂除災解罪。漢王充論衡解除：「世信祭祀，謂祭祀必有福；又然解除，謂解除必去凶。」

〔七〕「時行」，流行性疾病，瘟疫。孫思邈孫真人備急千金要方卷三〇：「如得便頭重者，可以二大豆許内鼻孔中，覺燥，涕出，一日可三四度，必愈。兼辟時行病。五苓散，主時行熱病。」

〔八〕「加備」，亦作「加被」，保佑。太上洞玄三洞開天風雷禹步制魔神咒經：「誦之萬徧，與神同契，光明日月，威神加備。壬癸亥子，常誦此經，神靈助祐，與道合真。」寧全真靈寶領教濟度金書卷一三六：「萬善悉陶，千祥加被，祖宗超邁，眷屬安寧，普及含靈，俱登道岸。」

〔九〕「清吉」，清平吉祥。傅燁護國嘉濟江東王靈籤：「解曰：凡百謀望，秋冬平平。春來謀望，次第光亨。遠行有信，所作皆成。家道清吉，可保安寧。」

本命謝過口啓章

具法位，上言：云云。某素以胎生，下官子孫，千載運會，得奉正一，致屬道門，遇蒙師老，所見榮飾，賜署符籙，以自檢慎，進參中乘，荷佩契重，蒙任治職，奉道經寶，過泰之恩，實爲罔極。但臣某愚鈍，神氣不平，三魂不守，七魄不寧。誠惶誠恐，稽首載拜皇上玉帝。臣等七世已來，所行陰罪陽過，積惡殺生之罪，名奏三官。乞今以去〔一〕，令臣某萬過消滅，削除罪名，邪氣殄散〔二〕，九福常寧，七祖父母，下及玄孫，魂魄升遷，反胎還嬰。令臣某神仙久視〔三〕，長生太無，北揖玉清。誠惶誠恐，稽首載拜太素三元君。臣等七祖已來，下及臣身，所行陰罪陽過，殺生之罪，簡過帝前。從今已往，乞除罪名，削死上生，萬過除滅，七祖父母，反胎〔四〕玉庭〔五〕，上昇日月，遊行七星。臣某稽首載拜上清三素君。臣等有知已來，所行千罪萬過，上及七祖陰惡之罪，各録三官者，乞從今已去，願令萬罪消滅，邪僞不生，陰罪散滅，七祖反靈，身登帝堂，迴眄玉庭。臣誠惶誠恐，稽首載拜四老道中君。臣等七世已來，上及七祖父母，所行陰逆積惡之罪，名書三陰者，乞從今已往，令臣千罪蕩散，萬考傾除，魂魄分明，七祖反胎，萬靈侍衛，五老定符，壽同二儀，名形玉書。臣誠惶誠恐，稽首載拜三司君。願從今已後，令罪結散蕩，考氣消滅，百惡不生，邪氣匿絶，七祖昇仙，三魂和練，七魄纏綿，衆靈扶侍，得爲上真。臣等誠惶誠恐，稽首載拜。中有七篇，語相似，不寫，本上如此。臣小子，千載運會，得在道末，忝受治職。但臣頑愚，生長流俗，釁積山海，無以自知，貪生好欲，夙興夜寐，不自定息。伏乞太上開化之恩，澤施無外，接爾愚民，消罪之法，不以人微道劣，敢冒清嚴，拜章陳謝，五情震惶，肝心破裂。特從道君，乞三赦之恩，愍臣丹懇，並乞道氣日新，所得通利，舉事如心，門户興隆，大小受恩，以爲效信。恩惟太上大道君分别。云云。謹因衆官。云云。操臣謹拜上三天大道，仰謝身年〔六〕，七世已來，及生世三師，父母存亡，陰罪陽過，乞丐長生，永保長存口啓章一通，上詣太上三天曹，載拜以聞。

【校釋】

〔一〕「以去」，以後。「從今已去」可省稱「從今去」，還可進一步省略爲「今去」。太上洞淵神咒經卷一：「自今以去，轉此經處，若有疾病，官事口舌，宅中虚耗，聞此經誠，敕魔神咒。」

〔二〕「殄散」，滅絶，消散。道法會元卷一四：「凡修黄籙靈寶，三時皆如玉京山上，登齋衆官，每於朝禮之時，各思九色光相，洞徹一身，使百魔殄散，齋意感通。」

〔三〕「久視」，長生不老。道德經五九章：「有國之母，可以長久，是謂深根固柢，長生久視之道。」

〔四〕「反胎」，亦作「返胎」，指重回胞胎階段，再次投生。太上洞玄靈寶天地運度自然妙經：「今開示爾劫運之期，盈縮之分，保躬求生，以招長命，豈但在一軀而已哉？亦將七祖反胎也。」太上洞玄靈寶諸天内音自然玉字卷三：「七祖同昇，上入福堂，返胎王家，即得更生。」

〔五〕「玉庭」，神仙居住的宫殿。靈寶無量度人上品妙經卷七：「龜臺典録，崑崙閬風，玄司主宰，符瑞大神。執簡侍章，同到玉庭，隨所昭應，攝召諸天。」

〔六〕「身年」，年紀，年齡。素問上古天真論：「夫道者能却老而全形，身年雖壽，能生子也。」

飛度九厄天羅章

具法位，上言：云云。謁在某宫，絶命在某宫，本命在某忌。某年某月，恐有天羅所纏，地網所繞，只知惶怖，不自分别。唯專一心，上憑大道天師科儀，謹爲某家拜奏飛度九厄天羅章，謹辦青絲一百二十尺，算子一百二十枚，命米一石二斗，命素絹一匹，錢一千二百文，香油紙筆等，爲求乞救解過度〔一〕災厄章一通。謹請東方春三月寅卯辰甲乙九夷君，九九八十一官君；謹請南方夏三月巳午未丙丁八蠻君，八八六十四官君；謹請西方秋三月申酉戌庚辛六戎君，六六三十六官君；謹請北方冬三月亥子丑壬癸五狄君，五五二十五官君，各降臨醮座，同心併力，爲某家等消除災厄。又請延命大將軍，兵士千二百人，一合來下，爲弟子男女等，延續年命，扶度衰厄，永保元吉〔二〕，竟歲無他，以爲效信。恩惟太上分别。云云。爲某分解厄難飛度九厄天羅章一通，上詣某曹。云云。

【校釋】

〔一〕「過度」，度過，度脱。上清黄書過度儀：「共奉行道德，乞丐陰陽和合，生炁布流（小注云：臣妾）身中，撤除死籍，著名長生玉曆，過度九厄，得爲後世種民。」

〔二〕「元吉」，大吉，洪福。易坤：「黄裳元吉。」孔穎達疏：「元，大也。以其德能如此，故得大吉也。」

却三災章

具法位，上言：云云。去〔一〕某月日，抱疾所苦。云云。因師披檢。云云。年命不利，尋九宫飛符元辰算曆之中，有對算盡，兼公私、口舌〔二〕、水火、虎狼、蟲蛇，一切衆厄在身，或今年劫殺，或明年災殺，或爲年殺、月殺、日殺、時殺，及吟辰之殺，東方青殺、南方赤殺、西方白殺、北方黑殺、中央黄殺，又恐天羅地網所見〔三〕纏綿，恐被一旦中傷，不蒙脱免，大小惶怖，無所情計。云云。慮以年中一厄、二厄、三厄、四厄、五厄、六厄、七厄、八厄、九厄，虎狼刀兵之厄，賊役之厄，三刑三殺之厄，上請度厄君、鎮命君、壽命君、益命君、續命君、脱厄延命君、大福德君，各官將百二十人。上請皇天上帝、日月華蓋、北斗君、三天録都司算君、度厄司馬，并直使功曹，下治某腹中百病；正一功曹，下治某心中百病；治病功曹，下治某脾中百病；役氣功曹，下治某胃中百病；中部功曹，下治某肝中百病；陽神決吏，下治某左腋下百病；陰神決吏，下治某右腋下百病；狼吏虎賁，下治某腸中百病；察姦君吏，下治某肺中百病；鉤騎君吏，下治某小腹中百病；三官僕射，下治某背脊中百病；天騶甲卒君吏，下治某二十指中百病；天丁力士，下治某頭腦間百病，並各令除愈。甲子將軍王文卿，領兵士三萬六千人，直息某左右，防衛至酉；甲戌將軍展子江，領兵士三萬六千人，直息某左右，防衛至未；甲申將軍扈文長，領兵士三〔四〕萬六千人，直息某左右，防衛至巳；甲午將軍衛上卿，領兵士三萬六千人，直息某左右，防衛至卯；甲辰將軍孟非卿，領兵士三萬六千人，直息某左右，防衛至丑；甲寅將軍明文章，領兵士三萬六千人，直息某左右，防衛至亥。六甲將軍，六部兵將，各部領兵馬三萬六千人，尅時傳相契合，隨逐某身東西南北，行來進止〔五〕，真神衛護，從直息防衛，解散某身災厄，辟斥温氣，悉令殄滅，年命延長，家口〔六〕康寧，眷屬休泰，皆荷大道洪恩之德。所請天官，勞屈君吏，三會吉慶日，都章言功，加官、益禄、遷賞，不負效信。恩惟太上。云云。某疾病厄難保命醫治却殺章一通，上詣某曹。云云。

【校釋】

〔一〕「去」，表示過去的時間，特指過去的某一時日①。

① 方一新、王雲路中古漢語讀本，二八三頁。

〔二〕「口舌」，指言語引起的誤會或糾紛。太上正一法文經：「二者牢獄，謂官家口舌，文書枉橫，杻械枷鎖，鞭棒楚撻，考掠身形，痛苦難忍，連及父母兄弟、妻兒眷屬，累歲終年，莫能自出。」

〔三〕「所見」，即「所」，表被動①。

〔四〕「三」，原作「二」，據上下文例改。

〔五〕「進止」，舉止，行動。漢書薛宣傳：「宣爲人好威儀，進止雍容，甚可觀也。」

〔六〕「家口」，家屬，家人。晉葛洪抱朴子內篇卷六：「諸橫奪人財物者，或計其妻子家口以當塡之，以致死喪，但不即至耳。」

青絲拔余章

具法位，上言：某素以胎生，下官子孫，千載有幸。云云。頃者已來，身中轗軻，今歲行年。云云。今謹齎法信，白素四十尺，以進命度厄。命米一石二斗，以倍粮益算，以添倉儲斛斗〔一〕。錢一千二百文，以證質丹誠，定三百六十神氣，日生一日，安其宮室。筆、墨、紙、算子，注上生名。錫人五身，請爲某上詣五方，代形〔二〕易名。香油燈燭，繼續光明。用

① 吴金華所見＝所，三九一頁。

錢米質信，以表丹誠，拔贖〔三〕生命。上請太上宮中拔命君十二人，續命君十二人，鼎倉王女五人，司命君五人，五緯宮中玉女〔四〕千二百人，明堂君一人，南昌君一人，朱陽君一人，黄老君一人，天魂、地魄君各一人，起生玉女千二百人，玉曆素女千二百人，天官、地官、水府官等各百二十人，并諸官考召君吏，同心併力，爲弟子某度脱年命，住處平善〔五〕，安定無他。所請天官，依三會言功，吉日舉遷，不負效信。恩惟太上。云云。

【校釋】

〔一〕「斛斗」，本謂斛與斗，皆糧食量器名，十升爲斗，十斗爲斛，後引申指代糧食。唐元稹論當州朝邑等三縣代納夏陽韓城兩縣率錢狀：「臣今所徵斛斗並請成合，草並請成分，錢並請成文。」

〔二〕「代形」，用偶人代替生人分解災厄，使生人得以延年保命。漢魏晉乃至唐宋墓葬中屢有鉛人或松人，所起的就是替身作用。按質地，有金人（或指銅人）、銀人、錫人、鉛人，錫人由於造價相對低廉，使用更多①。

〔三〕「拔贖」，拔脱自贖。洞玄靈寶自然齋儀：「臣等洗心首過，静念祈恩，爲修靈寶妙齋，拔贖幽明之咎。」

① 黄景春早期買地券、鎮墓文整理與研究，二六六頁；姜守誠香港所藏「松人」解除木牘與漢晉墓葬之禁忌風俗，四二一—四二三頁。

〔四〕「玉女」，姜守誠指出，「玉女」在角色功能上經歷了幾次大的轉變，先秦時泛指美女，後逐漸神化；漢代始具神祇色彩，並成爲專司房中的道教女神；魏晉時，「玉女」的角色功能多側重於煉丹術；至六朝以後，逐漸地由司職房事或煉丹的專業神轉變成爲具有普通功能的神祇角色①。

〔五〕「平善」，平安，安康。北魏楊衒之洛陽伽藍記宋雲惠生使西域：「宋雲遠在絶域，因矚此芳景，歸懷之思，獨軫中腸，遂發舊疹，纏綿經月，得婆羅門咒，然後平善。」

疾病醫治章

具法位，上言：云云。頃日已來染疾，恐没溺生路，詣臣求乞章奏三天曹，願爲拔贖。比旬日已來，寒暑不節，腠理〔一〕失所，或當風卧冷，致招此疾，或五刑三災謫罰，但以愚塞，不知將何省理。上請五方生氣，以濟醫治，特願太上無極大道、太上老君、諸君丈人、天師君、三師君夫人、慈父聖母，留恩省念，賜以道氣，覆廕某身。謹謁天曹，上手天醫、太醫君吏十二人，下爲某身，隨病所在，即爲救療。上請治病功曹十五人，爲某上請天

① 漢晉道書中所見「玉女」考釋，二二三頁。

曹，削除某前世今生所犯罪源，五臟之中，四肢百脉，皆蒙愈差〔二〕。次請東方青生氣、南方赤生氣、西方白生氣、北方黑生氣、中央黄生氣，並下某身中。又上請解考君、度命君、益算君、防民君、誅殃禍君、遊羅大將軍、地境大將軍，各收邪精、故氣、疫毒之鬼，令病者痊復。云云。所請天官，依三會言功遷賞，不負效信。恩惟太上分別。云云。

【校釋】

〔一〕「腠理」，中醫指皮下肌肉之間的空隙和皮膚、肌肉的紋理，爲滲泄及氣血流通灌注之處。韓非子喻老：「君有疾在腠理，不治將恐深。」

〔二〕「愈差」，同義連文，疾病痊愈。廣韻卦韻：「差，病除也。」

疾病困重收滅災邪拔命保護章

具法位，上言：云云。緣身疾病困重，告急於臣，求乞章奏。爲某所犯罪結尤重，依憑大道，如蒙哀祐，乞賜進算，令疾病即日痊可〔一〕。謹請陰陽治病功曹、五官醫吏，詣鳳凰太宫日月之中，請取太清五色神藥，灌注口中，流布百脈，腹内胸膈之中痼疾皆能消愈。木官持藥，火官主灸，金官持針，水官主湯，土官和劑，各隨所使，九竅相承，五臟通暢，六腑和調。上請和考君、太和君、太陽君、延壽君、保命君、度厄君、五帝丈人、都氣君，又請高麾大將軍、返甲逆鱗兵士三十萬衆，下爲某身五臟六腑、四肢關節、十二宫室、百二十關機，伏乞併力掃除惡鬼。或係綴某身者，請告天地水三官、五嶽四瀆、山林孟長、二十四禁忌，並與臣身中所佩剛風赤天騎吏，同共收捕惡鬼。又願萬福君、天倉君、東方青氣君、南方赤氣君、西方白氣君、北方黑氣君、中央黄氣君，各領兵士，下爲某身中驅遣邪氣。乞蒙平復，延續性命，保守〔二〕無他。得如所願，三會吉日，言功舉遷，不負效信。恩惟太上分别。云云。爲某身染重疾，困頓在牀，拜上拔命保護章一通，上詣某曹。云云。

【校釋】

〔一〕「痊可」，同義連言，痊愈。太極祭鍊内法：「某三十年前，老母病篤，無藥醫治，見説惟有羅天大醮極有感應，一時許下，即得痊可。」

〔二〕「保守」，保衛守護。南史陳始興王叔陵傳：「叔陵聚兵僅得千人，欲據城保守。」

扶衰度厄保護章

具法位，上言：云云。但某身忝承下官之胤，因六氣以成形，蓋萬劫〔一〕之良緣。沐三光之照曜，處非常之世，得預人流〔二〕。以今年災厄深重，日月長遠，貞吉難保，伏聞大道含澤，拯拔黎民，使枯骨重榮〔三〕，迴骸起死。某沐此大恩，甚爲無量。或恐厄在東方天獄〔四〕之中者，請東方青帝甲乙九夷君，從官九九八十一官君，乘青龍，飛行萬里，持節執符，主爲某解東方青災、青厄、青瘟、青凶、青毒。春三月災禍之氣，悉爲蕩除。若厄在南方天獄之中者，諸南方赤帝丙丁八蠻君，從官八八六十四官君，乘赤龍，飛行萬里，持節執符，主爲某解除南方赤災、赤厄、赤瘟、赤凶、赤毒。夏三月災禍之氣，悉令蕩除。若厄在西方天獄之中者，請西方白帝庚辛六戎君，從官六六三十六官君，乘白龍，飛行萬里，持節執符，主爲某解除西方白災、白厄、白瘟、白凶、白毒。秋三月災禍之氣，悉令蕩除。若厄在北方天獄之中者，請北方黑帝壬癸五狄君，從官五五二十五官君，乘黑龍，飛行萬里，持節執符，主爲某解除北方黑災、黑厄、黑瘟、黑凶、黑毒。冬三月災禍之氣，悉令蕩除。若厄在中央天獄之中者，上請中央黄帝戊己三秦君，從官三三爲九、九千二百官君，乘黄龍，飛行萬里，持節執符，主爲某解除中央黄災、黄厄、黄瘟、黄凶、黄毒，解除某身中從一厄至于九厄八難，并乞消除。又請皇天上帝、日月五星、五帝王相、華蓋北斗君、三天却録司命君，一合下，爲某解除三災九厄，并解今年瘟黄〔五〕瘴氣，悉皆遠離身心。即日奉齎儀信，白素絹一匹，命米一石二斗，鎮錢一千二百文，油一十二升，香燈紙筆等，以爲效信，表質〔六〕丹誠。

上請太上三天解死籍，上生名，削除萬病之厄，家口平安，道力扶助，職禄求遷。蒙恩之日，所請天官吏兵，依臣三會吉日言功，不負效信。恩惟太上。云云。拜上天官扶衰度厄章一通，上詣某曹。云云。

【校釋】

〔一〕「萬劫」，佛經稱世界從生成到毁滅的過程爲一劫，萬劫猶萬世，道經借用此詞，形容時間極長。南朝梁沈約内典序：「俱處三界，獨與神遊，包括四天，卷舒萬劫。」

〔二〕「人流」，指有某種社會地位的同類人。北齊顔之推顔氏家訓後娶：「河北鄙於側出，不預人流，是以必須重娶。」王利器集解：「人流之流，與士流、學流、文流，某家者流之流義同。」

〔三〕「枯骨重榮」，猶言起死回生。寧全真靈寶領教濟度金書卷二六一：「土地龍神，各鎮本位，窀穸安穩，魂魄清虚，枯骨重榮，朽膚再肉，時節符契，形神更生。」

〔四〕「天獄」，天上的監獄。古代星占家以天象附會人事，故有此稱。太平經卷一一四：「謝天下地，取召形骸入土，魂神於天獄考，更相推排，死亡相次。」

〔五〕「瘟黄」，瘟疫。「黄」，熱病。隋書麥鐵杖傳：「顧謂醫者吴景賢曰：『大丈夫性命自有所在，豈能艾炷灸頞，瓜蔕歕鼻，治黄不差，而卧死兒女手中乎？』」

〔六〕「表質」，表明，證明。宋王契真上清靈寶大法卷五六：「二曰露者，齎紋繒金龍玉璧，表質丹誠。」

謝土章

具法位，上言：云云。比者已來，居宅不利，招延災考。某處宅中，土精地靈，更相追責，不知修何功德，防保家口，唯用一心，仰憑〔一〕大道。向臣求乞章奏，上詣三天曹，願上官主者，以時平省〔二〕。謹爲上請謝土君五人，制地君五人，解土君五人，安土君五人，定宅君五人，各官將百二十人，一合下，爲某家披謝五方五土衆神。但某自從立此宅已來，新舊掘鑿、移籬换柱、造立屋舍、起土〔三〕興工、平高就低、改動門户、六甲禁忌、瓦石萬靈、沈屍〔四〕伏藏、銅鐵白土、黑土黄土、土皇、土王、土相、土府將軍、土公、土下君侯二千石〔五〕、陰土陽土、四時五行、中央太皇、宅前宅後、宅左宅右、五土神王、中庭令長、夾門大夫、門丞户尉〔六〕、井竈精靈、青龍、白虎、朱雀、玄武、螣蛇〔七〕、伏龍、太歲、太陰、太陽、司命、十二時辰將吏，天剛、太一〔八〕、勝先、小吉、傳送、從魁、河魁、登明、神后、大吉、功曹、太衝、拘刑破殺土中真靈，四孟、四仲、四季，子午卯酉，天門地户。東方土神所犯，解謝〔九〕震宫；南方土神所犯，解謝離宫；西方土神所犯，解謝兑宫；北方土神所犯，解謝坎宫；中央土神所犯，解謝乾、坤、艮、巽等宫，並蒙放赦。某守宅大神，晏子大戴，蓋屋三重，遶舍三帀，東西南北，邪精故氣，及諸禍害，一時消蕩。乞某家大小永保元吉。云云。恩惟太上分別，求哀。云云。起造宅舍以來，觸犯宅神土公禁忌，更相追責。拜上天官搜謝解釋考氣乞恩口章一通，上詣三天曹。云云。

【校釋】

〔一〕「仰憑」，依靠，憑藉。杜光庭道門科範大全集卷九：「今茲懺悔，並願消除。仰憑太上之恩，俯赦多生之罪。」

〔二〕「平省」，審閱處理。淮南子時則訓：「審決獄，平詞訟。」高誘注：「平，治也。」呂元素道門定制卷七：「伏望太上老君、太上丈人、天師、女師、三師君門下、五炁君，留神平省小臣所上章文。」

〔三〕「起土」，挖土、掘土。唐李白古風之三：「刑徒七十萬，起土驪山隈。」

〔四〕「沈屍」，東海青元真人元始無量度人上品妙經注卷上：「南昌有格積善而獲上壽者，死則先獲錬度，匪則沉尸而待焉。」周玄貞皇經集注卷二：「當爾之時，神風遐著，萬炁揚津，天震地裂，枯骨更生，沉尸飛魄，皆得復形。」

〔五〕「土下君侯二千石」，「二千石」是漢代官秩，即月俸禄達到二千石的官員，多爲郡守、諸侯相之類的高官，「地下二千石」顯然是模仿陽世官制所造。隨葬文書中，「地下二千石」稱名不一。魏晉時期，「地下二千石」出現較多。南朝買地券中略有變化，都寫作「塜中二千石」。

隋唐五代時期又有所變化，多稱「土下二千石」。兩宋時期，又變作「土下二千石禄」「土下二千石神。」①

〔六〕「門丞户尉」，保衛家宅安全之神。正一醮宅儀：「五色神龍鎮遏五方，祭謝以後，宅神安定，門丞户尉，備衛家門，禁制百鬼，無使來前，散滅凶殃，招集福禄。」

〔七〕「螣蛇」，騰蛇，傳説中一種能飛的蛇。説文虫部：「螣，神蛇也。」後漢書張衡傳：「玄武縮於殼中兮，螣蛇蜿而自糾。」

〔八〕「天剛太一」，無上黄籙大齋立成儀卷二作「天罡太乙」。

〔九〕「解謝」，祭祀禳解。漢王充論衡解除：「世間繕治宅舍，鑿地掘土，功成作畢，解謝土神，名曰解土。」

却虚耗鬼章

具法位，上言：云云。但某口舌横生，奴婢逃叛，皆緣虚耗〔一〕，鬼魅相仍〔二〕。謹請五福天官地祇十二官將百二十人，尋究此章奏上，爲某家收補宅内五虚六耗之鬼，各歸本

① 黄景春中國宗教性隨葬文書研究：以買地券、鎮墓文、衣物疏爲主，二六九—二八〇頁。

方。或青虛青耗之鬼，遣歸東方青帝收而禁之，勿令遊走。或赤虛赤耗之鬼，遣歸南方赤帝收而禁之，勿令遊走。或白虛白耗之鬼，遣歸西方白帝收而禁之，勿令遊走。或黑虛黑耗之鬼，遣歸北方黑帝收而禁之，勿令遊走。或黄虛黄耗之鬼，遣歸中央黄帝收而禁之，勿令遊走，干擾人家。所請天官兵吏，及某家守宅三將軍等三十萬人，同心併力，爲某驅遣宅中，虛耗退散，願某家資産業集聚，迴凶作吉，田蠶萬倍，牛犢盈欄，金銀增積，口舌潛消〔三〕，災厄不生，所願皆成，人口平康，財食增長。云云。

【校釋】

〔一〕「虛耗」，家中財産之損失，古人認爲是虛耗鬼作祟所致。搜神記卷六鐘馗：「唐明皇開元中，講武驪山，還宫，疾作。晝夢一小鬼，絳衣犢鼻，跣一足履一足，盜大直繡香囊及上玉笛，繞殿奔戲。上叱問之，小鬼曰：『臣乃虛耗也。』上曰：『何謂虛耗？』小鬼曰：『望空虛中盜人物，耗人家喜事。』」

〔二〕「相仍」，相繼，連續不斷。楚辭九章悲回風：「觀炎氣之相仍兮，窺煙液之所積。」王逸注：「相仍者，相從也。」

〔三〕「潛消」，潛隱，消除。黄籙九巵燈儀：「上照三境諸天福堂之内，明徹光景，輝映十方；中照中宫神州境域，妖惡潛消，凶炎殄滅。」

言功安宅章

具法位，上言：某若干人，住宅不安，慮觸冥司，招延考氣，以今年運，五毒流行，中傷天民，不擇〔一〕良善。蓋某以胎生無知，下官子孫，千載幸會，得奉大道，常懷恐懼，無地自安。頃者家口大小，處在其中，不自保持〔二〕，憂慮尤切。爲比年或有修補掘鑿，移籬換柱，事非一條，觸犯天禁地忌、太陽、太歲將軍、神頭神足、行年本命、大虛小耗、災殺劫殺、勾陳〔三〕白虎、十二時神、土靈土殺，一切虛耗，上下土官，慮有觸犯，致某家舍宇宅神不安，井竈龍神之主不爲利便。願與某安穩，宅舍遷達，各得安居。謹按天師千二百官章，上請卿邑大夫神君，官將百二十人，下爲某家分解前後所犯禁忌，並乞消除。伏請制地君五人，官將一百二十人，爲解太歲、太陰、太陽大將軍、大小虛耗、蠶室畜官、上下禁忌之鬼，一切並乞消滅。謹請東方青帝九夷君，南方赤帝八蠻君，西方白帝六戎君，北方黑帝五狄君，中央黄帝三秦君，四季五土，更相分氣，及四方官將，並爲某家宅中收除禁忌，千精萬邪，下官故氣，歲月日時，災殺破害之鬼，一切消滅。五帝安宅，諸禍不生，利祐一歲之中，四時安穩，八節無災，二十四氣相應，乾上廣覆，坤下普載，永享貞吉〔四〕。震生青龍，治宅左；離生赤龍，治宅前；兑生白龍，治宅右；坎生黑龍，治宅後；坤生黄龍，鎮宅中央。五龍治宅，辟除不祥，消滅凶惡，掃蕩千殃。神龍安鎮，四鄰和睦，改逆從順，除前愆，成後善，道氣流行，宅舍清吉，仕宦高遷，所求如意，從心之日，不負效信。恩惟太上分别，求哀。云云。爲某家恐居宅不安，龍神不利，禁忌撓動，謹拜上，上請天官將吏，乞爲收除鬼氣，安慰冥司，迎請五龍安宅保護人口乞恩寶章一通，上詣某曹。云云。

【校釋】

〔一〕「不擇」，不區分。宋玉風賦：「夫風者，天地之氣，溥暢而至，不擇貴賤高下而加焉。」

〔二〕「保持」，保全，保護使不受損害。南史范曄傳：「初，熙先父默之爲廣州刺史，以贓貨下廷尉，大將軍彭城王義康保持之，故免。」

〔三〕「勾陳」，同「鉤陳」，星官名。文選揚雄甘泉賦：「詔招揺與太陰兮，伏鉤陳使當兵。」李善注引服虔曰：「鉤陳，神名也。紫微宫外營陳星也。」玄精碧匣靈寶聚玄經：「勾陳在中，不可動土。人口死亡，禍連先祖。」

〔四〕「貞吉」，本謂占卜問卦，遇需卦則吉利幸福，後引申指吉利與幸福。易需：「貞吉，利涉大川。」尚秉和注：「貞吉者，卜問則吉也。」前蜀杜光庭莫庭乂周天醮詞：「臣一家骨肉，兩地親緣，早獲團圓，俱賜貞吉。」

斷瘟毒疫章

具法位，上言：云云。即日自列〔一〕，千載有幸，得奉大道，被蒙恩覆，以自營衛。但某百行多違，招延考氣，大小疾病，日轉有增，詣臣求乞章奏，令瘟氣斷絶。臣以暗昧，不明鬼氣，按天師千二百官章，有下官故氣，邪淫鬼賊，周天帀地，妄生災禍，尅害良民。伏聞太上高尊，三天清遠，宇宙廣大，日月光明，無所不照，行邪之鬼，並皆誅滅。若是東方生青瘟、青毒、青疰，鬼名高遠。在南方生赤瘟、赤毒、赤疰，鬼名士言。在西方生白瘟、白毒、白疰，鬼名白幸。在北方生黑瘟、黑毒、黑疰，鬼名大黄奴，父子七人，男女兄弟各行惡毒疫氣。正月至十二月，各有瘟鬼，隨其放逸，天下病害。又甲子乙丑寅卯辰巳午未申酉戌亥十二月辰，瘟鬼皆有名字。從十二時上來，五方五色，黄奴老蟲，致今末世，愚民逢禍，致死不可稱計。臣受法之日，約當助國扶命，醫治百姓，按如科文，誅滅邪僞，掃除逆鬼，皆令滅絶。臣備受治職，謹當伏地拜章，上聞太上無極大道諸君丈人，鴻恩覆護某家，悉與掃蕩群精，滅絶惡鬼根本。上官使者，時蒙斷省，願東方主斗成主絶青瘟，南方主斗平主絶赤瘟，西方主斗遷主絶白瘟，北方主斗長主絶黑瘟，中央主五父君主絶黄瘟。東西南北，四維上下，十二時神，並令營衛，惡鬼無令放入。又東方青帝、南方赤帝、西方白帝、北方黑帝，四方一時，同臨祐助。上請高天萬丈百鬼中王萬二千人，兵士各八十萬衆，與臣身中吏兵，及守宅三將軍、二十四吏，兵士三十萬人，併力同心，蓋屋三重，繞宅二帀，兵刃向外，一時掃蕩，凶逆邪精，並令消滅。所請天官，言功報勞，不負效信。恩惟太上分别。云云。爲某家拜請天官乞恩，防斷疾病，并鄰里疾病。請五方天官收捕五瘟疫癘鬼賊章一通，上詣三天曹。云云。

【校釋】

〔一〕「自列」，自陳，自白。漢司馬遷報任少卿書：「拳拳之忠，終不能自列。」

赤松子章曆卷之四

斷魁〔一〕泉章

具法位，上言：云云。某即日叩頭自列，口乞恩辭，素以胎生，千載慶幸，得奉大道，忝切蒙恩。頃者已來，居處轗軻，疾病相連，卜筮云是山泉三河爲禍，并此間土地山林覓食之鬼侵害某身，憂怖屏營〔二〕，不知修何功德，唯用一心，上憑大道，以救性命。告訴，向臣求乞章奏，收除里域東西南北山泉四壟河中諸雜鬼神横行禍祟之者，一切乞令收斷。臣職叨典治，謹爲伏地拜章一通，乞太上老君、太上丈人垂恩料省，原赦某身，恐是山丘壟泉三河五河乳母等鬼作此妨害，上請麾幢大將軍、陂湖大將軍各五人，返甲逆鱗大將軍五人，兵士一萬人，重請覓音大將軍官將各百二十人，摇天動地九氣君吏兵士一千二百人，請左靈君、右靈君、高天大將軍、盟威君、八卦君，各官將百二十人，上請東方九夷君、九九八十一官君、寅卯辰甲乙君，南方八蠻君、八八六十四官君、巳午未丙丁君，西方六戎君、六六三十六官君、申酉戌庚辛君，北方五狄君、五五二十五官君、亥子丑壬癸君，中央三秦戊己君千二百人，上請誅符破廟君萬六千人，太陰太陽太醫君、治病功曹官將兵士各百二十人，同心併力，下爲某收捕鬼賊，付與天丁力士、天一北獄，依法治罪，不令脱漏。上章之後，悉令斷絶，蒙恩之日，以爲效信。恩惟太上。云云。爲某收斷河泉惡鬼章一通，上詣某曹，伏須告報。

【校釋】

〔一〕「魋」，鬼怪名。靈寶無量度人上品妙經：「夫末學道淺，或自營生業，不識道真，致土石之精，草本之怪，山鰺山魈木客，人都鳥都泉魋魍魎，或稱古今廟社血食，一切依附，爲民袄害。」元始無量度人上品妙經直音：「魋音蛆。鰺音參。魈音消。」

〔二〕「屏營」，惶恐，彷徨。真誥卷七：「玉斧以駑鈍頑下，質性難訓。雖夙夜自厲，患於愆失。此夕夢悟，尋思此意，皆玉斧罪責，慚懼屏營，無地自厝。」

解天羅地網章

具法位，上言：云云。某身及妻子，並有厄難，恐爲天羅地網〔一〕以〔二〕見〔三〕纏結，告訴，向臣求乞章一通。臣以學淺，不明氣候〔四〕，無精算術，皆憑六甲五行更相剥復〔五〕，以知曆數。凡以戌亥絶陽之鄉爲天羅，辰巳絶陰之地爲地網，年命會此則受其殃。男以本命臨太歲功曹，加生月〔六〕爲天羅傳送〔七〕，加胎月〔八〕爲地網。女以本命臨行年爲天羅河魁〔九〕，加胎月爲地網。復以行年臨本命功曹，加胎月爲天羅傳送，加生月爲地網。又天綱臨太一，下爲天羅，胎在登明〔一〇〕，下爲地網。五刑六害七傷九厄之月，及以衰年衰月，魁綱雜殺，千凶萬患，妨損非一。恐某家大小年命有犯五方羅網，九宫八卦，更相尅伐，仍是九天玄極之氣下遊世間，縱横九百九里。羅者如炎火，網者如黑雲，悉帶九星精氣，赤精焕爛〔一一〕，若人年命當之，立見凶損。某今賫法信，素絹一匹，錢一千二百文，白米一石二斗，油一斗二升，紙一百二十張，朱繩一百二十尺，釧子一雙，素絲一兩，筆墨香燈等，伏惟天官恩盻〔一二〕，太上無極大道、天師門下典者、五氣君，垂神省念。上請東方寅卯辰甲乙青氣君，解除東方青厄青毒；南方巳午未丙丁赤氣君，解除南方赤厄赤毒；西方申酉戌庚辛白氣君，解除西方白厄白毒；北方亥子丑壬癸黑氣君，解除北方黑厄黑毒；中央戊己黄氣君，解除中央黄厄黄毒。五方之氣，十二時候，皆不敢爲害。臣聞上三五〔一三〕爲天，中三五爲人，下三五爲地。天有五行，地有五氣，人有五常。天不失五行則日月精明，地不失五氣則萬物滋生，人不失五常則能生長，禮樂獲全。某家恐五氣不合，臟腑不調，五行更相尅剥〔一四〕，伏願上官典者爲某上解玄象五星之考氣，下解地上三十六禁忌，中解某等身中千罪萬過。謹請北斗七星貪狼〔一五〕巨門〔一六〕斷絶死源，禄存〔一七〕廉貞〔一八〕替易死形，文曲武曲削除死録。謹請解厄君、太皇萬福君、運氣君、玉曆君，各官將百二十人，下爲某收捕衆災，分解諸厄，從一厄至于九厄，所居里域，真官注氣，監察考召，太祖父母，家親丈人，一切遷舉，進入中宫，署與功賞，使分曹署職，隨功加秩，天曹科典，令存亡受恩，幽明相祐，要以某身年命延長，災厄度脱，以爲效信。恩惟太上分別。

【校釋】

〔一〕「天羅地網」，叢辰名。星命家及選擇家以戌、亥爲天羅，辰、巳爲地網，人命逢之則不吉，引以爲忌。

〔二〕「以」，通「已」，已經。正字通人部：「以，與已同。」國語晉語四：「其聞之者，吾以除之矣。」

〔三〕「見」，用在動詞前面表示被動，相當於被、受到。孟子梁惠王上：「百姓之不見保，爲不用恩焉。」

〔四〕「氣候」，指雲氣等變化，古代多據此來預測吉凶。晉書藝術傳戴洋：「侃薨，征西將軍庾亮代鎮武昌，復引洋問氣候。」

〔五〕「剥復」，易二卦名。坤下艮上爲「剥」，表示陰盛陽衰。震下坤上爲「復」，表示陰極陽復。後因謂盛衰、消長爲「剥復」。

〔六〕「生月」，指出生的月份。

〔七〕「傳送」，六壬十二神之一。六壬大全十二神釋：「傳送，甲，四月將。庚寄其上，水生其下，白虎之象。音征，數七，味辛。星觜參，禽猴猿猱，宫陰陽，分野晉、益州，屬猴，位西南。所主道路、疾病、信耗事。」

〔八〕「胎月」，懷胎的月份。

〔九〕「河魁」，六壬十二神之一。六壬大全十二神釋：「河魁神，古之獄吏也。辛寄其上，火墓其下，天空之象。音商，數五，味甘。星奎婁，禽狼狗豺，宫白羊，分野魯，分徐州，屬犬，位西北。所主詐欺、印綬及奴婢逃亡；若發用，舊事重新之象。又主虚耗、失錢物、帶衆。」

〔一〇〕「登明」，叢辰名。舊時星命家六壬術有十二月將神名，正月日月會於亥，神名登明。宋沈括夢溪筆談象數一：「六壬天十二辰之名，古人釋其義曰：正月陽氣始建，呼召萬物，故曰登明……余按『登明』者，正月三陽始兆於地上，見龍在田，天下文明，故曰『登明』。」

〔一一〕「焕爛」，光耀燦爛。晉郭璞鹽池賦：「揚赤波之焕爛，光旰旰以晃晃。」

〔一二〕「恩盻」，「盻」乃「盼」之俗字。恩盼，謂聖恩眷顧。南朝宋劉義季與江夏王義恭箋：「公恩盼弘深，粗照誠懇，願侍坐言次，賜垂拯助。」

〔一三〕「三五」，天、地、人各含三數，且都與五行相連，故「三五」爲天、地、人之根本。

〔一四〕「尅剥」，同義複詞，傷害。書泰誓中：「剥喪元良，賊虐諫輔。」孔傳：「剥，傷害也。」

〔一五〕「貪狼」，宋李思聰洞淵集卷七：「北斗第一天樞，貪狼天英星君。上管室、氐、房、心、箕、牛、宿，下管揚、鄭、兖、徐等州分野，管天下子生人身命禄，筭注世人求宫覓職之事，掌北斗陽明延生真炁。」北斗七元金玄羽章：「貪狼星延生，巨門星保命，禄存星度厄，文曲星消災，廉貞星扶衰，武曲星散禍，破軍星益筭。」

〔一六〕「巨門」，宋李思聰洞淵集卷七：「北斗第二天璇，巨門天任星君。上管亢、昴、井、鬼、張、翼等宿，下管臨、荆、楚、周分野，管天下丑亥生人命禄，注世人求仙學道之事，掌北斗陰精度厄真炁。」

〔一七〕「禄存」，宋李思聰洞淵集卷七：「北斗第三天機，禄存天柱星君。上管婁、胃、參、柳等宿，下臨宋、豫分野，管天下寅戌生人命禄，注世人求財莊宅之事，掌北斗真君保命之炁。」

〔一八〕「廉貞」，宋李思聰洞淵集卷七：「北斗第五天衡，廉貞天禽星君。上管玄、尾、女等宿，下臨趙、冀、魏、晉等分野，管天下辰申生人官禄福命，注世人婚姻妻妾之事，掌北斗丹元消災真炁。綱神之宫，廉貞星君，主上，披黄霞瑞雲之帔，戴七星寶冠，廉貞即天之斗君，星圍七百二十里，光照萬國。」

驛馬章 亦云開度章

具法位，上言：某以胎生，下官子孫，千載有幸，得奉大道，從來蒙恩。某今當驛馬〔一〕發年，是求福之歲，若不章奏扶迎〔二〕，恐有妨害，年命傷尅，官禄不遷。但以憂慮，無功可修，專用一心，上章奏表，禳却驛馬之厄，扶迎官禄，不爲災害。今賫法信，金人一軀〔三〕，五色綵等前件〔四〕物，將立心信，求拔除驛馬之厄，遷舉財禄，過免時災，永保元吉，得入生圖〔五〕，扶迎驛馬，以保壽命，闔家大小，並乞無他。臣以愚昧，不明氣候，聞太昜〔六〕有補過謝罪之功，遁甲〔七〕有向建避凶之道，元元一心，上憑太上大道、諸君丈人、天師君、三師夫人門下，或三命已窮，一期載〔八〕續。謹請皇天上帝、王相華蓋、北斗君、三天司命加禄君、扶命君，扶持驛馬，得成官禄。以金人一軀，上詣北斗，拔命除死厄。五色綵各一匹，以詣五方五帝，迎益官禄。紫案巾、牙笏〔九〕、衣幘、木履〔一〇〕等，以證禄位。紫傘蓋一張，以蓋本命。席一領，以鋪正座。油一斗二升，以徹照虚玄。青絲、算子，延續禄壽。米一石二斗，以益倉粮。紙、墨、筆，以書立生籍〔一〕。錢一千二百文，以證質丹心。香一斤，祈北斗落死籍〔二〕，南斗上生名〔三〕，延壽無窮。重請功曹生氣君吏，上詣太玄都生宫，請調星度算，替名易形。上請度命君、呼魂君，北詣玄陰御女君、延續姓名君，各五人，官將百二十人，爲某扶迎驛馬，官禄超榮，災厄殄滅，光明心腑，乾坤震巽坎離艮兑八卦、二十八宿、三丘五墓〔四〕，所典節氣，善功付度，周而復始。上請祐命將軍、萬福丈人、解患君、運氣君、解厄扶衰君，各十五人，官將百二十人，下爲某同心併力，保守身命，禄位高遷，延年益算，穀帛盈倉，錢財集聚，永保元吉。所請天官，預有功勞，依臣三會吉日言功，不負效信。恩惟太上分別，哀臣愚劣。謹因二官直使、正一功曹、左右官使者、陰陽神決吏、科車赤符吏、剛風騎置、驛馬上章吏，官各二人出，操臣某謹爲某求乞和合驛馬除災厄迎財禄乞恩章一通，上詣某曹。伏須告報。臣某誠惶誠恐，稽首載拜以聞。

【校釋】

〔一〕「驛馬」，叢辰名。與天后同位，傳説爲月中福神。傳洞真太上玄靈北斗本命延生經注：「驛馬，五福驛馬神君，本命之吉神也。申子辰人在寅位，巳酉丑人在亥位，寅午戌人在申位，亥卯未人在巳位，以本旬所生爲正位也。削落三灾九厄，保見今眷屬安寧。」

〔二〕「扶迎」，扶將迎接。上清外國放品青童内文：「保舉上清，五靈敬護，十界扶迎，周流六國。」

〔三〕「軀」，量詞，可稱量代形金人、鉛人、錫人等。

〔四〕「前件」，前面已提及的人或事物。

〔五〕「生圖」，宋寧全真靈寶領教濟度金書卷一八七：「伏冀温綸焕紫，恩綍飛丹。增朱火之生圖，削黑單之冤籍。」

〔六〕「太易」，指原始混沌的狀態。洞陽子太上洞玄靈寶天尊説救苦妙經注解：「夫太易者，未見炁也，元始之初炁未之見也。太易變而爲太初，太初者，炁之始也，先天元炁始見微芒。太初變而爲太始，太始者，形之始也，漸有元炁之形矣。」

〔七〕「遁甲」，古代方士術數之一。起於易緯乾鑿度太乙行九宫法，盛於南北朝。其法以十干的乙、丙、丁爲三奇，以戊、己、庚、辛、壬、癸爲六儀。三奇六儀，分置九宫，而以甲統之，視其加臨吉凶，以爲趨避，故稱「遁甲」。後漢書方術傳序：「其流又有風角、遁甲、七政、元氣、六日七分、逢占、日者、挺專、須臾、孤虚之術，及望雲省氣、推處祥妖，時亦有以效於事也。」李賢注：「遁甲，推六甲之陰而隱遁也。今書七志有遁甲經。」

〔八〕「載」，通「再」。詩秦風小戎「載寢載興」馬瑞辰毛詩傳箋通釋：「再、載，古通用。」

〔九〕「牙笏」，象牙手板，亦指朝笏，原爲大臣朝見皇帝時所執用，其後道士在朝真或齋醮時也使用。

〔一〇〕「木履」，木底鞋，道士法服之一。明朱權天皇至道太清玉册修真器用章：「木履之製，七魄化爲龍虎，伏在履屐之下，令道士朝拜宜躡屐舄也。散行則着屐，令七魄有所棲也。」

〔一一〕「生籍」，記録活人姓名的簿籍。上清三元玉檢三元布經：「上啓天尊，乞求恩赦，助己自陳，令必上聞者也。秋分三啓，生籍乃定，死名乃除。」

〔一二〕「死籍」，陰司記録人死期的簿籍。葛洪抱朴子内篇卷一一：「服之百日，肌骨堅强；服之千日，司命削死籍，與天地相保，日月相望，改形易容，變化無常，日中無影，乃别有光矣。」

〔一三〕「南斗上生名」，干寶搜神記卷三：「南斗注生，北斗注死。凡人受胎，皆從南斗，祈福皆向北斗。」女青鬼律：「北斗主煞，南斗注生。」靈寶五量度人上品妙經卷一：「東斗主算，西斗記名，北斗落死，南斗上生，中斗大魁，總監衆靈。」有學者指出，作爲天文星宿的南斗本來並没有「主生」這一職能，之所以會在晉代出現，很可能是與當時「北斗主死」觀念的盛行密切相關，由於北斗主死的盛行，人們爲了與之相匹配，便將主生的職能賦予南斗①。

〔一四〕「三丘五墓」，泛指墳墓。寧全真靈寶領教濟度金書卷一：「三十六天燈，二十四炁燈，並三重錯綜安之。其三丘、五墓、三魂、七魄、九幽等燈，並如意造之。」

① 孫偉傑「籍系星宿，命在天曹」：道教星辰司命信仰研究，五一頁。

謝五墓章

具法位，上言：謹按文書，今據鄉貫某云今月某日染疾，進退不差，恐不存生。某家三曾五祖、七世父母已來，生時積罪，招延殃釁。或塚墓之中，有訴訟之害，嗔怨天地，致使亡人不安，擾動生人。或岡勢斷絶，松柏爲人所伐，斫掘塼邊，行往道路侵逼墓所，深恐一旦没溺泉壤云。除已備奏諸天帝尊，申三界真司牒合屬去處外，今賫法信，黄繒一匹，白米一石二斗，油一斗二升，錢一千二百文，紙筆香果等，仰憑大道，求乞章奏，解謝先亡，安穩塚墓，從生及死，千罪萬過，並乞消除。輒承口辭，爲伏地拜章一通，上聞天曹，願垂省察，原赦先世及新亡，并久遠及新舊墳墓所犯呪詛冤氣者，悉爲斷絶，即求差愈，先亡安穩，塚墓清寧。上請謝墓君五人，又請都星君、青蓋官都候君、太清宫主，及地甲君，各官將百二十人下，爲某消除疾病，解謝先亡。或墓在龍頭〔一〕，或葬在龍尾，或葬在龍左，或葬在龍右，或葬在龍足，舉動縮伸，盤旋禁忌之處，致令亡人魂魄震動，恐怖不安，返害生人，致使生人轗軻，疾病附注，並乞消除。五音丘丞墓伯〔二〕，塚中二千石，諸塚考氣，皆使滅絶，安穩亡人，無有殃禍，一切原赦。願存亡〔三〕無責無罰，一切和解，見在家口興隆，嗣胤不絶，不負效信。恩惟太上分別，求哀臣愚。謹因二官直使、正一功曹、左右官使者、陰陽神決吏、科車赤符吏〔四〕、剛風騎置吏〔五〕、驛馬上章吏〔六〕、飛龍騎吏〔七〕，官各二人出。又因某日辰從官云云二人，直神從官符吏隨日辰易，舉此爲例。操臣謹爲齋主某家大小疾病，上拜請天官六龍謝墓〔八〕遷達亡人和解考氣乞恩寶章一通，上詣太上某曹治某宮，曹治隨日月換，舉此爲例。伏須告報。臣某誠惶誠恐，稽首頓首，載拜以聞。

【校釋】

〔一〕「龍頭」，舊時堪輿家稱山脈的走勢爲「龍」，「龍頭」指氣脈如龍的山脈之主峰。唐張約相崔巽墓：「安龍頭，枕龍角，不三年，自消鑠。」

〔二〕「丘丞墓伯」，掌管墳墓事務的神官。要修科儀戒律鈔卷一六：「又恐地下四時主者、蒿里父老、丘丞墓伯、地下二千石，不相安隱，謹條經書，斂具遷件如牒，謹爲伏地拜章一通。」

〔三〕「存亡」，指生者和死者。晉葛洪抱朴子外篇卷二二：「居寂寞之無爲，蹈修直而執平者，道人也；盡烝嘗於存亡，保髮膚以揚名者，孝人也。」

〔四〕「科車赤符吏」，道法會元卷一八一：「科車赤符吏，乃師臍神，亦精血之神。三十萬人，亦乘馬、獅子、獬豸、鵰、鳳、火龍，乃是引導之神，狀若天丁力士，執鎗刀斧，乘赤雲，如火，心腎出。」

〔五〕「剛風騎置吏」，亦作「罡風騎置吏」，道法會元卷一八一：「罡風騎置吏，三十六萬人，並乘金甲馬，金甲頭盔。二主帥執弓弩短刃。此吏凶惡，乃是肺神，不可觸。」

〔六〕「驛馬上章吏」，道法會元卷一八一：「驛馬上章吏，二人，將軍狀。乘金甲馬，從者百千人，亦係先鋒將，辟斥三界魔鬼。此吏水火二炁之神，亦係接引開導之神。凡上章，無此二神，章不上達。」

〔七〕「飛龍騎吏」，道法會元卷一八一：「飛龍騎吏，二人，如仙女狀，五色霞衣，美貌，乘飛龍，一息遍周三界。」

〔八〕「謝墓」，葬後解謝。

空三行

臣某　屬　某宮焚修

空三行

太清玄元無上三天無極大道太上老君太上丈人天帝君天帝丈人九老仙都君九炁丈人百千萬重道炁千二百官君太清金闕七寶玉陛下

空三行

年號歲次某甲某月某朔某甲子某時章於某處齋壇拜上

空三行

可漏用全紙一幅爲之

太清玄元無上三天無極大道太清金闕七寶玉陛下　具章奏法位臣姓某　上奏　謹封

内方函

謹　謹　上　詣

太上虚無丈人言某曹治某宫

具章奏法位姓某謹重封

外方函

謹　謹　上　詣

具章奏法位姓某謹重封

三天門下請進

解五墓章

具法位，上言：臣謹按玄科，今據鄉貫某叩頭自列，素以胎生，下官子孫，但某身中，今歲行年到某辰上，入墓之年，或爲五墓所纏及三殺之下。夫人入墓之年，恐被墓神注連〔一〕，鬼氣纏繞。比者脚手沉重，飲食不加〔二〕，罔知拔贖五墓災厄，扶護身命。唯以一心，上憑大道，仰希鑒照，特垂救護。今賫法信，錫人五軀，命米一石二斗，命錢一千二百文，命素一匹，油一斗二升，紙、筆、算子百二十枚，向臣求乞章奏，斷絶亡人殃禍。令以錫人代形〔三〕，分解災厄，延年保命，謹以拜章一通上聞。願天曹上官典者，垂恩照省，原赦某身年〔四〕七世已來所犯千罪萬過，並賜除蕩。五墓五方之厄來臨者，以錫人五形代之，令弟子無有錯悮之厄。上請還命君、壽命君、延命君、拔命君、續命君、扶命君、益命君各五人，官將百二十人下，同爲某上詣南宮中司命、司録，轉牘弟子性命，三藏一期，三百一時，解除身中災厄。當爲排天門，却死籍，移名青録長生之簿，永爲後世種民。上章之後，某身中年命延長，五墓殃注，並令斷絶，五墓災刑，返爲恩福，以爲效信。恩惟太上衆真分別，求哀臣愚。謹因，同前章，只換直神云。謹爲某上請天官解除五墓殃注災厄錫人代形乞恩紙章一通，上詣太上某宮曹治。

同前章式。

【校釋】

〔一〕「注連」，簡稱「注」，也叫「注仵」「逆注」「尸注」「注易」「注祟」「注逮」「注咎」等，是死人以注病爲媒介祟擾生人①。

〔二〕「不加」，不足，此指食欲不振。

① 黄景春早期買地券、鎮墓文整理與研究，二六〇頁。

〔三〕「錫人代形」，有學者指出，假人代形就是利用人偶和人的模擬物爲替身，通過替身達到影響或作用於被替代者的目的，在墓中代替死者承受地下各種勞役和罪過，接受地下神的懲罰，起解謫的作用。漢代墓葬活動中，人們多以金、錫、鉛等金屬材料或木質材料製成人形，或用其他類似於人形的東西如人參等，代替生人受注或代生人受謫。金人、錫人主要見於道書記載①。

〔四〕「身年」，年紀，年齡。素問上古天真論：「夫道者能却老而全形，身年雖壽，能生子也。」

謝先亡章

具法位，上言：臣謹按玄科，今據鄉貫某比者中外〔一〕夢想紛紜，精神惚恍，或鬼賊屯集，口舌横生，錢財耗散，怪祟屢見，田産不收，蓋由觸犯先亡翁婆先祖、左社右稷、井竈土公、凶神惡鬼。闔家惶怖，仰憑大道，告訴，向臣求乞章奏，都謝城隍社廟神祇，諸部將軍，大小虚耗，十二禁忌，一切先亡，並蒙解釋〔二〕，具如所列。臣以愚昧，不明氣候，謹爲伏地

① 李虹死與重生：漢代墓葬信仰研究，五〇頁。

拜章，上聞天曹，伏願上官典者，以時平省〔三〕，垂恩鑒照。謹爲上請解過君、解刑君、解厄君各五人，官將百二十人，爲某都謝先亡，却除災厄，保護人口平和，從今年章御〔四〕之後，千罪萬過，悉蒙原赦。願某家口大小，危中得度，敗中得成，難中獲免，死中得生。所請天官君兵士等，有功勞者，依都言功舉遷，不負效信。恩惟太上衆真分別，求哀臣愚劣。謹因，同前章，只換直神云。謹爲某拜請天官都解謝先亡乞恩報章一通，上詣太上某宮曹治。同前章式。

【校釋】

〔一〕「中外」，家庭内外，此指家人。漢班昭女誡：「戰戰兢兢，常懼黜辱，以增父母之羞，以益中外之累。」

〔二〕「解釋」，消除，消解。元始天尊説變化空洞妙經：「當令心虚意玄，内外空盡，無所隱藏，乞丐解釋，拔出七玄，幽魂上昇，我身飛仙。」

〔三〕「平省」，審閲處理。

〔四〕「章御」，謂進獻章表。呂元素道門定制卷一：「章御之後，賜弟子某家先亡後死，七祖九先，罪蒙原赦，魂升三天，冢墓安寧，考訟平静。」

保胎章

具法位，上言：臣謹按玄科，今據鄉貫某即日口辭自列，素以胎生，下官子孫，千載有幸，得奉大道，被受元恩。某與妻無功可記，有罪斯多，深恐一旦受此寃苦，無所任持〔一〕，向臣求乞保胎，收却河邪乳母、産婦懷胎後傷亡容閭鬼賊，謹爲拜章一通，上聞天曹。伏願無上大道、太上大道君、太上老君、上官典者，以時平省。謹爲上請安胎君二人，護胎君二人，扶衰度厄君二人，萬福解厄君二人，官將百二十人，下爲某妻防保身命，胎妊易生。又請保胎聖母君二人，官將百二十人，爲某妻守護三元丹田之中，辟斥邪精、魍魎鬼賊，守養赤子。當令某妻身得安全，免遭艱阻，保護胎妊，安穩六甲，足滿十月，子母相見，並蒙安貼。乞天門大聖，擁護〔二〕某娘身體，和釋〔三〕無生煩惱。當爲諸君聖母言功報勞，以爲效信。恩惟太上衆真分别，求哀臣愚劣。謹因，同前章，只换直神云。謹爲某妻保胎章一通，上詣太上某宮曹治。

【校釋】

〔一〕「任持」，維持。宋沈括夢溪筆談象數一：「七月，百穀成實，自能任持，故曰『太一』。」

〔二〕「擁護」，扶助，保護。宋書沈攸之傳：「叛亡入境，輒加擁護，逋逃出界，必遣窮追。」

〔三〕「和釋」，和解消除（罪過或仇恨）。明法海遺珠卷一三：「所患即痊，有厄解厄，有冤仇即和釋，有呪即消，有穢即破，有邪祟即驅除，有罪報即赦宥，有官瘟即消散，有破敗即砥柱，得如所願。」

催生章

具法位，上言：臣謹按玄科，今據某即日口辭自列，素以胎生愚昧，荷蒙天地重光之覆，某妻妊娠月數已滿，恐臨生不安，倍增惶怖，唯用一心，上憑大道，告臣求乞章奏，上聞天曹，不勝欣荷。臣謹爲伏地拜章一通，願上官主者，以時平省。謹爲請天門子户君二人，速生君、乳母君、導生君、生母君、天醫助生君、催生君各二人，催生黄帝伏在中庭，欲見子母形體。上請監臨坐草六百生父，守護某妻身，生産滑利〔一〕，捂逆從順，辟斥衆忌，歲殺、月殺、時殺，白虎、咸池〔二〕，千邪萬精，一切消滅，母子安全，如願從心，解脱無他。謹爲諸君聖母祐助衆神，言功報勞，以爲效信。恩惟太上衆真分别，求哀臣愚劣。謹因，如前章，只換直神云。謹爲某拜天官催生口啓章一通，上詣太上某宫曹治。

【校釋】

〔一〕「滑利」，順暢，順利。靈樞經邪客：「伏行兩骨之間，外屈，出兩筋之間，骨肉之際，其氣滑利。」

〔二〕「咸池」，叢辰名，凶煞之一。靈寶領教濟度金書卷三二〇：「咸池殺，則寅午戌生人見卯，巳酉丑見午，申子辰見酉，亥卯未見子是也。」協紀辨方書卷六：「咸池大時，神樞經有忌無宜，曹震圭以爲大凶之時。」三命通會卷二：「咸池非吉煞，日時與水命遇之尤凶。」咸池，又稱大歲、大時、大錯，是古代一個十分重要的神煞，在生育、作戰、疾病等事項的占卜中都有運用①。

小兒上光度化章

具法位，上言：云某即日居某村坊，叩頭自列，宿緣有幸，得奉大道，欣慶無涯。但某凡愚，信奉多違，招延考氣，頃者已來，有男某夢想紛紜，恐以不爲祥瑞，四支虛弱，慮染沈痾，莫知何功，可以防保。今賫法信，投誠委質〔一〕，上憑大道，告訴，向臣求乞壽命延長，上光度化，增算益年，扶衰度厄。臣謹爲拜章一通，上詣三天曹，伏願太上高尊無上元君，慈

① 王强出土戰國秦漢選擇數術文獻神煞研究——以日書爲中心，一四四頁。

父聖母，上官典者，特乞平安。上請天地五光君，日月星宿五光君，東方請日光，西方請月光，南方請火光，北方請水光，中央請土光。上請壽命長生，付著某身形。上請壽命君五人，火炬君五人，三魂七魄君五人，各官將百二十人下，爲流布天仙妙藥，太和之氣，入某身中，還顔復色，精光悦豫。上詣天官，與落死籍，蕩滌故氣，注上生名，六腑調和，五藏安穩，光益壽命，一切精祟，並令消滅。夢想真正，飲食甘美，長保安全，以爲效信。恩惟太上衆真分别，求哀臣愚劣。謹因二官直使、正一功曹、左右官使者、陰陽神决吏、科車赤符吏、剛風騎置、驛馬上章吏、飛龍騎吏，官各二人出，操臣某謹爲某拜請天官上光度化口章一通，上詣太上某宫曹治。

【校釋】

〔一〕「委質」，向神獻禮，表示誠心歸附。葛洪抱朴子内篇卷一九：「古者仙官至人尊秘此道，非有仙名者不可授也。受之四十年一傳，傳之歃血而盟，委質爲約。」

保嬰童章

具法位，上言：謹按文書，某夙生慶幸，得奉大道，從來荷恩，實爲無量。但某信敬多違，男女若干歲，今在童兒，未有所識，即日憂惶，恐爲故氣邪精、蜚尸暗穢、乳母化神、天地河伯、鉤星血没之鬼，承閤構禍，侵斥某身，求臣保祐，伏地拜章，上聞天曹。特從太上老君、諸君丈人、天師君、門下主者、五氣君，垂恩省理。上請陽仙護魂君、陰仙護魄君、天養生君，按摩某身，削除脾肺腎中、大小腸膽上下幽都氣海〔一〕，道氣宣布，百脉通利，病厄消蕩，顔華光澤，與日月同輝。上請太皇萬福君、解患君、東王父、西王母君，各五人，官將百二十人，三天九宫甲子甲午官君，一切鬼毒，並不侵損。仰荷鴻恩，以爲效信。恩惟太上分別云云。爲某拜請天官爲保嬰童章一通，上詣太上某曹。云云。

【校釋】

〔一〕「氣海」，人體部位名，宗氣所聚處。膻中爲上氣海，丹田爲下氣海。靈樞經海論：「膻中者，爲氣之海。」唐王冰黄帝内經素問補注釋文：「毛脉合精，行氣於府。府，謂氣之所聚處也，是謂氣海，在兩乳間，名曰膻中也。府精神明，留於四藏，氣歸於權衡。膻中之布氣者分爲三隧：其下者走於氣街，上者走於息道，宗氣留於海，積於胸中，命曰氣海也。」

斷亡人復連章

具法位，上言：臣謹按仙科，今據某云即日叩頭列狀，素以胎生，下官子孫，千載幸遇，得奉大道，誠實欣慰。某信向違科，致有災厄，某今月某日，染疾困重，夢想紛紜，所向非善，尋求算術，云亡某爲禍，更相復連〔一〕，致令此病連綿不止。恐死亡不絶，注復〔二〕不斷，闔家惶怖，恐不生全〔三〕，即日詞情懇切，向臣求乞生理〔四〕，輒爲拜章一通，上聞天曹。伏乞太上老君、太上丈人、天師君、門下主者，賜爲分别。上請本命君十萬人，爲某解除亡人復連之氣，願令斷絶。生人魂神屬生始，一元一始，相去萬萬九千〔五〕餘里。生人上屬皇天，死人下屬黄泉，生死異路〔六〕，不得擾亂某身。又恐亡某生犯莫大之罪，死有不赦之愆〔七〕，繫閉在於諸獄，時在河伯之獄，時在女青〔八〕之獄，時在城隍社廟之中。不知亡人某魂魄在何處，並乞遷達，令得安穩，上昇天堂，衣食自然，逍遥無爲，墳墓安穩，注訟〔九〕消沉。某身中疾病，即蒙除愈，復連斷絶，元元如願，以爲效信。恩惟太上衆真分别，求哀。臣爲某上請天官斷絶亡人復連章一通，上詣太上某曹治。

【校釋】

〔一〕「復連」，傳洞真太上玄靈北斗本命延生經注：「塚者，先亡墳墓。徵呼者，因陰司考謫，乃追及生人。復連者，先亡傳尸連累生人。」有學者指出，「復（伏）連」即前面有人以某種方式死亡，靈魂在陰司遭受折磨，不堪其苦，遂回到陽世祟害生人，索取生人魂魄代替自己受苦，以求自身解脱，導致其後有人也相繼以同樣的方式死去。其特點是後死者和前死者的死亡方式完全一樣，彼此有連帶關係，看起來是一種前後重複的行爲①。

〔二〕「注復」，張勳燎先生指出，注鬼返回陽間祟害生人的方式與自身死亡的方式一樣，甚至地點和年歲（干支）、月、日、時辰亦偶有相同，看起來完全是一種前後相連重複發生的事，所以又稱爲「復注」「注復」②。

〔三〕「生全」，保全生命，全身。吕氏春秋適音：「勝理以治身則生全，以生全則壽長矣。」

〔四〕「生理」，性命。宋曾鞏代太平州知州謝到任表：「方喜便於庭闈，遽已罹於家禍，苟全生理，復齒班榮。」

〔五〕「萬萬九千」，原作「萬萬九十」，「十」「千」形近而訛，據古書文例改。古籍多見「萬萬九千」之語，例如太上洞玄靈寶天關經：「天地相去四萬八千里，東西南北相去萬萬九千里，日月各徑三千里，周圓各九千里。」洞神八帝妙精經：「姓愷，名胡桃，子文生，將天地水三官兵萬萬九千人。」

〔六〕「生死異路」，又作「生死異處」「死生異處」。有學者認爲，東漢鎮墓文有一個非常重要的功能，就是隔斷生人與死人的關係，死人不要再干擾生人③。本章名爲「斷亡人復連章」，下文

① 白彬、鄧宏亞四川劍閣縣「天師石敢當」碑研究，一四五頁。
② 東漢墓葬出土的解注器材料和天師道的起源，二五四頁。
③ 吕志峰東漢石刻磚陶等民俗性文字資料詞彙研究，一一五頁。

云「不得擾亂某身」，用意正與鎮墓文同。

〔七〕「僁」，潛夫論潛歎：「行豐禮者蒙僁咎。」汪繼培箋：「僁，俗愆字。」

〔八〕「女青」，有學者認爲，「女青」初見於東晉中期，在隨葬文書中是一位在地下冥府執法的「司法之神」，掌管玄都鬼律，考校亡魂及鬼神善惡功過①。

〔九〕「注訟」，指先亡給後人帶來不幸和灾禍。宋呂元素道門定制卷七：「使亡者安泰，子孫興昌，冢墓注訟，一切斷絶，封樹繁滋，鬼邪奔散。」

疾病謝先亡章

具法位，上言：謹按玄科，今據某云但某以信向多違，招延災祟，頃者已來，怪異屢表，疾病更互，合家憂惶。尋究算術，云是家先〔一〕并客死之鬼嗔責生人，恐是前後年節祠祀飲食不精，所設微薄，爲後世禍祟所伐。乞丐太上大道君，遷達迴轉，去離憂苦之處。謹爲上請保護君、護命君各五人，官將百二十人，爲某身典治鬼等，所有疾病厄難，原赦除愈，以爲效信。恩惟太上衆真分別，求哀。臣爲某上請天官疾病謝先亡章一通，上詣太上某

① 黄景春中國宗教性隨葬文書研究：以買地券、鎮墓文、衣物疏爲主，二二四—二三二頁。

宮曹治。

【校釋】

〔一〕「家先」，家中去世的親屬。太平經卷七一：「家先者純見鬼，無有真道也，其有召呼者，純死人之鬼來也。」

收除火殃章

具法位，上言：謹按玄科，今據某州縣鄉貫某即日口辭自列，素以胎生，下官子孫，千載有幸，得奉大道，從來蒙恩，誠實欣慰。某以凡昧，修奉違科，屢招災考，比者已來，聞見不真，忽以某時見火殃落在某處所，光影耀地，恐是死殃。火殃散漫村坊，侵害百姓，男女遭罹，非一吁嗟，道俗不可稱計，憂惶恐怖，何以禳却？仰凴一心，上告大道，謹依師法，伏地拜章一通，上詣三天曹，令火殃即時消滅。上請中宮諸官君，及録上將軍、二十四吏、兵士三十萬人，天地水三官，算考召君吏〔一〕，道上二玄三元四始甲子諸官君，四面方位，社邑里君，四野五野七野九野都平君等，所居某里中真官注氣。上請北方太陰君，官將百二十人，治太陰宮。又請風伯、雨師消滅某處火殃，速去千里。又請誅殃君，官將百二十人，所部宋無忌〔二〕，主收火殃之鬼，令不燔燒良民所居住宅、屋舍、倉囤。上官典者，勑東方心、尾二宿，藏火精，攝巽神〔三〕，勑風伯，藏伏氣，非節不行。又請九海北玄君，官將百二十人，動畢星宿，昇陰氣，興散雨雲，制伏火殃，令不得起。某等村坊某家，悉令災火不發，竟歲無他，宅舍安定，人口平吉，以爲效信。恩惟太上衆真分別，求哀。臣爲某拜請天官收除火殃口章一通，上詣太上某宮曹治。

【校釋】

〔一〕「算考召君吏」，「算」疑爲衍文。「考召君吏」乃道經常語，負責考鬼召神，考校過失。元妙宗太上助國救民總真祕要卷七：「又考召者，爲考鬼召神之事，當發心助國安邦，救治百姓。」正一法文法籙部儀：「結盟之後，司命削某等死籍，度著生籙，使天官注仙名，地官除死籍，水官絶殃考壇，上三官考召君吏，并甲等所佩將軍吏兵，保護肉人。」

〔二〕「宋無忌」，火仙。高上神霄玉清真王紫書大法卷九：「火輪大將宋無忌同禁獄靈官，與吾監守爲禍鬼神，不致走透。」法海遺珠卷一七：「右符成，存主帥宋無忌，青面，三頭六臂，遍身流火，執火鎗、火索、火劍、火鈴，乘火雲，入符中，却加煞炁壓在鬼字上。」亦作「宋毋忌」，史記封禪書：「宋毋忌、正伯僑、充尚、羨門高最後皆燕人，爲方僊道，形解銷化，依於鬼神之事。」司馬貞索隱：「樂産引老子戒經云：『月中仙人宋無忌。』白澤圖云：『火之精曰宋無忌。』蓋其人火仙也。」

〔三〕「巽神」，八卦神之一。太上三洞神咒卷六：「乾神擁護，坎神翊行。艮神傳令，震神部兵。巽神擺擱，離神捉魔。」玄精碧匣靈寶聚玄經：「巽神在位，萬木忻榮。百花競秀，鼓舞園林。」

上清言功章

具法位，上言：謹按文書牒，得某州某縣弟子某，年若干，某月日生，伏自惟省〔一〕，素以胎藭〔二〕微蔑，宿緣幸會，得奉大道，歸命正真，荷四時所養，皇老好生，太上惡殺，賜臣氣命，逮及今日。仰受太陽之恩，謬蒙師道之澤，賜署治籙，進叨老君道德五千文尊經，洞神、洞玄、洞淵、洞真等法。奉受之日，要當供養寶文，修功立德，行合神仙，長生度世，永壽無極。縱不得仙度，託命太陰，受煉更生，化爲真人，免脱三塗。道重人輕，實非尸肉，所行參佩，廣開法門，舟航一切，濟度天人，存靈念真，餐御吐納，注心玄極，修行生道。非法不精，非法不真，但臣積世無狀〔三〕，七世已來，莫大之罪，結固未已，至有誠心，未能潛隱。特以伏地奏聞，爲臣所佩三洞經法等，五帝、真靈、玉女、直符〔四〕、直事〔五〕、領仙侍郎、監察大夫、日月星宿、五嶽四瀆、十方真官、法上將軍、吏兵千乘萬騎，悉同言功報勞，上詣玄都，進品上仙，加爵帝秩，隨科署真，無令遺失。臣某家七祖父母，去離苦惱，上登天堂，衣食自然，天下太平。臣某學道未備，俯仰〔六〕之格，道法難精，前後施爲，不合儀式，爲四司所糾，五帝所執，千愆萬過，乞蒙原赦。臣某身中五體真官，受秩事竟，各還臣身中，保氣全真，安穩如故。恩惟太上衆真分別，求哀。臣謹爲拜上天官言功報勞章一通，上詣太上某宮曹治。

【校釋】

〔一〕「惟省」，反省自慮。魏書張普惠傳：「臣忝官樞副，毗察冤訟，寤寐惟省，謂宜追正，愚固所陳，萬無可採。」

〔二〕「胎蒭」，義同「胎生」。通觀全書文例，「素以胎X」是赤松子章曆的常用套語，共三十八見，其中三十六例「素以胎生」，一例「素以胎蒭」，一例「素以胎誕」。玉篇艸部：「芻，俗作蒭。」周禮地官充人：「祀五帝，則繫於牢，芻之三月。」鄭玄注：「養牛羊曰芻。」由「養牛羊」引申指人之生養。

〔三〕「無狀」，謂罪大不可言狀。新唐書孫伏伽傳：「臣愚以爲賊黨於赦當免者，雖甚無狀，宜一切加原，則天下幸甚！」

〔四〕「直符」，亦作「值符」，負責收藏符籙的當值仙官。太平經卷一一一：「故言天君勑命曹，各各相移，更爲直符，不得小私，從上占下，何得有失？」

〔五〕「直事」，值班的神職人員。北周無上祕要卷五四：「施安都畢，請法師一人，中央行道；同法四人，隨位尊卑；署一人監齋，一人直事，一人侍香，一人侍燈，於都門隨師遊行，爲主人叩頭，祈請拔罪，更相開度。」

〔六〕「俯仰」，舉動，舉止。北齊書廣寧王孝珩傳：「孝珩自陳國難，辭淚俱下，俯仰有節。」

三五雜籙言功章

具法位，上言：謹按文書，某州某縣弟子某，年若干歲，某月生，伏自惟省，千歲幸會，得奉大道，被受元恩。臣某仙靈二十四治籙，籙上將軍吏兵，奉受之日，誓依師教，優使吏兵〔一〕，醫治百姓，修身之外，救物爲先，三會吉日，舉遷言功。臣自受任已來，諸所施行，皆如所願。謹依科法，以今月某日三會吉辰，拜奏言功章一通，爲臣所佩受三五上靈官一將軍籙、三五上靈官十將軍籙、百五十將軍籙、赤天中部赤籙、赤天三部三將軍籙、百鬼召籙、混沌赤籙、九州社令籙、星剛二十八宿籙、河圖籙、解六害神符籙、九鳳破穢籙、都章畢印籙、華蓋籙、九天兵符籙、九宮捍厄八卦護身籙、考召籙、斬千鬼萬神籙、大斬邪籙、四部禁氣籙、斬河邪籙、功曹籙、保命長生籙等二十四階法籙，六壬、太一、雷公三十六部神式籙，八史君六甲支干靈符，十二月將時直二十四治職將軍籙，孝道仙王一十八階征山神將籙，中宮敢健剛武强伐〔二〕高天〔三〕萬丈百鬼中王都官從事高功司馬中騎大將軍、八極排天延壽六星斗君、中黄司政君、元黄九仙司直君、魁頭〔四〕主刺君、剛頭司殺君、消災散禍扶命解厄君、天騶甲卒、天丁力士等，保守臣身如故，令臣所向，金石爲開，水火爲滅，所厭者伏，所治者愈，所解者開，所擊者破，所消者散，衆惡邪賊，欲見中傷臣身者，一切滅絶，令臣某得蒙過度三災九厄、凶世惡年，萬姓歸仰，覩見太平，奉迎聖君，永爲種民〔五〕。過泰之恩，以爲效信。 恩惟太上。云云。 今因三會大慶，奉爲身中所佩三五將軍内外雜籙君吏拜上言功章一通，上詣太上三天曹。云云。 載拜以聞。

【校釋】

〔一〕「優使吏兵」，不辭，疑當爲「役使吏兵」，「優」「役」音近而誤。「役使吏兵」乃道經常語，元辰章醮立成曆：「臣等伏自尋省，人微骨賤，運會幸慶，得在治籙。耳目閉塞，役使吏兵，或有迷誤，言詞不次。」道法會元卷三六：「皂袍鐵甲，努目金精。手持鐵棒，役使吏兵。」

〔二〕「中宮敢健剛武强伐」，正一法文經章官品卷三：「剛武敢健君吏一合下，部將軍吏，主收捕天下土炁之鬼。」杜光庭太上宣慈助化章卷二：「若某家有强殃不祭之鬼，因衰乘隙，纏綿某身，必固中傷者，願請剛武敢健嚴能吏兵百二十人，一合下，收攝斷截，分别真僞，皆使罷散，令生死區别，各得其所。」

〔三〕「高天」，原作「商天」，據道經神名改。本書卷三斷瘟毒疫章：「又東方青帝、南方赤帝、西方白帝、北方黑帝，四方一時，同臨祐助。上請高天萬丈百鬼中王萬二千人，兵士各八十萬衆。」

〔四〕「魁頭」，上清河圖内玄經：「北斗九星宿衛太一，占其吉凶善惡，訣如左……第一爲魁頭，名天樞天，一名正星，字貪狼，位御史中丞，爲天爲日，主陽德，天子象。」

〔五〕「種民」，亦稱「種人」「種臣」「種生」，謂人中之種子。它是東晉中葉上清派首創終末論以後，道教常用的一個名詞，最早見於真誥。道教認爲，有一些道教信仰者經過大劫難之後，仍然生存下來，不絶滅地保持著自己的「種」，這些人叫做「種民」①。

絶泰山死籍言功章

具法位，上言：謹按文書，某州縣鄉里觀上清大洞三景弟子某嶽先生臣某等年若干，某

① 小林正美六朝道教史研究，三二一—三二六頁。

月生，素以胎生，千載有幸，得奉大道。師老垂矜，賜署治籙，不以凡愚，參佩經寶〔一〕，真祕重沓〔二〕，荷恩過泰，欣慰罔極。但臣某雖叨妙法，不閑〔三〕科禁，功無絲髮，愆犯罪積，累年轗軻，生途不稱，居住不安，命屬皇天上帝十二司命君。謹按天師舊儀，三會吉日，斷除泰山〔四〕死籍，削除右契罪名死目〔五〕，改定生籙，注上生名左籙長生宮中。上請倉生君一人，請爲三官將吏兵士一切言功，受賞如常，原赦臣某等所犯謬誤之僁，先亡眷屬同免苦楚，受大福德，衣食自然，殃疰〔六〕斷絶，道氣降附，存亡清泰，以爲效信。恩惟泰山。云云。爲依法三會吉辰拜上，上請天官斷除泰山死籍改定生録乞恩紙筆章一通，上詣太上某宮曹治。

【校釋】

〔一〕「經寶」，尊稱經書。要修科儀戒律鈔卷一：「律曰：不得妄傳經寶，授與於不信，泄真要訣，天奪筭九萬六千。」

〔二〕「重沓」，重疊，重複，極言其多。洞真太上太霄琅書卷六：「或争事俗神，烹宰殺害，鼓儛妖訛，罪疊重沓，故氣纏滯。」

〔三〕「不閑」，不嫻熟，不精通。李淳風金鎖流珠引卷二二：「臣凡愚不閑儀軌，陳詞諠雜，犯忤威靈，千罪萬過，並希矜恕。」

〔四〕「泰山」，或作「太山」，漢代已有「泰山主生死」「人死爲鬼，魂歸泰山」之説①。孝經援神契：「太山，天帝孫，主召人魂。東方萬物始，故主人生命之長短。」後漢書方術傳：「少嘗篤病，三年不愈，乃謁太山請命。」李賢注：「太山主人生死，故詣請命也。」正一法文經章官品卷三：「太黄太極君，符下女青詔書，地下二千石、泰山二十四獄，主收塚墓之鬼。」

〔五〕「右契罪名死目」，洞玄靈寶玄一真人説生死輪轉因緣經：「生世積善，則與聖人相值，名入左契。生爲人主，死爲天堂之賓，七祖同歡……生世爲惡，則與惡人相宜，名入死籍右契之中。」道教「左主生事，右主死事」之觀念由來已久，道德經第三一章：「吉事尚左，凶事尚右。」南朝宋三天内解經：「老子主生化，釋迦主死化。故老子剖左腋而生，主左，左爲陽氣，主青宫生録。釋迦剖右腋而生，主右，右爲陰氣，主黑簿死録。是以老子、釋迦教化，左右法異。左化則隨左宫生氣，使舉形飛仙。右化則隨右宫死氣，使滅度更生。法服悉黑，使著黑衣以法陰氣，入于黑簿也。」

〔六〕「殃疰」，又作「殃注」，指注鬼爲害生人。道法會元卷四四：「俾令真元内固，體力外和，疰病頓瘳，壽年延永。斷除殃疰，免流禍於後人；掃蕩患居，毋諸除於毒害。」靈寶無量度人上品妙經卷四〇：「上學之士，修習是經，殃注解脱，皆即受度，飛昇南宫。」

① 吴榮曾鎮墓文中所見到的東漢道巫關係，五八—六〇頁。

遷達先亡言功章

具法位，上言：謹按文書，某州縣觀上清三洞三景弟子某嶽先生臣某年月生，素以胎生，千載有幸，得奉大道，兼蒙師真賜佩天官治籙，叨忝經寶，以存供養。臣以好道樂生，奉宣文書，助國扶命，勸化萬民百姓，一切蒙恩太上大道、諸君丈人重恩成就。伏聞大道三會吉日，太上老君下流八極，澤潤無垠。臣等先亡三曾五祖、七世父母、前亡後死、五服種親〔一〕，或恐執繫〔二〕地獄〔三〕之中，未能下解者，乞丐太上大道君、上官典者，願臣今奏章告下天地水三官、泰山二十四獄、中黄天九平獄、中都大獄、水官土府、九江水帝、河伯吕公子、將從掾吏〔四〕，徒謫役作罪目，五盟七詛〔五〕，不忠不孝，陰惡咎匿，從天至地，一切原赦，令臣學業成就，智慧增廣，宿愆赦貰〔六〕，存亡安泰，以爲效信。恩惟太上分別。云云。今月日三會吉慶，自拜上遷達三曾五祖七世父母乞恩紙章一通，上詣太上三天曹。云云。載拜以聞。

【校釋】

〔一〕「種親」，宗親，親族。元始无量度人上品妙經四注卷二：「上解祖考，億劫種親」幽棲曰：

解脱累代祖考之幽魂，原宥億劫之宗親也。」靈寶半景齋儀：「又恐前身過犯，見報愆尤，害命殺生，冤家債主。爰從多劫，父母種親，無量罪源，宣陳難盡。」

〔二〕「執繫」，逮捕拘禁。杜光庭太上黄籙齋儀卷四八：「陰罪陽過，名書惡簿。身殁鬼官，在長夜考官之獄。執繫重檻，解謝無由。」

〔三〕「地獄」，太上三十六尊經玉清境上鍊經第十：「復有二十四獄：一曰鑊湯地獄，二曰銅柱地獄，三曰鐵犂耕舌地獄，四曰刀山劍樹地獄，五曰剉碓地獄，六曰毒蛇食心地獄，七曰鎔銅灌口地獄，八曰爐炭地獄，九曰鐵輪地獄，十曰運石爲山地獄，十一曰鐵牀地獄，十二曰劍林地獄，十三曰寒冰地獄，十四曰猛火地獄，十五曰鐵杖亂拷地獄，十六曰大石壓身地獄，十七曰鐵錐刺身地獄，十八曰鐵丸地獄，十九曰吞火食炭地獄，二十曰磑磨碓擣地獄，二十一曰鐵汁地獄，二十二曰拔舌地獄，二十三曰鐵鎖地獄，二十四曰鋸解地獄。」

〔四〕「將從掾吏」，隨從佐助之官吏。漢書禮樂志：「招摇靈旗，九夷賓將。」顔師古注：「將，猶從也。」

〔五〕「五盟七詛」，各種盟誓。周禮春官詛祝：「詛祝，掌盟、詛、類、造、攻、説、禬、禜之祝號。」鄭玄注：「盟、詛主於要誓，大事曰盟，小事曰詛。」賈公彦疏：「盟者，盟將來……詛者，詛往過。」太上洞神洞淵神咒治病口章：「唯言某家親大祖父三十六世以來，有犯天詛地詛、日月之詛、星辰之詛、五社之詛、水火之詛、五盟七詛之罪。」

〔六〕「赦貰」，赦免寬恕。漢書游俠傳原涉：「莽乃召見，責以罪惡，赦貰，拜鎮戎大尹。」顏師古注：「貰，謂寬其罪。」

百姓言功章

具法位，上言：云云。但臣依天師舊式，以三會都治舍所，領户化民，依天師文書，輟死言生〔一〕，并天師昔所布下二玄三元四始甲子諸官君將吏兵、二十四治官將吏兵等，言功舉遷，令依科禁，不敢不聚會。謹於所在某處鄉甲觀中〔二〕，條列所領户化民百姓男女，求恩乞願，並佩正一盟威等籙二十四階，七十五童子并及散民等，願請無上玄老太上三尊將軍吏兵守宅，三將軍兵士三十萬人，保護某家口男女，使三災九厄並乞隨章蕩散，并臣身中内外種親，及所佩法籙等，前亡後化，男女之鬼，並乞遷達，免離諸苦，上昇天堂，斷絶復連，宿疾除差，日就安穩，蒙恩如願，以爲效信。恩惟太上分別。云云。依常品拜上，今年某月日三會吉慶言功。云云。載拜以聞。

【校釋】

〔一〕「言生」，疑當作「延生」，「言」爲「延」之音訛。「輟死延生」乃道書常語，杜光庭道德真經廣聖義卷三六：「義曰：元精播氣，大冶匠形，禀陽和則出生，歸陰寂則入死。將明輟死延生之路，喪生趣死之由。」廣成集卷九：「伏願六宮上聖，輟死籙以延生；五緯尊神，碎禍車而流福。」又：「輟死籍於黑書，再延命禄；定生名於丹録，盡赦深瑕。」亦曰「輟死上生」，廣成集卷七：「伏冀朱宮上聖，丹闕高尊。垂回凶度厄之慈，開輟死上生之路。」卷一〇：「臣宿瑕蕩滌，積釁銷平。輟死北宮，上生南極。」

〔二〕「某處鄉甲觀中」，受籙次第法信儀上清儭版文：「大明某年、太歲某甲、某月、某朔、某日，某甲，某處、某觀道士某乙，年若干歲，謹拜受。」

赤松子章曆卷之五

爲天地神祇言功章

具法位，上言：謹按文書，某州縣鄉思觀道士[一]某等，素以胎生，叨賜天官治籙，内外重沓，過泰之恩。臣以下愚，六情奔蕩，不自覺知，歲月滋深，積罪無數，難可安全。仰賴身中所受神仙寶籙，所見營護，受恩隆重，伏地拜章一通上聞。特從太上無極大道、諸君丈人、天師君夫人造化之恩，赦臣等宿世今生千罪萬過。及臣前後爲百姓男女消災救疾，告急章奏，建立齋直[二]，施行功德，口啓願諸所求乞，上請天官役使吏兵及天地水三官、前後水陸行諸道逕州縣鄉亭里域諸官君正炁助道興化者，從正月十月已來，天官吏兵有功勞者，悉乞爲言功，遷加爵秩，從一等至百等，從百等至千等，如天曹科品，録署便曹穩職，無令失意有恨者。天官、地官、水官受功事訖，各還本位。并從正月至十二月，所請君將吏兵，今爲言功。月一日至三十日，所請君將吏兵，今爲言功。日子時至亥時，所請君將吏兵，今爲言功。盡爲舉遷，依天曹科品，皆無令恚恨。符契吏兵，及時伏臣等身中保守如故。伏願太上無極大道、諸君丈人、天師君夫人，降下正一生炁，覆蓋臣某身，生氣真全，宿疾除愈，四體輕强，三尸〔三〕墮落，九蟲〔四〕沈零，學道棲神，心開意悟，曉知未來，長生久視，神仙度世，得見太平。願臣生緣家口大小等身，並乞災厄過度，年命延永，五瘟疫毒，不敢侵斥。至來年某月某日安穩如願，當爲衆官拜奏言功，不負效信。恩惟太上分別，求哀臣愚劣。謹因二官直使、正一功曹、左右官使者、陰陽神決吏、科車赤符吏、剛風騎置、驛馬上章吏，官各二人出，操臣某因三會吉慶，爲天地神祇及臣等身中吏兵，爲前後百姓同詣救治疾厄，求乞恩福。臣等拜上都言功口章一通，上詣三天曹，伏須告報。臣某誠惶誠恐，稽首頓首，再拜以聞。

【校釋】

〔一〕「某州縣鄉思觀道士」，不辭，「思」當爲「宮」。「某州縣宮觀道士」「某州郡某鄉里某宮觀道士」是道經常用表達。

〔二〕「齋直」，每月中按照固定日期所作的齋稱「直」。北宋張君房雲笈七籤卷三七「齋直」條：「三天内解經曰：夫爲學道，莫先乎齋。外則不染塵垢，内則五藏清虛，降真致神，與道合居。能修長齋者，則道合真，不犯禁戒也。故天師遺教，爲學不修齋直，冥如夜行不持火燭，此齋直應是學道之首。」唐王懸河三洞珠囊卷五：「科曰：凡一年正月、三月、五月、七月、九月、十一月，此六月應齋。又一月之中，一日、八日、十四日、十五日、十八日、二十三日、二十四日、二十八日、二十九日、三十日，此十日名曰十直齋，皆天神下降，精修得福也。」

〔三〕「三尸」，人身中之三種作祟之神，亦稱「三彭」「三蟲」「三尸神」。雲笈七籤卷八三：「上尸名彭倨，好寶物；中尸名彭質，好五味；下尸名彭矯，好色慾。三尸之爲物，常居人脾。」元衛琪玉清無極總真文昌大洞仙經注卷七：「尸亦三尸神，彭蹻、彭踞、彭躓，在人身中，專奏罪狀於三府。」

〔四〕「九蟲」，人體中的九種寄生蟲。長生胎元神用經去三尸九蟲方：「夫尸者有九蟲：一伏蟲，長四分；二蚘蟲，長一尺；三白蟲，長一寸；四肉蟲，狀如爛杏；五肺蟲，狀如蠶；六胃蟲，狀如蝦蟇；七膈蟲，狀如瓜瓣；八赤蟲，狀如生肉；九蟯蟲，狀如菜蟲。」元衛琪玉清無極總真文昌大洞仙經注卷七：「三尸居人三田，每尸管三蟲，共九蟲，復管萬蟲，咂嚙身體，如涅槃經載，蟲皆有名字，該載不盡。人生陽道八萬四千諸毛竅中，皆生一蟲，人死則此蟲皆飛走，遠遁着物。」

空三行

臣某　屬　某宮焚修

空三行

太清玄元無上三天無極大道太上老君太上丈人天帝君天帝丈人九老仙都君九炁丈人百千萬重道炁千二

百官君太清金闕七寶玉陛下

空三行

年號歲次某甲某月某朔某甲子某時章於某處齋壇拜上

空三行

可漏用全紙一幅爲之

太清玄元無上三天無極大道太清金闕七寶玉陛下　具章奏法位臣姓某　上奏　謹封

內方函

謹　謹　上　詣　具章奏法位姓某謹重封

太上虛無丈人宮某曹治某宮

外〔一〕方函

謹　謹　上　詣　具章奏法位姓某謹重封

三天門下請進

【校釋】

〔一〕「外」，原無，據卷四謝五墓章補。

三五言功章

具法位，上言：謹按文書，臣等芻草〔一〕之類，生於濁俗，仰藉宿慶，遭逢大化，歸依大道，過蒙天地覆載，丹靈所育，皇乾所養，星辰所衛，日月所照，四時所長，皇老好生，賜臣氣命，逮及今日，仰禀太陽，得厠人道。某不以愚昧，貪樂道法，歸命至真，賜授法戒、內外符籙、三五治職及三洞金書玉章，佩受已來，積年經載，香燈供養。但道重人輕，非凡穢〔二〕所可叨佩，宿夜憂惶，不以寧處。臣等受法之日，要當自竭愚短，朝禮讀誦，宣揚道德，濟度一切，及以自身修静念真，日月之精，注心玄虚，修行之炁，陰陽九轉，三五成丹，飛騰虚空，白日昇天。非法不精，非道不真，恐臣等前世今身所犯莫大之罪，乞身中功曹吏兵衆官，營衛臣等及生緣家口壽命。上請祐衛將軍一人，官將百二十人，爲臣賫良方妙藥、甘靈芝英、金液玉漿，充哺養赤子，保國安神，皆令無他。願臣等學道昇仙，長生度世，出入行往，衆官吏兵乞垂衛護，不負效信。恩惟太上分别。云云。今年月三會都言功舉遷口啓章一通，上詣三天曹。云云。

【校釋】

〔一〕「芻草」，割下來的雜草，喻卑微淺陋。説文艸部：「芻，刈草也。」「芻草」語本道德經第五章：「天地不仁，以萬物爲芻狗。」河上公章句：「天地生萬物，人最爲貴，天地視之如芻草狗畜，不責望其報也。」道法會元卷一四五：「臣芻草微生，遭逢大法，仰籍大道，賜受法職，金書玉篆，祕法靈文，道重人輕，夙懷憂懼，常思立功補過，濟物利人。」

〔二〕「凡穢」，凡俗之人。唐張萬福醮三洞真文五法正一盟威籙立成儀：「上勞尊靈，下降凡穢，加以食饍寡薄，詞理庸拙，久稽真儀，罪當萬責。」

除泰山死籍章

具法位，上言：謹按文書，臣某年若干，屬州縣鄉里住。臣素以胎生，宿緣幸會，得屬上帝十二司命君。伏按科法，三會吉日，落泰山死籍，削去有〔一〕契。上請倉生君、八極五炁監年命，令臣等及生緣大小，壽三萬六千歲，記名玉曆〔二〕，彌綸〔三〕天地。即自荷恩，三月一時爲天官君吏言功舉遷，名加爵秩，以報勞苦，不負效信。唯臣及生緣家口、內外男女、上下尊卑等身，年命延長，永爲種民。臣千罪萬過，乞丐原赦。恩惟太上分別。云云。飛龍騎吏、左右龍虎君，各十八人出，操臣以今歲月日拜上絶除泰山死籍口啓章一通，上詣太上某宮曹治。

【校釋】

〔一〕「有」，通「右」。史記扁鵲倉公列傳：「右口氣急。」集解引徐廣曰：「右，一作有。」「右契」是記録天下人罪過的名册，本書卷四絶泰山死籍言功章：「謹按天師舊儀，三會吉日，斷除泰山死籍，削除右契罪名死目，改定生籙，注上生名左籙長生宮中。」

〔二〕「玉曆」，記録生人的名册。正一指教齋清旦行道儀：「左神著生録，仙都定玉曆，記名著左契，天老刻玉籙。」

〔三〕「彌綸」，統攝，籠蓋。周易繫辭上：「易與天地準，故能彌綸天地之道。」

爲先亡言功章

具法位，上言：謹按文書，臣某年若干，屬州縣鄉里某處住。臣素以胎生，血誕〔一〕之餘，千載運會，得遇太上開化之際，盟威正教，驅除穢逆。但臣某禀炁暗鈍，六情閉塞，百行多違，未有微功，上荅大造。蓋聞道法，三會吉日，太上老君恩流八極，澤潤無外，生死蒙恩，是以人清鬼平，生死蒙泰。臣今章奏告下天地水三官土府、九江水帝河伯、將從掾吏，特乞一切之恩，原赦臣等七祖父母，前亡後化，一切宿罪重過，特垂放遣，賜與沐浴，上升玄都長生宮中，神登紫闕〔二〕，衣食自然。臣等闔觀得受餘慶，福祚無窮，注上生名玉曆青篇之中，存亡咸泰，永爲種民，光顯王道清真之信。恩惟太上分别。云云。陰陽神訣吏、左右龍虎君，各十八人出，操臣等吉日謹拜遷達先亡解除基考〔三〕謫罰口章一通，上詣太上某宫曹治。

【校釋】

〔一〕「血誕」，出生。太上老君金書内序：「道君大聖大神，變化不測，臣血誕腥穢，幸會天顔，臣以惶以喜，敢請誨言。」

〔二〕「紫闕」，天界仙宫。黄帝九鼎神丹經訣卷八：「服之者能乘雲龍，浮遊太清，出入紫闕，宴寢玄都矣，此是雲騰羽化之妙事也。」

〔三〕「基考」，劉昭瑞釋爲「罪過」①。葉愛國提出新解，「基考」即「桎梏」。基，脚也；考，銬也。

---

① 老子想爾注雜考，九九頁。

即手銬脚鐐，泛指一切刑具，引申爲一切束縛。竊以爲，葉氏求之過深，對道經用語習慣失察。「基」「考」乃道教特用詞彙，皆謂罪過，可同義連文，亦可對文出現。本書卷二禁戒：「千四百過爲一基，基者令人殃流五世。千六百二十過爲一謫，謫者令人斷世無後嗣。」洞真太上八道命籍經：「臣妾七世父母解脱憂苦，上生天堂，衣食自然，除臣妾等千基萬考，宿對重愆如上。」太上洞神洞淵神咒治病口章：「若亡人有犯甲子旬中千基萬謫、千殃萬考、千罪萬過，神將天蓬吏陰阿君與太玄玉女請解釋之。」

三月一時言功章

具法位，上言：謹按玄科，今據某素以胎生，凡質〔一〕穢濁，得逢太上道炁開化，恩流八極，施布道法，養育群生。臣以有幸，得歸法門，天師矜愍，賜臣治職。臣以肌腥賤質，耳目閉塞，無輔助之效，夙夜憂惶，不自寧安。謹按文書，天師節度，一年三會吉慶，十月五日，都言功。謹條臣所領籙上辭旨，散民育物，男女良賤，命籍〔二〕、户口，年紀、顯達〔三〕、人名，右列如牒。臣從今年七月七日已來，承上三天無極大道、諸君丈人、天師法教，訓喻〔四〕百姓，醫治百姓，助國扶命，即使肉人等改惡爲善，捨逆爲順，去故就新，廢僞成真。臣身中吏兵功曹使者、陰陽神決吏，關啓〔五〕千二百官君，上請天官將吏兵、熒惑太白中陣兵、魁魡〔六〕炁吏、上清玄君、五炁經君、朱雀君、日月天醫、和醫、太始剛武敢健吏、百蟲君、神男神女、玄男玄女、玉男玉女、素男素女、仙男仙女、詭吏化君，醫治疾病，公私口舌，行來道路，移徙嫁娶，葬埋作舍，求乞保護。臣及民所居鄉里，監察考召君吏、道上二玄三元四始諸官君、四野五野七野平都君，田蠶六畜，倍加衛護。天師所布下二十四治、三十六靖廬、九州八極治化君將吏兵士，五方驅除君將吏，東九夷、南八蠻、西六戎、北五狄、中央三秦，黃書契令十二月命君等，男官女官〔七〕，二十四官，男職女職，二十四職，及男女户口所受籙上吏兵，請守宅三將軍、二十四吏，兵士三十萬人等，三曾五祖，五將五神，保護肉人等，家皆得端正〔八〕。勞君苦吏，願一切悉爲言功舉遷。臣以闇塞，不明鬼炁，謹請漢南昌都集君、還功君，將吏一百二十人，主分別諸將吏，有功勞者，分別皆當遷達，考召調正鬼炁，十等上至百等，從千等上至萬等，遷入中宮，隨功多少，各還本所。功曹顯達受功者，與便曹穩職，無令失意。或有恚恨者，至來年正月五日，依法舉遷。臣及所願道民，口數〔九〕端正，以爲效信，千罪萬過，乞垂原赦。恩惟太上。云云。操臣爲依常品拜上十月五日三會大慶言功口啓章一通。云云。

【校釋】

〔一〕「凡質」，凡俗質樸。杜光庭道門科範大全集卷六六：「草茅凡質，惟存葵向之誠；螻蟻偷生，素竊河流之潤。」

〔二〕「命籍」，道民之户籍。命者，名也，「命籍」亦可解爲「名籍」，與户籍同①。陸修静陸先生道門科略：「若遊行自衒，法之所禁。遇逋違之民，嬰考被災。雖是道民，失師來久，治無命籍，家無宅録。」

〔三〕「顯達」，本義顯赫聞達，此代指官位身份。紫微斗數卷三：「天壽星拱限，凡事吉利。更遇吉星，主榮華顯達，壽永灾消。」

〔四〕「訓喻」，亦作「訓諭」，謂訓誨開導。太上洞玄靈寶智慧罪根上品大戒經：「以法訓喻，漸入法門，專心信向，無爲罪根。」南朝梁陶弘景周氏冥通記卷一：「想此十餘月中，訓諭何限？惜乎弗問，此師之咎矣。」

〔五〕「關啓」，稟報，稟告。杜光庭道門科範大全集卷一五：「出者嚴裝顯服，冠帶垂纓，關啓玄壇天帝天真，當召此間土地里域真官正神。」周禮秋官條狼氏：「誓大夫曰敢不關，鞭五百。」孫詒讓正義：「此不關亦謂不通告於君也。」

〔六〕「𩲃」，星名。康熙字典鬼部：「字彙補：昭削切，音勺，斗星名。」元應録：「每叩齒而念一星，星者：𩲂𩲃䰩𩲄魓𩳐魒。按𩲂即魁字之譌，𩲃即杓字之譌。」法海遺珠卷一三：「魁星

① 凍國棟道科「命籍」、「宅録」與漢魏户籍制的一個側面——讀陸修静道門科略劄記之一，一一一一二頁。

助法，魁星斬妖。䰢星人皇，魁星大竅。魒星下降，魓星列華。魖星入帝，斬鬼塵沙。」

〔七〕「男官女官」，洞玄靈寶三洞奉道科戒營始卷四：「七十五將軍籙、百五十將軍籙、正一真卷、二十四治、正一朝儀、正一八誡文。（小注云：受，稱某治氣男官、女官。）」

〔八〕「端正」，意謂平安。

〔九〕「口數」，本謂人數，引申代指道民，家人。本書卷六臨官莅民章：「使某到境入界，安穩無他，居官清利，口數康靖，在職遷顯。」寇謙之老君音誦戒經：「後上香言，願門内大小口數，端等無他利害，來錢出入滑易。」

三會言功章

某州某縣道士某，年若干，某月生，稽首，謹上啓太上老君、天師、嗣師、系師、三師君夫人、門下典者，但某千生慶幸，值遇玄風，忝竊道門，身披冠褐，蒙師尊而開度，賜法籙以匡身，忝正一之初階，遷上清之極境。伏以人龘法細，違犯巨多，晨夕乖於焚修〔一〕，晦朔闕於朝禮，三元三會，或失焚修，八節庚申，皆違醮閱。身或穢觸，衝突〔二〕靈官〔三〕，口是心非，違科越禁。或思存散亂，妄想俱生；或喜怒無時，酒食失度。如上之罪，無量無邊，日往月來，無由洗滌。今因某歲三會吉辰，拜奏大法言功章一通，三五雜籙言功章一通，資次〔四〕，伏願太上三尊、天師衆聖，開大宥之澤，敷罔極之恩，賜洗前愆，蠲除往過。然乞臣所佩正一洞淵等籙，至于上清、上仙、上靈、二官吏兵、仙童玉女、文武官屬，悉爲言功報勞，益秩遷階，咸受功賞。受功事竟，各歸臣身中，安慰官府，守護臣身。乞災厄蕩消，衰危殄滅，口舌不起，怨仇叶和〔五〕。章醮符水，願有效徵，門徒興盛，住持清泰，出入休安，得允所祈。仰荷玄造，請給謹狀。

【校釋】

〔一〕「焚修」，道士焚香修道。宋王契真上清靈寶大法卷八：「凡行持之士，身遭大喪，及父母度師，並具申三天門下，移文將吏，閉靖不可焚修。」

〔二〕「衝突」，冒犯。太上靈寶補謝竈王經：「末世男女，衝突竈君，有災有患，皆須清浄掃灑，明燈燒香，請道士轉經，呼召竈君眷屬名字，奏獻錢財，或供飲食。」

〔三〕「靈官」，仙官之稱。正一修真略儀：「靈官主治外，以守衛人身形、舍宇、治邑四墟所至也。人不犯衆惡，不逆三陰，保守中和之道，幽明咸暢，天地同德。」

〔四〕「資次」，本謂資歷次第，年資等次，此指次第、順序。靈寶玉鑑卷二大齋資次：「齋官先致詞，投禮高功法師壇下。高功備詞，飛奏三天門下省，請立章奏局、符籙局、普度局，再飛奏三天門下，敷奏金闕帝師，頒下合屬知會。」

〔五〕「叶和」，和睦，和諧。宋呂元素道門定制卷七：「力不廢，時不違，順天時，享地利，則四國交樂，萬方叶和。」

酆都章

具法位，上言：謹按文書，某州縣某即日稽首，謹叩頭乞恩，拜章拔贖亡人。伏聞太上有濟度亡人之法，謹投大道，未知亡人新逝已來，魂魄託生何道？恐在世之日，身處凡夫，餐啖衆生，烹炮物命，無非是罪。今請奏酆都拔罪章一通，謹賫法信，以爲證質。臣某奏章，伏願太上無極大道、天師君、慈父聖母、上官主者，特垂大慈之澤，原赦亡人前身〔一〕已來，三業六情，或積行所犯莫大之罪，或犯一百八十條科，輪迴萬劫〔二〕，冥冥長夜。未測亡人魂魄作何驅役，隸屬何官？或恐在上中下二十四獄、三河九江，風刀之罪，幽繫三塗〔三〕，請爲解釋。臣今爲申奏章表，乞賜亡人某魂昇三天，魄離闇府，永除苦惱，逍遥福庭，衣食自然，天堂受樂。次乞某家口大小，永保康寧，所願從心，常保元吉，以爲效信。恩惟太上。云云。

【校釋】

〔一〕「前身」，前生之身世。洞真太上太霄琅書卷三：「先世今世，前身今身，莫不犯此九科，謝而解之，必不重犯，尅日得道，了然無疑。」

〔二〕「萬劫」，謂時間無限久遠。道家謂世界歷一成一壞爲一劫。劉屹先生認爲，「萬劫」表示時間無限久遠，這種名詞性用法在漢末以來的漢譯佛經中已比較普遍地使用，因而「劫」字從中文原意的動詞性的「威逼、脅迫」「搶奪、强取」，變爲表示時間單位的名詞，無疑就是受到漢譯佛經將梵語 kalpa 音譯爲「劫波」，而又省略爲「劫」的影響①。

〔三〕「三塗」，太上洞玄靈寶三元玉京玄都大獻經：「三塗者，即是地獄道、畜生、餓鬼道。五苦者，抱銅柱、履刀山、循劍樹、入鑊湯、吞火食炭。并三塗地獄，是名八難。」

生死解殗洗蕩宅舍章

具法位，上言：謹按文書，某州某縣將領家口大小若干人，即日稽首，歸命太上。今緣

① 六朝道教古靈寶經的歷史學研究，五一二頁。

住宅生産死亡，恐有殗穢，宅中十二時辰，行年本命，害氣相侵。今詣臣求乞章奏，洗浣宅庭，殗穢消蕩，内外光明，神龍備衛，防保人口〔一〕。唯專一心，上憑大道，乞求章文，解除殗穢，洗蕩宅舍，安穩無虞，具如所陳。臣以凡愚，不明氣候，輒承辭旨，伏地拜章一通，上聞天曹。謹爲上請東方青帝解殗君、南方赤帝解殗君、西方白帝解殗君、北方黑帝解殗君、中央黄帝解殗君，官將百二十人下，爲洗浣肉人，解除殗穢。玉女使者，官將百二十人，各賫真精之水，五和之香，蕩灑某家井竈等，大殗入海，小殗入江，千殗萬穢，應時消滅。上請仙花玉女一千二百人，與東方青龍主水使者、南方赤龍主水使者、西方白龍主水使者、北方黑龍主水使者、中央黄龍主水使者，各賫真精之水，洗浣弟子某家住宅神靈，内外清浄。并請勑河伯吕公子、營校尉督，一切水官將吏，更相傳送，除解某家内外神真，皆令清浄，利祐人口。大小若干人，乞無災瘴，宅舍安寧，向去〔二〕前途，五瘟不染，行年四出，常保無虞，以爲效信。恩惟太上。云云。

【校釋】

〔一〕「人口」，家口，家人。玄天上帝百字聖號第二十二籤：「占家宅人口平安，占身吉慶，失物不失，病者自安，官事有理，求財遂意。」

〔二〕「向去」，今後，以後。太上消災祈福醮儀：「醮主弟子伏願齋功紀籍，道果資身，增壽禄於將來，保年齡於向去。」太上元始天尊説北帝伏魔神咒妙經卷九：「下元生人，從兹向去，各被迷亂，鬼精流行，善惡莫分，不可勝計。」

大醮宅章

具法位，上言，謹按文書，某州某縣某即日乞恩，同心稽首，口辭自列，信向無功，招延不善，即日起造宅宇已來，未曾醮謝，恐動土興工，驚動宅上諸神，并及家口行年本命，蠶室〔一〕、奏書〔二〕、博士〔三〕不敢自專，今謹請鎮宅十二禁忌紙章一通，防保宅上人口平安，具如所列。唯專一心，上憑大道，向臣求乞章奏，願爲降赴，證明法教，奉用鎮信，以表五方靈官。上請天官爲某住宅之中四面内外十二時辰二十四禁忌太歲大將軍，青龍、白虎、朱雀、玄武，宅中伏龍、日出日入，人口行年本命，一切神靈，從立宅已來未曾章醮，今選吉辰良日，謹於中庭安鎮法座，鋪陳質信〔四〕，以表宅上十二時辰，分解禁忌。謹爲伏地拜章一通，上聞天曹。伏願上官典者，特垂省理，如蒙恩煦，謹爲上請掾吏君五人、治宅官五人、制地君五人，官將百二十人，將軍十萬人，一合來下，將軍二十四吏兵三十萬人，及宅中備位神明，及所部里域真官，共部押〔五〕宅中四面八方内外十二時辰二十四禁忌土公太歲大將軍、太陰夫人、青龍、白虎、朱雀、玄武、伏龍〔六〕勾絞〔七〕、歲月大小、二耗三公、九卿將軍、發盜本命、子丑寅卯辰巳午未申酉戌亥，宅中內外，一切衆神，即日即時，應章上達，收斂十二時辰，鎮於本位，收捕宅上東西南北，並請安穩，無令觸犯。豎屋〔八〕事訖，言功報勞，以爲某家清净一切衆神，鎮宅之內，宮室之裏，錢財集聚，羅綺盈堂，一依符教，收却四面災禍，永不侵擾，元元一心，以爲效信。恩惟太上。云云。

【校釋】

〔一〕「蠶室」，叢辰名。協紀辨方書義例一：「堪輿經曰：蠶室者，歲之凶神也，主絲繭綿帛之事，犯之，蠶絲不收。」

〔二〕「奏書」，叢辰名。協紀辨方書義例一：「廣聖曆曰：奏書者，歲之貴神也，掌奏記，主伺察。所理之地，宜祭祀求福，營建宮室，修飾垣牆。」

〔三〕「博士」，叢辰名。協紀辨方書義例一：「廣聖曆曰：博士者，歲之善神也，掌案牘，主擬議，所居之方，利於興修。」

〔四〕「質信」，信物。上清骨髓靈文鬼律卷下：「謹齎黃金九兩，金鐶一對，命素一端，以代質信。青絲四兩，以代翦髮。丹砂七兩，以代歃血。捧詣法師某門下，求授天心正法。」

〔五〕「部押」，統率，都率。周方文靈寶净明院行遣式：「牒請前項本人所陳事理，疾速部押本寨兵馬前去。」

〔六〕「伏龍」，陰陽家所謂禁忌日之一。明謝肇淛五雜組天部二：「今陰陽家禁忌，可謂極密。一年之中，則有歲破、死符、病符、太歲、劫殺、伏兵、災殺、大禍、歲殺、歲刑、金神、將軍諸方。一月之中，有月忌、龍禁、楊公忌、瘟星、天地凶敗、天乙絶氣、長短星、空亡、赤口、天休廢、四方耗、五不遇、六不成、四虛敗、三不返、四不祥、四窮、四逆、離別、反激、咸池、伏龍、交龍宅、龍往亡、八風、九良、星絶、煙火、胎神、上朔、月建、月破、月厭、月殺等日。」

〔七〕「勾絞」，古代術數家所謂凶辰名。前蜀杜光庭孫途司馬本命醮詞：「況命年天符臨勾絞之方，小運當伏吟之位，十三宿内，月孛所經，大運行年，猶居冲破，以兹疑懼，恐履災凶。」靈寶領教濟度金書卷三二〇：「勾絞殺，則陽命人前三辰爲絞，後三辰爲勾，陰命人則前三辰爲勾，後三辰爲絞是也。」

〔八〕「豎屋」，建造房屋。太上洞玄靈寶業報因緣經卷三：「或打牆立壁，殺害衆生；或豎屋造舍，殺害衆生；或穿坑出土，殺害衆生。」

開通道路章

具法位，上言：謹按文書，某州縣某闔門長幼，同心稽首，叩頭乞恩辭。但某塚宅衰凶，神鬼侵逼，禍下自招，上延亡人，年若干歲，某月日時，染疾困重，無藥能療，因此亡逝。謹依俗禮，棺殮在堂，終始永畢。未測亡人新逝已來，魂魄不知託生何道？恐在世之日，殺害衆生，傷損物命，繫閉三途，未蒙解脱，罔知作何功德，拔贖幽關。伏聞太上大道有解拔之科，濟度亡魂之法，謹賫法信，獻五方靈官，薦拔亡人魂魄，開通道路〔一〕，無有窒礙。以今元元一心，請求謄奏〔二〕，但以凡流不明氣候，垂恩請省。謹爲上請素車白馬大將軍一人、太玄君一人，各官將百二十人。又請直符告下天地水三官、女青詔書、土下二千石、丘丞墓伯〔三〕、十二塚侯〔四〕、泰山二十四獄、皇天九平獄、天一北獄、東嶽泰山、南嶽衡山、西嶽華山、北嶽恒山、中嶽嵩高山地獄、北都寒池地獄，牢檻〔五〕諸獄，九江水帝，河伯河侯，將佐掾吏，一切放遣亡人。伏願生前罪累，並乞消除，殁後愆尤，隨章蕩除，沐浴清淨，逍遥福堂，遷爽淨宫，參經洞府。然乞弟子闔門長幼，家口平安，以爲效信。恩惟太上。云云。

【校釋】

〔一〕「開通道路」，道門科儀中常見的法事項目之一，其目的是打通前往陰間的道路，從而使亡魂順利抵達幽冥地府①。

① 姜守誠道教文獻中「開通道路」考釋，一九—二二頁。

〔二〕「謄奏」，抄寫上奏。蔣叔輿無上黄籙大齋立成儀卷二〇：「今具紙筆墨硯，安鎮十方。乞賜謄奏，仰祈恩霈，俯濟存亡，須至具疏告聞者。」説文言部：「謄，迻書也。」段玉裁注：「今人猶謂謄寫。」

〔三〕「丘丞墓伯」，掌管亡人靈魂的地下官吏。「丘丞」一詞，蓋始見於東漢延光元年鎮墓文：「生人之死易解，生自屬長安，死人自屬丘丞墓。」「墓伯」，亦可稱「墓父」。

〔四〕「十二塚侯」，按照漢人的觀念，地下世界也由官吏統管，這些官吏的名號可在漢代葬儀文書中得見一斑，如：地下二千石、塚丞、塚令、丘丞墓伯、陌上游徼、主墓獄吏、陌門卒吏、墓皇、墓主、西塚公伯、東塚侯、西塚伯、墓門亭長、魂門亭長、蒿里君、蒿里父老、中蒿長。這些地吏在陰間行使著與陽世官吏同樣的管理職能，其職級劃分也仿照漢世制度而來。但與陽世不同的是，其職官稱謂前多冠以「地下」「塚」「主墓」「墓」等字樣，表現古人生死異路觀念①。

〔五〕「牢檻」，監獄。杜光庭太上黄籙齋儀卷四八：「魂神執繫，在九幽長夜刑擣獄中。流曳寒庭，幽閉牢檻，冥冥億劫，不覩光明。」

① 李虹死與重生：漢代墓葬信仰研究，九六頁。

拔河章

具法位，上言：謹按文書，某州縣鄉里，某年若干，某月日生，即日口辭自列，胎素肉人，枯骨子孫，千載有幸，得奉大道，從來蒙恩，欣抃〔一〕罔極。但由肉人信向多違，招延不利，多有厄難，夢想不真，所見不善。推尋算術，云有河神之厄，恐有衰疾，慮致傾危。今憑大道，告訴，向臣求乞章奏，開度衰年厄月，免離三河之厄。臣輒憑口辭，爲伏地拜章一通，伏願三河四海、九江水帝、諸神君等，解釋某衰年厄月，水府之中，但名係之處，願爲開度，無令繫閉〔二〕諸獄。又請東方青帝河伯水官、南方赤帝河伯水官、西方白帝河伯水官、北方黑帝河伯水官、中央黃帝河伯水官，各百二十人來下，主爲某解拔三河之厄。伏願天地水三官，女青詔書，拔度刑厄，永保無他，以爲效信。恩惟太上。云云。

【校釋】

〔一〕「欣抃」，亦作「忻抃」，歡欣鼓舞。洞真太上紫書籙傳：「食畢浄竟，迴繞元始天尊，論説精粗，辯析有无，各各懽喜，悉得所了，歌詠妙音，儛翫天樂，一切欣抃，唱善相續。」太上玉華洞章拔亡度世昇仙妙經：「道衆皆悉忻抃，願聞其詳，於二月真元節，設醮請經，以爲信受。」

〔二〕「繫閉」，拘禁關押。太上救苦天尊説消愆滅罪經：「若以廣修功德，設齋布施，積劫拷掠，繫閉牢獄，無獲生天。」

保蠶章

具法位，上言：謹按文書，某即日乞恩，口辭自列，今爲累年養蠶不收，恐有犯觸〔一〕，以今月吉日良時，於宅内上請東方青帝蠶室、南方赤帝蠶室、西方白帝蠶室、北方黑帝蠶室、中央黄帝蠶室、蠶家先祖、蠶家公姥、蠶家子孫、天上蠶室、地下蠶室、三十六蠶室，照察某日夜悲愁，罔知救護，唯以一心，上憑大道。謹賷心信，向臣求乞章奏，上請五方代公代姥、代家先祖、代家父母、代家子孫、左右四方力士，上請神君，下鎮養蠶之姑、養蠶新婦〔二〕。黑蠶如龍，白蠶如虎，行聲如風，食聲如雨，雷聲震動，不爲禁忌，但是〔三〕殗穢，並令消滅。謹賷法信，並在案前，奉請五方養蠶之女，又請五方養蠶之姑，又請蠶父北陽之君、蠶母北君之女，爲某宅内今年蛾蠶如願，播植長滋，斥流瘟疫，蟲鼠虚耗，一切消滅。伏願收繭萬石，得絲千斤。知道爲真，知章爲神，謹爲某伏地拜章一通，上聞三天曹。伏願大道君吏、上官典者，特垂省察。如蒙哀祐，唯專一心，以爲效信。恩惟太上。云云。

【校釋】

〔一〕「犯觕」，同「犯觸」，謂觸犯。漢王充論衡譏日：「世俗既信歲時，而又信日。舉事若病、死、災、患，大則謂之犯觸歲月，小則謂之不避日禁。」玉篇角部：「觸，昌燭切，牴也，據也。觕，同上。」

〔二〕「新婦」，泛指婦人。漢應劭風俗通怪神世間多有精物妖怪百端：「樓上新婦，豈虛也哉！」王利器校注：「漢魏六朝人通稱婦爲新婦，故上文言婦，此又言新婦也。」

〔三〕「但是」，只要是，凡是。宋趙昇朝野類要文書：「但是聖旨文字，皆爲制書。」

接算章

具法位，上言：謹按文書，某即日口辭自列，素以胎生，千載慶善，得奉大道，從來蒙恩，誠深罔極。但以凡夫不知璇璣〔一〕斗建〔二〕，土宿〔三〕臨刑，恐年命厄會不輕，元辰〔四〕衝破，天羅地網，算盡將來，九魄〔五〕備縈，日夜憂惶，貞吉難保，泉壤是虞〔六〕。唯專一心，歸憑大道，謹備法信之具，表獻五方靈官，即日告臣，求乞章奏，上詣天曹，拔贖身命。臣雖不明氣候，輒承所請，謹爲伏地拜章一通，上聞天曹。伏願太上老君、諸君丈人、三師夫人、門下典者、一切監司、陰陽諸曹二吏，施大慈之澤，布罔極之恩，願爲上請壽算君五人、保命君五人、消災君五人、散禍君五人、扶衰度厄君五人、解羅脱網君五人，官將各百二十人，一合來下，爲某拔贖二十四獄、天曹地府、古廟靈壇、社稷將吏、司命曹局，尋檢某身有諸罪目，死名在黑簿之中者，乞爲改易，有厄脱除，有病爲愈，已枯更榮，已死更生，衰中得度，厄中得過，月厄年災，並爲散釋。某年命不長，壽算短促，伏願大道弘慈，立更生之道。臣等謄其貺信，上詣三天曹，請拔贖某身命，延年益壽，削死上生。今呈章奏之後，家口大小，災厄過度，永保康平，宅舍清浄，塚宅潛寧，九祖已來，逍遥自在，元元一心，以爲效信。恩惟太上分别。云云。拜上禳星益算延年章一通，上詣太上某宫曹治。

【校釋】

〔一〕「璇璣」，或作「琁璣」「璿璣」，本謂北斗前四星，也叫魁。晉書天文志上：「魁四星爲琁璣，杓三星爲玉衡。」亦可指北極星，後漢書天文志上「天地設位，星辰之象備矣」劉昭注引星經：「琁璣者，謂北極星也。」

〔二〕「斗建」，即農曆之月建。古時以北斗星的運轉計算月令，斗柄所指之辰謂之斗建。如正月指寅，爲建寅之月；二月指卯，爲建卯之月。漢書律曆志上：「日至其初爲節，至其中斗建下爲十二辰，視其建而知其次。」

〔三〕「土宿」，即土星，古代五行星之一。隋李播周天大象賦：「伊土宿之播靈，爲鎮星而耀質。」

〔四〕「元辰」，對於元辰的定義，三命通會解釋爲：「元辰者，別而不合之名。陽前陰後則有所屈，屈則於事無所伸；陰前陽後則直而不遂，於事暴而不治，難與同事，故謂之元辰。」元辰起初並不是指凶煞，至晚在宋代開始以大耗理解元辰，已經逐漸偏離了元辰本義。三命通會引用諸多古書，我們可以發現，它對於元辰的定義比較符合六朝時期的觀念①。

〔五〕「九醜」，神鬼名。北宋陳景元元始無量度人上品妙經四注卷二：「酆都九府之中，有九部刺姦也。又有九都使者，本是龍漢後一劫，九炁各生一獸，以害惡民。其劫既開，九獸改號，爲九醜之鬼。」元薛季昭元始無量度人上品妙經注解：「九醜者，大力鬼獸，劫運既開，九獸號爲九醜之鬼，輔三官爲使者而考罪。」

〔六〕「泉壤是虞」，料想會墮入陰間。「虞」，猜度、料想，書大禹謨：「儆戒無虞，罔失法度。」

大塚訟章

具法位，上言：今有某州縣鄉里某甲投辭列款，稱門祚〔一〕災衰，家累〔二〕疾病，所作不

① 黄亮亮赤松子章曆與早期方術的比較研究，四七頁。

利，所居不安，求乞章奏，解除塚訟。今據其事狀，粗可根尋〔三〕，必恐其七祖九玄、周親〔四〕近屬，生存之日，過犯既多，亡殁已來，被諸考謫，子孫未與拔贖，冥漠〔五〕得以怨嗟。或葬在水源之訟，或殯當神廟之訟，或墳塋穿穴〔六〕之訟，或棺槨損傷之訟，或舊塚相重之訟，或新塚相犯之訟，年月浸遠，胤嗣不知。或水溺火燒之訟，或蟲傷藥毒之訟，或刀兵牢獄之訟，或瘟疫癰疽〔七〕之訟，或伯叔兄弟，或姑姪姊妹，遞相連染〔八〕，以作禍殃。有一於斯，罔不誅責，酆宮案罪，因所甘心，而玄律垂恩，亦容追過。臣輒依千二百官儀，并正一真人、三天法師所授南嶽紫虚元君治病滅惡之法，謹上請天昌君，黄衣兵十萬人，收某家中百二十殃怪、中外强殃、十二刑殺之鬼，皆令消滅。又請無上高倉君，兵一萬人，爲某家收治五墓之鬼，傷亡往來、住著子孫，作殃怪禍害疾病某身，致令死傷不絶者，皆令消滅。又請運氣解厄君，兵士一萬人，爲某解除家中逆注〔九〕，某身中刑厄、十二刑殺、百二十殃考，皆令銷散注滯，使制鬼滅禍，遏却六天之氣〔一〇〕。又請盖天〔一一〕大將軍，大兵士一萬人；萬福君五人，官將百二十人；石安君，官將百二十人；朔平君，官將百二十人，治玄始宫，並爲某辟斥故氣，收捕天下飲食横行鬼賊，作諸精祟，妨害某及家中大小者，皆令收絶，應時剪撲〔一二〕，即使摧滅，却死來生，滅禍致福。又請石仙君一人，官將百二十人，爲某家却滅强殃之鬼，厭絶精祟，不得爲害。又請四相君五人，官將百二十人，爲某銷散家中有考訟鬼祟諸不正之氣侵擾宅舍，致不安穩者，皆即收剪，解釋訟考，分別清濁。又請赤天食氣君，官將百二十人，爲某馳斥親屬遠近，及有異姓之訟，逮諸凶惡怨訴、共相侵擾、不肯散退、所爲祟害者，悉皆制絶銷滅。又請收神上明君，官將百二十人，爲某身解除惡夢錯亂、魂魄不守、精神離越〔一三〕者，令得安善，使夙注銷歇。又請太玄君，官將百二十人，治無渠宫，主某家有凶注之氣，令人精神爽越、疾病顛倒〔一四〕、驚邪恍惚，不自知覺者，使銷滅賊害，永無殃患。又請制地君五人，官將百二十人，下治其冥泉宫，爲某身并家中大小，分解行年本命、太歲土、五墓、辰建破諸所觸犯，爲高下卑幼之鬼爲業〔一五〕害者，皆令消滅。又請無上天生君，兵士一萬人，無上方相君，兵士一萬人，並爲某收家門先後死亡有相注逮〔一六〕者，令消滅之。又請厄鄉候君，官將百二十人，治太清宫。章釋君，官將百二十人，治太清宫。又請祐護將軍吏兵，賫太玄真符，攝下女青詔書，地下二千石、泰山二十四獄，爲某收捕分解塚墓殃逮之鬼，告下地中官長、丘丞墓伯、蒼林君、武夷君、左右塚侯、地中司激、墓卿右秩、蒿里父老〔一七〕、諸地域所典〔一八〕，並令斷絶考害復注之氣，一切消滅。若某家祖曾已來，先亡後死，男女大小，凡葬埋所在，有犯十二月建破王耗八將六對傷絶禁忌，音向不正，哺次不得，左前右後，伏尸故傷，妨害男女位座，諸爲刑禍，致不安穩，子孫疾病者，悉爲解釋和合，隨源補復，反凶爲吉，轉禍爲福，生死幽明，不相關涉。請都星君，官將百二十人，治華蓋宮；誅殃君，官將百二十人，治倉明宮；太白中陣明君，官將百二十人，並爲某家七祖已來，先亡後化男女大小，解星官復連，收十二時刑禍遲留逆殺，皆使除滅死亡，斷絶復注。若下官故氣，假託形影，導從鬼兵，驅逼先亡，傷注之鬼，去來家門，迫脅生人，拘録魂魄，致爲疾病者，一依鬼律收治，皆令消滅。又請無上天玄君，兵士一萬二千人，爲某收治遠近貴賤尊卑男女，凡諸有謀口舌誹謗呪詛之氣，皆令伏匿，不得爲害。又請赤砂君，官將百二十人，治南昌宮，爲某家收五蠱六魅、百二十凶災，及虚耗之鬼常爲某所居宅舍致費損不利者，皆令消滅。凡上請二十四君官將吏兵，即日一合來下，各隨本職，爲某解散考謫，消除殃祟，和釋諸所，斷絶注氣，先亡後死，及種族親戚，有横暴枉濫、流亡客葬〔一九〕、無後之鬼，預是前八十一訟之事件，百萬種種之考注，並各寢息，不得動作，一皆消蕩。若猶有欲興造怨望，覘伺間隙，因垂衰便，搆扇禍害者，盡皆收檢剪撲，速令滅絶，不得與某有相關涉。存亡異境，禍福各對，當令某身并家口，從今以去，神氣流布，天靈輔衛，五藏調理，六腑宣通，真精内充，百病消歇，行業成就，功德日新，吉祥咸降，袄邪散滅，公私昌熾，存亡荷賴。所請天官君將吏兵、文武職司，並立勤績〔二〇〕，驅除鬼害，收剪有功，請即爲言功遷賞，加秩進爵，差次高下，如天曹常科，無使恚恨。某所賷交贈，紫紋四十尺，命米一石二斗，錢一千二百文，著體净衣一副，狀紙一百二十張，墨兩鋌，筆兩管，朱一兩，書刀一口，净席一領，净巾一條，即以酬官君將吏勤勞之效。恩惟太上。云云。臣謹爲某身居疾病，解先亡後死者考氣注逮，拜上大塚訟章一通，上詣。云云。

【校釋】

〔一〕「門祚」，家世。元趙道一歷世真仙體道通鑑卷二三：「今吾門弟子有通才博學，馳譽朝廷，克昌門祚，恐未有學仙者，但篤修文義，盛德安身，樂天下憂，亦不失爲君子，官爵亦何以加焉？」

〔二〕「家累」，家屬，家中人口。金王頤中丹陽真人語録：「海蟾公本燕國相，一旦悟道，乃絶家累。」

〔三〕「根尋」，追究根底。宋金允中上清靈寶大法卷二九：「嚴行追攝，速與根尋，係薦亡靈，萬類幽爽。差撥官將，部衛形魂。」

〔四〕「周親」，至親。杜光庭廣成集卷五：「臣九冥玄祖，超苦趣於幽關；五族周親，享善緣於道域。」

〔五〕「冥漠」，陰間。杜光庭廣成集卷四：「幽陰有注訟之書，冥漠有考延之籍。」

〔六〕「穿穴」，穿孔，毁敗。吕元素道門定制卷七：「或水脉泉源、流漿滯泥浸漬骸骨者；或冢墓穿穴、骸骨分張，風吹雨濕、不得安寧者；悉爲宣理，斬削洗除，破决滯水，祛逐蛇鼠，撲滅野火，收斂骸骨。」

〔七〕「癰疽」，黄帝内經靈樞集注卷一七：「病之生時，有喜怒不測，飲食不節，陰氣不足，陽氣有餘，營氣不行，乃發爲癰疽。」又：「夫至使身被癰疽之病，膿血之聚者，不亦離道遠乎？夫癰疽之生，膿血之成也，不從天下，不從地出，積微之所生也。」

〔八〕「連染」，義同「注連」，指死人以注病爲媒介祟擾生人。洞真太上太霄琅書卷六：「師徒朋友，不戒視成，更相連染，災害方臻。」

〔九〕「逆注」，死人返回陽間祟害生人，不分親疏内外，貪圖讓生人魂魄遭受謫罰，以求自身得到解脱，這種妄求生人魂魄以爲代替之鬼，稱爲「逆注」①。下文所言「復連」「復注」均爲此類。

〔一〇〕「六天之氣」，小林正美認爲「六天」的原始意義是統治死者世界酆都山的鬼神；王宗昱認爲「六天」在道教中既是官方政治的代稱，也是鬼域的代稱。趙益指出，在南方上清系那裏，「六天」明確指向鬼宫、靈鬼、鬼神，代表鬼神的「六天」遂成爲此類「故氣」的代名詞②。

〔一一〕「盖天」，原作「益天」，據正一法文經章官品、登真隱訣改。「盖天大將軍」爲道經常見神名。

〔一二〕「剪撲」，消滅，滅除。本章後文云：「若猶有欲興造怨望，覘伺間隙，因垂衰便，搆扇禍害者，盡皆收檢剪撲，速令滅絶，不得與某有相關涉。」

① 張勳燎東漢墓葬出土的解注器材料和天師道的起源，二五四頁。
② 六朝隋唐道教文獻研究，一六二—一六八頁。

〔一三〕「離越」，偏離越位，此謂精神錯亂。北周無上祕要卷四九：「第六之禁，勿憂悲思念，令精靈恍惚。第七之禁，勿憤怒泆樂，令神爽離越。第八之禁，勿醉酒婬亂，令三宫奔潰。」下文「爽越」義同。

〔一四〕「顛倒」，指病情反反復復。

〔一五〕「業」，梵文 karman 羯磨的意譯。佛教謂業由身、口、意三處發動，分别稱身業、口業、意業，道教借用了佛經的這種用法。「業」分善、不善、非善非不善三種，後來在中土文獻中多偏指惡業，它決定在六道中的生死輪回。宋元以後，「業」開始逐漸被「孽」所替代，大量替代主要發生在明清之際①。

〔一六〕「注逮」，注鬼爲害生人。吕元素道門定制卷七：「功德未備，尚阻超生，恐爲土府所見驅逼，不相容安，魂魄飛揚，屍形靡寧，摇動考對，注逮見存，死者不安，生人多難。」

〔一七〕「蒿里父老」，東漢鎮墓文中已經出現了秏（蒿）里伍長、蒿里父老、蒿里君等神名，稱名不一，所指是同一個冥吏。相比於泰山君作爲泰山冥府的最高神，蒿里父老只是冥府小吏。「蒿里」，西漢時期已見，又稱「蒿廬」，本指雜草叢生的地方，轉而指代墓地。「蒿」，也寫作

① 楊同軍談佛教詞語「業」向「孽」的嬗變，一六〇—一六二頁。

「薨」。說文死部：「薨，死人里也。從死，蒿省聲。」①

〔一八〕「典」，掌管，主持。書多方：「克堪用德，惟典神天。」蔡沈集傳：「典，主也。」

〔一九〕「客葬」，葬埋於外地。唐韓愈祭石君文：「客葬秦原，孤魂誰附？」

〔二〇〕「勤績」，功勞，功績。無上祕要卷四九：「諸神仙官屬、香煙玉女、監齋君吏及士邦城社里邑君、輔導宣贊，並有勤績，謹爲言功遷賞，酬勞報德，某等數階級一依玄都科典。」

又大塚訟章

起自茅山七真。許長史云：欲上昇爲上三世被冤家殃訟，有西靈夫人告令求道官拜奏塚訟章以解洗冤債。其章具有儀注，若明日拜章，今夜具備浴室五所，如人之沐浴，具備如力，及先製小衣服三對〔一〕，兼具銀錢，獻上先亡，以充洗浣。明日奏啓訖，即燒章。隨章燒衣服及錢財，亦須嚴潔，具備之。又云：夫人家事破落，名宦不泰，死厄疾病，痛苦連年，生業不興，子孫凌替，皆云上世考訟，亡靈不安，殃及生人子孫，致之如然。能三年內頻拜奏此章，當有大益。章詞臨時看意改移，當從簡正，不可煩瀆。

① 黃景春中國宗教性隨葬文書研究：以買地券、鎮墓文、衣物疏爲主，二四九—二六〇頁。

【校釋】

〔一〕「對」，量詞，套。唐白居易醉中得上都親友書偶乘酒興詠而報之：「歲要衣三對，年支穀一囷。」説文丵部：「對，應無方也。」「對」的本義是「回答」，爲動詞。有問有答兩相對應，因此「對」含有相配之義，由此引申爲表雙數的量詞，一般是稱量人爲配成對的事物。李建平認爲「對」作量詞此前文獻未見①，洪藝芳也指出：「其作爲量詞，前無所見，首出於唐代。」②據此，「對」應爲唐代新興量詞③。

具法位，上言：謹有某官某乙〔一〕年若干歲，某月日生，貫某州縣鄉里，某爲户頭，即日叩頭稽首自列詞狀，素以胎誕，千生慶幸，得奉大道，荷恩資育，得見今日。伏以某身或有違忤，或有所求，或謀官宦，或疾厄，謝過〔二〕祈恩，任〔三〕於此入語。莫不因其修習乖違，所行逆理，建功補過，積善不及，上累先亡之禍，下責生人之咎，致令某乙怪夢非吉，所向多違，修念有闕，厄患臻集，慮〔四〕不全生，莫悟考咎。實懼上世已來，先亡後死，墓讁不解，塚訟相逮，告訴臣

① 隋唐五代量詞研究，一三〇頁。
② 敦煌吐魯番文書中之量詞研究，三三三頁。
③ 劉祖國從量詞使用看赤松子章曆的成書年代，見本書附録。

求乞解釋。臣某伏按：人生禀陰陽之正氣，受形氣於父母，血胤連屬，逮乎七世，傍貫伯叔，至于兄弟，莫不善惡同源，榮枯相繼。陽官賞罰，亦止此條，幽府所施，豈宜廣引？服屬[五]既疎，爲患自息，且各有承嗣，不相濫混。臣以亡人魂爽[六]，動以物接，記籍所明，爲例甚衆。但肉眼障滯，不能照覩，巫覡所見，亦未窮察，當是形聲既分，故音影莫會，至於光像，猶若于生。然情念異同，不必遵舊，所以多致尤恨，亟爲禍責。今若不濟彼苦津，離此怨路，則終成深害，咎祟方臻。是以經教懇切，每念遷拔爲本；訓誘款曲，必使解脱爲先。而當年在世，莫不罪多福少，罪事既多，則久嬰苦切，福業既少，故理無所有，是乃纏綿累業，殃注不已。今慮某家先亡後死眷屬名狀，冥府自然，未皆放縱。或有拘執責罰，便生訟引[七]。且七世久遠，後胤莫測，其中善惡，不可詳省。今者既無的知其事，謹備顯衆目，具以陳言。恐某家七祖已來，過去既往，今於三官九府之中，或有溺死之訟，燒死之訟，傷死之訟，絞死之訟，囚死之訟，填迮[八]死之訟，墮墜死之訟，踠蹴[九]死之訟，打撲死之松，毒藥死之訟，毒蟲死之訟，産乳死之訟，飢餓死之訟，寒凍死之訟，熱渴死之訟，魔忤[一〇]死之訟，瘟疫死之訟，中惡[一一]死之訟，霍亂死之訟，癰疽[一二]死之訟，腫注死之訟，癥瘕[一三]死之訟，千疹百病，以致於死，皆各興訟。又有老死之訟，少死之訟，孤死之訟，獨死之訟，鰥死之訟，寡死之訟，客死之訟，寄死[一四]之訟，裸死之訟，暴露死之訟，無棺槨死之訟，有棺無槨之訟，棺槨穿敗之訟，尸體不埋之訟，骸骨不全之訟，鳥獸殘啄之訟，火燒骨之訟，水漬骨之訟，車馬踐轢〔一五〕之訟，掘鑿汙泥之訟，已葬之訟，未葬之訟，葬非本墓之訟，葬犯禁忌之訟，葬不安穩之訟，葬高下東西南北之訟。祖曾父母、妻妾娣姒〔一六〕、中外〔一七〕兒孫、兄弟姊妹、伯叔姑姪，更互相訟，育子不養之訟，有兒不舉〔一八〕、没爲奴婢之訟，同姓之訟，異姓之訟，無宅之訟，無後之訟，憤慨之訟，責怒之訟，悲傷之訟，奄忽〔一九〕之訟。又生時與人有寵愛之訟，有讎怨之訟，有争訴之訟，有殺活之訟，有枉濫之訟，及死後受詰對之訟，有慚負之訟，有違約之訟，有呪詛之訟，受考罰之訟，受徒繫之訟，受謫役之訟，受二十四獄罪報之訟，受惡因緣牽引之訟。次求恩赦之訟，求還家之訟，求人代〔二〇〕之訟，求迴逭〔二一〕之訟。如此等訟訴之事，各有條領：若溺死之訟，訴其沉淪水府，衣形〔二二〕沾濕；燒死之訟，訴其髮膚焦灼，皮肉剥爛；傷死之訟，訴其身形殘毁，流連〔二三〕瘡血；絞死之訟，訴其繩約緊急〔二四〕，氣息壅閉；獄死之訟，訴其鏁械拳攣〔二五〕，不得解脱；囚死之訟，訴其囹圄幽嚴，道理不暢；徒配繫死之訟，訴其赭鉗〔二六〕在身，謫役苦劇；填迮之訟，訴其肢體屈壓，不得伸展；兵死之訟，訴其身首異處；墮墜死之訟，訴其筋骨摧碎；踠蹴死之訟，訴其體脉結瘀；打撲死之訟，訴其頭破臂折；毒藥死之訟，訴其腸胃潰斷；虎狼死之訟，訴其肌骨噉食；毒蟲死之訟，訴其皮肉腫爛；産乳〔二七〕死之訟，訴其腹裂腥臊；餓死之訟，訴其胃府〔二八〕空竭；寒凍死之訟，訴其戰竦〔二九〕冰噤〔三〇〕；熱渴死之訟，訴其吸嚇〔三一〕喘乏；魔忤死之訟，訴其精魂怖悸，鬼所制伏；温疫〔三二〕之訟，訴其寒熱顛倒，經絞酖毒；中惡死之訟，訴其卒暴痛急，不得申開；霍亂死之訟，訴其飲食過度，氣脉翻錯〔三三〕；癰疽之訟，訴其皮膚膿血，藏腑傷潰；腫注、癥痳、中風、上氣〔三四〕、千疹萬病之訟，各訴其沈滯困劇；老死之訟，訴其筋骨疲頓；少死之訟，訴其年志未成；孤死之訟，訴其幼無父母；獨死之訟，訴其老無兒息；鰥死之訟，訴無妻妾；寡死之訟，訴無夫對〔三五〕；客死之訟，訴其非舊鄉；寄死之訟，訴其非本宅；裸死之訟，訴其無衣衾；露死之訟，訴其無覆蓋；無棺之訟，訴體親土壤；無槨之訟，訴朽腐開顯；棺槨穿敗之訟，訴漏不蔽尸；體不埋之訟，訴其求瘞掩；骸骨不全之訟，訴求聚合；鳥獸殘啄之訟，訴失肌膚；燒骨之訟，訴求補復；漬骨之訟，訴求高燥〔三六〕；車馬踐轢之訟，訴求移改；鑿掘穢污之訟，訴求遷濯；已葬之訟，訴求修理；未葬之訟，訴求墳塚；葬非本墓之訟，訴非土域〔三七〕；犯禁忌之訟，訴干觸神位；不安穩之訟，訴地氣衝激〔三八〕；高下四方之訟，各訴其處，更須轉動；六親九族之訟，各訴其生人違背恩紀〔三九〕；育子不養之訟，訴天性忍害，不得生成；同姓之訟，訴無情禮；異姓之訟，訴相輕濫〔四〇〕；無宅之訟，訴非所歸；無後之訟，訴絶祭杞；憤慨之訟，訴志氣不逞；責怒之訟，訴人侵割；悲傷之訟，訴多厄枉；奄忽之訟，訴不獲辭。

又生時所與人仇讎事，各有訟訴，並是怨結，莫申追想，引逮其亡後，所興諸訟，皆由不能自忍，求對〔四一〕生人。大略雖合八十一訟，其中枝葉分散，變成百千萬種。又有生爲愆罪，死受責罰，湯煮火灼，風刀雹解，負石鑿山，漕江壅海，如此之目，復百千萬條，悉皆訟引子孫，更相攝對。又有陰伏匿怨，内疽隱恨，發念出言，起訟幽顯。或值時世不理，患難迫身，不勝哀憂，心悲口毒，劇言怨語，呼天喚地，辱詈光景，穢罵神祇，事徹曉冥，皆成訟考。又立行醜逆，搆業無良，犯諸科律禁誡，悉入考目。百年、五十年、三十年、二十年、十年、一年、一月、一日、一時，積考相加，衆考集併，命没已後，餘考不息，纏綿累積，世世不窮。不知某家七世已來，先亡後死，於此諸條，並何犯坐？或復捨命之日，不自甘分，怨天咎地，呼引鬼神，亦致遺殃相連，終不解釋。或有臨民理務，枉刻〔四二〕無辜，殺人取財，因人受貨〔四三〕，因公行私，狠戾暴虐。或妻妾閨闈，照察不明，信用偏邪，寵縱讒賊，持上逼下，怨酷〔四四〕叢生。祝禱鬼巫，厭迮〔四五〕年命，使取魂魄，殺以償咎，因是相訟，亦無窮極。又恐某家七世已來，復有陰罪陰過，陽罪陽過，死罪死過，表裏沈疊，内外怨穢，無德無恩，不仁不孝，欺妄狡詐，違常悖理，塞源拔本，指是作非，天地所弗容，人倫所共棄，没命三官，皆嬰對〔四六〕罰罪，相及世結，固督切考課，終無止息。魂爽艱急，日就難忍，不堪荼毒，辭訴鬼官，求引生人，代其劇苦。幽司雖明，亦有曲佞，或能聽理鬼言，移檄召對，致某家累年疾厄，頻歲災衰，光怪夢寤，錢財耗減，無可禳厭〔四七〕。告乞玄師，臣某復覽誥傳，唯應分解塚訟墓注爲急，直旨研明，竊思承奉，願遵幽密，護物爲功，驅馳謹按，未敢懈怠，但聖匠遼遠，軌跡遷訛〔四八〕，迷非閱悞，靡知定本，輒極心究校，詳盡愚誠，參順經科，備伸虔奉，依法謹賫布素〔四九〕一百二十尺，五方繒紋、白素各八十尺，掃箒五枚，糞筐五枚，朱砂一兩二分，席一領，狀紙二百張，筆墨各二副，書刀一口，錢五千文，油一斤，香三兩，米二石四斗，并先宿備沐浴洗浣之具。臣謹爲伏地拜章一通，特願上官典者，垂神省覽，爲某家分解先亡後死塚訟訴注之氣，令復注絶滅，逮害潛消，人鬼異路，生死乖隔。謹請天官君，將吏兵各司所主，共爲某家厭制墓氣，解散殃咎，降某家塚瘞之所。又於酆都、泰山、河海、丘陵諸謫役之處，三官三府各隨源檢糾，必使洗釋。輒按千二百官章儀，并正一真人所授南嶽魏夫人治病制鬼之法，爲某家上請太玄君五人，官將各百二十人，又請左右都候，官將百二十人，治太明宮；又請祐護將軍吏兵，太玄真符，攝解塚墓殃注逮之鬼并陰害，加符告下某家各用本音姓，角姓塚訟交通所屬勾芒〔五〇〕之神，徵姓塚訟交通所屬祝融之神，商姓塚訟交通所屬蓐收〔五一〕之神，羽姓塚訟交通所屬玄冥之神，宫姓塚訟交通所屬勾陳〔五二〕之神也。及丘丞墓伯、地下二千石、蒼林君、武夷君、左右塚侯、地中司激墓卿右秩、蒿里父老，諸是地域所典主者，並嚴加斷絶某家塚訟之氣、復注之鬼。若某家自上係高曾祖父母已來諸塚墓所在，有犯十二月建破王耗、八將六對、傷絶禁忌、音向不正、哺次不得、左前右後、伏尸某姓男女位坐，並爲刑禍，虚耗不息，妨害子孫者，兼爲解釋，和合補復，使生死咸安。即請大玄君，官將百二十人，治無渠宫；又請九地君，官將百二十人，治茂理宫，一合下，主爲某家分解葬埋所犯十二月建破王耗，及十二丘墓塚訟之鬼，一切須滅。又請都星君五人，官將百二十人，治倉明宫；又請太白中陣明星君，官將百二十人等，一合下，並解某家七世已下，前昇後化亡人、星宿官將復連，收十二刑禍，遲留逆殺，除落死名，止殺滅殃。又請赤天食氣君，官將百二十人，主驅斥親疎遠近及有異姓訟，逮諸凶惡之鬼。又請無上高倉君，兵士十萬人，主收五墓之鬼，傷死往來病祟生人者。又請四胡君，官將百二十人，主消考訟之鬼、不正之氣，致不安穩者。又請收神上明君，官將百二十人，主收輜轅〔五三〕不寧、惡夢錯亂、魂魄不守者。又請天昌君，黄衣兵士十萬人，主收某家中百二十殃怪、中外强殀、十二月刑殺鬼。又請蓋天大將軍十萬人，主爲某家辟斥故氣，斷絶注鬼，却死來生，却禍來福。又請太白君百萬人，都官從事，考對殺君，各有種數千萬人，一合下，營護某身并某家，却死籍，上生名，斷祖世中外亡人死注清濁之氣，破殺尸殃之鬼，不得伺候〔五四〕牽引，更相注逮。若下官故氣，假託形影，道從鬼兵，脅迫亡人，還逮家門者，一依女青詔書律令，收治絶滅。所請十五君、官將吏兵等，願一合來下，各隨本職，爲某解除亡人考謫，療治衆苦痛惱之疾，盡得平安，克使訟訴不生，殃注絶息。某家諸先亡後死中種族異姓、親戚周旋〔五五〕、朋友、奴婢、僕妾〔五六〕，横暴枉濫，流亡客葬，無後之鬼，預是〔五七〕前八十一訟之事，及百千萬種殃考注逮等，各皆潛寧休息，不得復動作爲害。若猶欲怨望，覘伺間隙，搆扇禍害者，各盡收執，速令永滅，不使更興。章御之後，賜某家前亡後死祖世亡人，罪蒙原赦，魂昇三天，塚墓安寧，考訟沉静，福被當今，慶流後代，子孫隆茂，宦學光顯，計圖勝展，公私利昌，疾病除差，怪消夢正，存亡獲福，以爲效信。所請天官，依都章言功，不負丹誓。恩唯太上分別，求哀臣愚。謹因二官直使、正一功曹、左右官使者、陰陽神決吏、科車赤符吏、剛風騎置、驛馬上章吏，官各二人出，操臣謹爲某官某乙身處官徒，官職沉滯，名位不遷，或云累代門户衰微，子孫凌替，或云官私屯厄〔五八〕，口舌横生，任隨本意言之，在臨時改張。拜請天官分解亡人塚墓考訟殃祟安死利生制滅禍害乞恩章一通，上詣太上某宮曹治。伏須告報，臣某誠惶誠恐，稽首再拜以聞。

【校釋】

〔一〕「某乙」，吕叔湘先生指出，古代有用甲、乙來虛代人名的習慣，南北朝有很多用「某甲」的例子，從唐朝起，又有一個捨「某甲」而改用「某乙」的趨勢①。

① 近代漢語指代詞，五〇—五二頁。

〔二〕「謝過」，承認錯誤，表示歉意。路時中無上玄元三天玉堂大法：「凡修詞請命，禮聖朝真，禳災謝過，爲國祈禱，皆用命魔符。」

〔三〕「任」，助動詞，可，能。

〔四〕「慮」，大概。清劉淇助字辨略卷四：「慮，大計，猶云大率。」

〔五〕「服屬」，五服内的親族。燕翼詒謀録卷三：「國初奏薦之制甚寬，不拘服屬遠近……其後又以服屬之親疏爲奏官之高下。」

〔六〕「魂爽」，猶魂魄、精神。北齊顔之推顔氏家訓名實：「世之汲汲者，不達此意，若其與魂爽俱昇，松柏偕茂者，惑矣哉！」王利器集解：「謂魂魄精爽也。」

〔七〕「訟引」，義同「考訟」。吕元素道門定制卷一：「又有生爲愆非，死受謫罰，湯煮火灼，風刀雷駭，負石鑿山，轉江壅穴，如此之目，復有百千萬條。悉由命殁之後，訟引子孫，更相攝對。」

〔八〕「填迮」，同「鎮迮」，同義連文，壓迫、壓榨。「填」通「鎮」，漢書高帝紀下：「填國家，撫百姓，給餉饋，不絶糧道，吾不如蕭何。」顔師古注：「填與鎮同。」文選陸機歎逝賦：「年彌往而年廣，塗薄暮而意迮。」李善注引聲類：「迮，迫也。」

〔九〕「踠蹴」，手足等猛折而筋骨受傷。慧琳音義卷八七「踠足」注引張戩云：「踠，足未騁也，折也。」「蹴」本義踩、踏，引申指進行踩、踏、踢等運動時骨折受傷。

〔一〇〕「魔忤」，此詞爲赤松子章曆特有詞語，再如下文：「魔忤死之訟，訴其精魂怖悸，鬼所制伏。」其他文獻難見該詞。竊以爲，「魔忤」義同「客忤」「卒忤」，是由於邪氣突然侵犯正氣，使精神氣血逆亂，症狀是突然心腹絞痛、脹滿，氣逆上衝心胸，或者疼痛劇烈，悶絶欲死，不省人事。「客忤」「卒忤」，古醫書多有記載，東晉葛洪肘後備急方救卒客忤死方第三：「客忤者，中惡之類也，多於道間門外得之，令人心腹絞痛脹滿，氣衝心胸。不即治，亦殺人。」又：「客者，客也，忤者，犯也，謂客氣犯人也。此蓋惡氣，治之多愈。」隋巢元方諸病源侯論卷二四注忤候：「注者，住也，言其病連滯停住，死又注易傍人也。忤者，犯也。人有卒然心腹擊痛，乃至頓悶，謂之客忤，是觸犯鬼邪之毒氣。當時療治雖歇，餘毒不盡，留住身體，隨血氣而行，發則四肢肌肉淫奕，或五内刺痛，時休時作，其變動無常，是因犯忤得之成注，故名爲注忤。」卷二三卒忤候又云：「卒忤者，亦名客忤，謂邪客之氣卒犯忤人精神也。此是鬼厲之毒氣，中惡之類。人有魂魄衰弱者，則爲鬼氣所犯忤，喜於道間門外得之。」考「魔忤」之成詞，蓋因「客忤」之疾多突然發病，症狀嚴重，加之每每於途中或室外得病，令人倍感惶恐，以爲是「觸犯鬼邪之毒氣」「鬼厲之毒氣」。道教文獻喜神秘其事，故通過語素替换的方式，將教外文獻的「客忤」「卒忤」變爲道書的「魔忤」，這種詞彙翻新，創造了一批富有道教特色的新詞。

〔一一〕「中惡」，中醫病名，俗稱中邪。由於冒犯不正之氣所引起，症狀或爲錯言妄語，牙緊口噤；

或爲頭旋暈倒，昏迷不醒。唐段成式酉陽雜俎怪術：「僧半日方能言，如中惡狀。」

〔一二〕「癰疽」，毒瘡。多由血液運行不良，毒質淤積而生。大而淺的爲癰，深的爲疽，多生於脖子、背部或臀部等部位。淮南子人間：「夫積愛成福，積怨成禍，若癰疽之必潰也。」

〔一三〕「癥痳」，腹中結塊，下痢屢發不愈。玉篇疒部：「癥，腹結病也。」廣韻尤韻：「痳，下病。」

〔一四〕「寄死」，謂死在所依附的人家中。史記佞幸列傳：「竟不得名一錢，寄死人家。」

〔一五〕「踐轢」，車輪碾壓。說文車部：「轢，車所踐也。」

〔一六〕「娣姒」，古代同夫諸妾互稱，年長的爲姒，年幼的爲娣。爾雅釋親：「女子同出，謂先生爲姒，後生爲娣。」晉郭璞注：「同出，謂俱嫁事一夫。」清郝懿行義疏：「娣姒即衆妾相謂之詞，不關嫡夫人在內。」

〔一七〕「中外」，家庭内外，家人和外人。北齊顏之推顏氏家訓風操：「因爾便吐血，數日而亡。中外憐之，莫不悲歎。」

〔一八〕「舉」，推薦，選用。論語堯曰：「興滅國，繼絶世，舉逸民，天下之民歸心焉。」

〔一九〕「奄忽」，本謂疾速、倏忽，舊唐書劉仁軌傳：「奄忽長逝，銜恨九泉。」引申指死亡，宋蘇軾與魯直書之二：「獨元老奄忽，爲之流涕。」

〔二〇〕「人代」，即以外人或外物代己受過。赤松子章曆多有相關記載，卷一病死不絶銀人代形章：「銀箔人，隨家口多少，一人一形。銀無，用錫人，或錢九十九，奏章後，投水中。」卷四解五墓章：「令以錫人代形，分解災厄，延年保命。」其他道書亦見，太上三辟五解祕法：「凡三個本命日，如前呪行持，則木人自然通靈。便能使得出入，往來如神。若遇大限死至之日，則木人代替身死也。」吕元素道門定制卷六：「連年災患，後嗣天亡，鬼祟憑凌，先亡復連，先修章醮，保存拔亡。醮罷行此，以十四人代形，十物爲誓，具舟舫於河邊，遣送斷除，故云河頭。」

〔二一〕「迴逭」，謂調換、改易，與上句「人代」相應。玉篇辵部：「逭，易也。」

〔二二〕「衣形」，衣服和身體。洞真上清太微帝君步天綱飛地紀金簡玉字上經：「咸陽茅盈，受步綱經，師法隱試，火燒衣形，口雖不言，色猶不平，是爲下過，非真之精，可行太極，勿登上清。」「形」，身體。易繫辭上：「在天成象，在地成形，變化見矣。」

〔二三〕「流連」，連續，反復。

〔二四〕「緊急」，嚴密，緊實。宋周密志雅堂雜鈔醫藥：「治卒中，不省人事，牙關緊急，只是用蘇合香丸。」

〔二五〕「拳攣」，屈曲不伸。王契真上清靈寶大法卷五五：「拳攣伸縮，喑啞能言。手足不具，俱得完全。」

〔二六〕「赭鉗」，古刑法名，着以赤衣，以鐵束頸。荀子正論：「殺，赭衣而不純。」楊倞注：「以赤土染衣，故曰赭衣……殺之，所以異於常人之服也。」漢書陳萬年傳：「或私解脱鉗釱，衣服不如法，輒加罪笞。」顏師古注：「鉗在頸，釱在足，皆以鐵爲之。」傳世文獻多作「鉗赭」，漢王充論衡狀留：「長吏妒賢，不能容善，不被鉗赭之刑，幸矣。」南史袁昂傳：「幸因約法之弘，承解網之宥，猶當降等薪粲，遂乃頓釋鉗赭。」赤松子章曆爲凸顯其與世俗文獻不同，特意採用了同素異序詞「赭鉗」這種創新形式。

〔二七〕「産乳」，分娩。北史西域傳流求：「婦人産乳，必食子衣，産後以火自炙，令汗出，五日便平復。」

〔二八〕「胃府」，同「胃腑」，即胃。中醫以膽、胃、大腸、小腸、膀胱、三焦爲六腑。太真玉帝四極明科經：「兆當絶行陰陽，勿與俗人共相交關，履生死之穢，觸忤真靈，啖食五薰，氣充胃府，損精喪神，裸露三光，輕慢玉晨，自收其咎，禍滅兆身，故以相告，詳而奉行。」

〔二九〕「戰竦」，亦作「戰悚」，因害怕而發抖。南朝宋陸修静太上洞玄靈寶授度儀：「執筆戰悚，形魂交喪，懼以謬越致罪，又慮造作招考，進退屏營，如蹈刃毒。」

〔三〇〕「冰噤」，冷戰、寒戰。遼希麟音義卷七「噤口」注引字統云：「噤，寒而口閉也。」王雲路先生指出，表示寒冷義，本字當爲「凚」，也可作「矜」「衿」「噤」「禁」，「冰矜」同義連言，不可分釋①。

① 試説「冰矜」，三〇七—三〇八頁。

〔三一〕「吸嚇」，蓋當作「吸嘘」，「嚇」「嘘」中古音均爲曉母字，音近而訛。道經文獻中，内氣謂吸，吐氣謂嘘。張君房雲笈七籤卷三二：「凡行氣，以鼻内氣，以口吐氣，微而引之，名曰長息。内氣有一，吐氣有六。内氣一者，謂吸也；吐氣六者，謂吹、呼、唏、呵、嘘、呬，皆出氣也。凡人之息，一呼一吸，元有此數。」「吸嘘」二字常連言，法海遺珠卷三七：「下合肝炁，自目中出紫色炁，交東方青炁豁關，青炁中湧出，急吸嘘出香上。」

〔三二〕「温疫」，指傳染病中以熱證爲主要症狀的一類瘟疫，主要是身熱頭疼，煩渴嘔逆，或有汗，或無汗，皆由温熱相合而成。與此相對，以寒證爲主要症狀者則稱「寒疫」。

〔三三〕「翻錯」，錯亂、失常。吕元素道門定制卷一：「中惡死之訟，訴其暴病卒急，意不得伸。霍亂死之訟，訴其飢飽勞役，榮衛翻錯。」王懸河三洞珠囊卷三：「三尸不去，雖斷穀絶五味，蟲猶不死，人體重滯，所夢非真，顛倒翻錯。邪欲不除，由於蟲在其内，摇動五神故也。」

〔三四〕「上氣」，氣喘。周禮天官疾醫：「冬時有漱上氣疾。」鄭玄注：「上氣，逆喘也。」漢張仲景金匱要略肺痿肺癰咳嗽上氣病：「咳而上氣，喉中水雞聲，射乾麻黄湯主之。」

〔三五〕「夫對」，丈夫，配偶。「對」，相配，配偶。詩周頌清廟：「濟濟多士，秉文之德。對越在天，駿奔在廟。」鄭玄箋：「對，配。」孔穎達疏：「文王既有是德，多士今猶行之，是與之相配也。」

〔三六〕「高燥」，高而乾燥之地。漢司馬相如子虛賦：「緣以大江，限以巫山。其高燥則生葴菥苞荔，薛莎青薠；其卑濕則生藏莨蒹葭，東蘠雕胡。」

〔三七〕「土域」，地域，此指墓地。史記秦始皇本紀：「賞及牛馬，恩肥土域。」

〔三八〕「衝激」，本義衝撞、撞擊，引申指冒犯。道法會元卷九〇：「十六字呪，激動元神，二斗顛倒，衝激使者。」

〔三九〕「恩紀」，猶恩情。南史蒯恩傳：「恩益自謙損，與人語常呼官位，自稱鄙人，撫士卒甚有恩紀。」

〔四〇〕「輕濫」，輕佻無禮，胡作非爲。荀子不苟：「喜則輕而翾，憂則挫而懾。」楊倞注：「輕謂輕佻失據。」新書道術：「反禮爲濫。」

〔四一〕「對」，報應。李維琦先生認爲，「對」之詞義當來源於對答、回答。人生所作業，冥冥之中必有所回答，這回答就是報應①。

〔四二〕「刻」，傷害。尚書微子：「我舊云刻子。」孔傳：「刻，病也。」孔穎達疏：「刻者，傷害之義，故爲病也。」

〔四三〕「囚人受貨」，道門定制卷一作「阨人受賂」。

---

① 佛經詞語彙釋，九二頁。

〔四四〕「怨酷」，猶殘暴。洞玄靈寶長夜之府九幽玉匱明真科：「无極世界男女之人，生世所犯，手殺君父，謀反師主，賊害人命，恃强抑弱，攻擊善人，官府怨酷，横罹无端，枉者稱訴，怨對彌天。」

〔四五〕「厭迮」，壓迫、壓制。説文厂部：「厭，笮也。」段注：「厭，笮也。竹部曰：『笮者，迫也。』此義今人字作壓，乃古今字之殊。」後漢書陳忠傳：「是以盜發之家，不敢申告，鄰舍比里，共相壓迮。」李賢注：「迮，迫也。」

〔四六〕「嬰對」，遭受報應。

〔四七〕「禳厭」，禳除邪惡災禍。陶弘景真誥卷七：「人家有疾病死喪衰厄，光怪夢悟，錢財減耗，可以禳厭。」

〔四八〕「遷訛」，謂輾轉流傳而失真。杜光庭道德真經廣聖義卷一七：「皇道帝風，陵頽已遠。興王圖霸，譎詐交馳。時既遷訛，情惟浮競。」

〔四九〕「布素」，或當作「命素」。本書中用作信物的基本都是「命素」，隨處可見「命素一疋」「命素絹一匹」「命素四十尺」之表述，其他道經還有「命素千尺」「命素代戹」「命素紋繒」「延齡命素」「命素一端」之語。「布素」指布衣素服，作爲信物，道藏僅此一見，極爲可疑。「布」「命」互訛，文獻有見，全唐文卷四九九權德輿十七：「初，肅宗受端命以合兵車，思欲去元元於湯火，致王度於金玉，以文告威讓遠猷密布（一作命）之爲重也，故公解巾披荆，校文視草，凡三徙官，被以采章。」

〔五〇〕「勾芒」，古代傳説中主管樹木的神。尚書大傳卷三：「東方之極，自碣石東至日出榑木之野，帝太皞神勾芒司之。」漢班固白虎通五行：「其神勾芒者，物之始生，其精青龍。芒之爲言萌也。」

〔五一〕「蓐收」，古代傳説中的西方神名，司秋。禮記月令：「（孟秋之月）日在翼，昏建星中，旦畢中。其日庚辛，其帝少皞，其神蓐收。」鄭玄注：「蓐收，少皞氏之子，曰該，爲金官。」國語晉語二：「虢公夢在廟，有神人面白毛虎爪，執鉞立於西阿……覺，召史嚚占之，對曰：『如君之言，則蓐收也，天之刑神也。』」韋昭注：「蓐收，西方白虎金正之官也。」

〔五二〕「勾陳」，即「鉤陳」，星官名。漢劉向説苑辨物：「璿璣，謂北辰，勾陳樞星也。」

〔五三〕「轗軻」，同「轗軻」，本爲道路不平，喻指人生多艱或不得志。玉篇車部：「轗軻，車行不平。」集韻感韻：「轗軻，不得志。」

〔五四〕「伺候」，窺伺，伺機。女青鬼律卷六：「右三十六鬼，皆遊行世間，乘人衰隙，伺候有惡，助佐凶殃，造作禍害，改形易象，隨便陵人。」

〔五五〕「周旋」，交往，交際應酬。東漢曹操與荀彧追傷郭嘉書：「郭奉孝年不滿四十，相與周旋十一年，險阻艱難，皆共罹之。」章曆此例指交往的人，亦即朋友。

〔五六〕「僕妾」，媵妾，亦泛指奴僕婢妾。禮記雜記上：「主妾之喪，則自祔至於練祥，皆使其子主之，其殯祭，不於正室。君不撫僕妾。」鄭玄注：「略於賤也。」北齊顏之推顏氏家訓兄弟：「如雀鼠之不恤，風雨之不防，壁陷楹淪，無可救矣。僕妾之爲雀鼠，妻子之爲風雨，甚哉！」

〔五七〕「預是」，吕元素道門定制卷一作「凡是」。

〔五八〕「屯厄」，亦作「屯阸」，謂危難、困苦。三國志魏志管寧傳：「振翼遐裔，翻然來翔。行遇屯厄，遭罹疾病。」

赤松子章曆卷之六

沐浴章

具法位，上言：謹按文書右牒，即日稽首，仰慮亡人在生之日，多諸罪累，没命之後，囚閉三官，困苦之中，未蒙解脱。今謹憑大道之力，拯濟幽魂，宿業〔一〕愆尤，以今蕩滌。謹賫亡人在生衣物，及鎮信錢米、香油、方綵、筆墨等，謹於净庭立作浴堂，沐浴之具，皆令清净，免離幽塗。臣今謹爲伏地拜章，上請沐浴君吏、沐浴夫人、洗浣玉女千二百人，鑒臨亡人，沐浴身形，洗垢除穢，去離桎梏，得覩光明，逍遥快樂，衣食自然，無諸乏少〔二〕，安穩塚墓，祐利生人，以爲效信。恩惟太上衆真分別，求哀。臣某謹爲拜上天官沐浴朱章一通，上詣太上某宫曹治。云云。

【校釋】

〔一〕「宿業」，指過去之世所作善惡等業。道教亦講善惡因緣，與佛教用法相近。南朝梁陶弘景周氏冥通記卷一：「吾今去，勿輕示人，世上亦有經，子有宿業，故口相授耳。」

〔二〕「無諸乏少」，謂没有什麼少的，什麼都不少，應有盡有。洞玄靈寶上師説救護身命經：「所欲求者，我等山神王遣諸軍將吏兵，悉今供給，如其所願，無所乏少。」大乘妙林經：「若有衆生聞此經名，及以誦念一章一句，其人所生，常居净土，衣食充足，无所乏少。」

解謫章

具法位，上言：謹按文書右牒，即日稽首，仰恐亡人在生之日，所向多違，招延不利，凶被亡人，遂爾終亡，如此苦切，人天罕測。罪積玄司，釁彰天府，亡者平生之日，三業六根，多諸罪結，上觸天禁，下犯地忌，中悮人鬼，有諒〔一〕罪深，不測魂路，遂即一心，歸命大道，告訴，向臣求乞章文，具如所列。臣謹爲伏地拜章，上請素車白馬將軍，兵士十萬人，又請太玄君一人，官將百二十人，一合來下，主爲亡人魂爽，永離三塗，名書六天，願爲度脱重罪。請太玄真符，告下天地水官府，女青詔書，地下二千石，丘丞墓伯、十二塚神，泰山二十四獄，東嶽泰山地獄，中都大獄，天一北獄，皇天九平獄，南嶽衡山地獄，西嶽華山地獄，北嶽恒山地獄，中嶽嵩高山地獄，北都寒池牢檻之獄，九江水帝河伯將佐掾吏，一切放遺亡人，永離幽塗，昇遷福堂，衣食自然，不得注訟生人。恩惟太上分別，求哀。

【校釋】

〔一〕「有諒」，確實，的確。「諒」，確實。漢鄭玄詩譜序：「詩之興也，諒不於上皇之世。」孔穎達疏：「上皇謂伏犧，三皇之最先者，故謂之上皇。鄭知于時信無詩者。」「有」作爲詞綴，除了湊足雙音節的詞法意義外，還同時具有加强形容程度的語法意義①。

久病大厄金紫代形章

具法位，上言：謹按文書具銜，某年若干歲，某月日生，行年到某，今於某州縣鄉里觀院，謹奏金紫代形章一通。某爰自幼小，以至于今，無德無功，叨榮重禄，歲月積久，罪咎彌深。又職在養人，政專撫俗，或緣情喜怒，傍公徇私，或率意刑罰，悮犯真聖，失在毫末，釁

① 蔣宗許漢語詞綴研究，八四頁。

重山嶽，常懼冥責，唯無覺悟。某自某月已來，災疾。云云。伏惟大道潛貸〔一〕，有感必通，某微誠上陳，伏希降鑒。謹依儀式，賫金人一形，紫紋若干尺，隨年命，米一石二斗，鎮錢一千二百文，油一斗二升，紙一百二十幅，筆兩管，墨兩鋌〔二〕，青絲一百二十尺，算子一百二十條，凈巾一條，用爲法信，上投大道，求乞章奏，削落死籍，注上生名。臣謹按師法，參詳天圖，某受生九天，冠帶五常，九宮籬落，八卦交纏，三光朗照，七元輔身，乾坤覆載，五氣翼形，陰陽育養，開導光明，法象天地，名參中元，司命勒籍，太一檢年，玄符記録，在南昌上宫、紫蘭之内，玉册七寶之函，承天順地，禀氣玄天，定算冥中，初無夭傷。今世運否，三元交喪，真氣上昇，六天鼓行，千精萬邪，枉害生民，致有理不揚，抱枉不彰，三尸枉魂，飛爽彌天，怨鬼號訴，稱恨三官，天高地邈，幽冥不理，注連生人，致有先亡祖考，中外傷精，搆合爲凶。臣按天師九道考經元辰包鉤命訣之法，人命受生，有吉有凶，脩短之期，各有歲月日時。生值吉德，則長享五福，犯刑遇害，終於六極〔三〕。謹尋某本命某某，命人以某爲鬼行年某災厄深重。云云。

伏聞大道普慈，好生惡殺，無災不救，無厄不解，既生當活，已成當盖〔四〕，哀念一家，愍其厄疾。臣忝任治職，奉宣慈化，不勝所見，謹冒清嚴，披露丹懇，伏地拜金紫代形章一通上聞，伏惟太上無極大道、太上老君、諸君丈人、天師女師、三師衆尊，乞垂大恩，特賜原赦，解某宿對之僽，千罪萬過，道氣廣覆，迴育養之恩，救濟一切，賜續壽命，身入福德之中，以上官典者垂神省理，分解年命，生月胎日，宿新災厄，凶禍之氣，隨事和解。爲某上請三十二天帝君、長生司馬，代形度命；南昌元君、監生使者各三十二人，乘飛龍羽車；三十二天帝，兵馬各九億萬人，一合來下，賫某金人、紫紋，上詣三十二天，曆星檢宿宫曹之中，貿名[五]易形，更請真神玄元生氣下入某身中，更注上生籍，延命無窮。謹請延年益壽君各五人，官將一百二十人，一合來下，賫某代形金人、紫紋信物，上詣太清玄元生氣宫，伏請下條星度筭君、貿名易形君、脱死上生君。又請臣身中功曹使者、太陰考召君吏，賫某代形金人、紫紋，上詣北斗太陰御女下一重冥宫太陰典死籍庫壁櫃之中，貿某身名，易某身形，上名生籍玉曆之中，延命無極。又請魁魓[六]君五人，官將百二十人；太皇萬福解患君五人，官將百二十人；三天解厄君、解害君各五人，一合來下，主爲某上解生年日月胞胎所犯日月五星二十八宿醜星惡宿，下解地祇禁忌五災六害七咎八難九厄十苦十二刑殺，願北斗七星削除某死名，貪狼巨門斷絶死源，禄存廉貞貿易死形，文曲武曲除籍死録，天綱破軍殺氣不加。願三台君解某行年六害過度疾病死喪之厄，歲月日時之厄，天地之厄，牢獄之厄，兵賊之厄，四時五行金木水火土之厄，千凶萬厄，盡乞度脱。請煩東極青華九玄上宫青帝、監生度命君、貿名易形君、神仙度世君各一人，兵士各九百萬衆，乘青雲羽車，飛行萬里，一合來下，賷某代形金人、紫紋，上詣長生宮中，爲某貿名易形，更上生籍玉曆之中，青帝冠帶，延命無窮。重煩南極南昌宮中赤帝、監生度命君、貿名易形君、元氣受生君、神仙度世君各一人，兵士各九百萬衆，乘赤雲羽車，飛行萬里，一合來下，賷某代形金人、紫紋，上詣南極長生宮中，爲某貿名易形，更上生籍玉曆之中，赤帝冠帶，延命無窮。重煩西極白素宮中白帝、監生度命君、貿名易形君、元氣受生君、神仙度世君各一人，兵士各九百萬衆，乘素雲羽車，飛行萬里，一合來下，賷某代形金人、紫紋，上詣素雲宮中，爲某貿名易形，更上生籍玉曆之中，白帝冠帶，延命無窮。重煩北極玄斗太陰宮中黑帝、監生度命君、貿名易形君、元氣受生君、神仙度世君各一人，兵士各九百萬衆，乘玄雲羽車，飛行萬里，一合來下，賷某代形金人、紫紋，上詣太陰御女下一重冥宮中太陰典死籍庫壁櫃之中，爲某貿名易形，更上生籍玉曆之中，黑帝冠帶，延命無窮。重煩中央高皇三十二天玄都紫微宮中黄帝、監生度命君、貿名易形君、元氣受生君、神仙度世君各一人，兵士各九百萬衆，乘黄雲羽車，飛行萬里，一合來下，賷某代形金人、紫紋，上詣三十二天始生元氣宮中，爲某貿名易形，更上生籍玉曆之中，黄帝冠帶，延命無窮。謹請某本命某并從官某人，千乘萬騎，爲某保守禄命，拘制三魂，滅除九氣，易形生神，安鎮宮府，長生無窮。又請某行年某并從官某人，千乘萬騎，爲某保延禄年，拘制魂魄，削死上生，安神定氣，永鎮生宮之中。願真君父母爲某上消天上四方星宿之災，下散地上八方之禍，各保某禄命，上詣三天曹，解某身中真官考召，解脱羅網，削死上生，移名玉曆生録之中，轉禍爲福，轉凶作吉，以德消刑，以福消禍。四時五行金木水火土，雖復相殺，還復相生，戊己中和，神仙道成，願左右玄元始氣生活。某若犯天地水三官殃考，應還鬼伍者，願三台君解除。億基萬考〔七〕，千咎百禍，十凶九厄，三災八難之中，特爲解救，增益算壽，更著生録。願明曹典者，尋拔十方之内，某所犯宿連罪命衰厄所在，悉爲隨事和釋於三河四海、九江八極、天地水三官、百二十曹府、六律九章、泰山二十四獄、玄河北獄之中，拔贖某三魂七魄，女十四魄。還附身形。又請三天拔命君、度厄君、度命君、濟厄君各十二人，消災散禍君十三人，倉穀吏、樹木嗇夫、二十八宿、三百六十五度周天八極君十二人，左右執法君十二人，官將百二十人，河畔六府、河伯水府、解厄掾吏三百六十人，又請中宫閑能兵士百萬人，一合來下，入某身中，消除行年本命十二禁忌，衝破拘元檢敗，大會小會、五刑九厄、五凶六害、九醜衰厄，安定五藏，調和六府，百病除差。又請周鼎君一人，治大夫宫中，爲某和解曆紀，周旋〔八〕八極，除死籍，上生名，超百二十生氣，延年不老。又請南上君一人，官將百二十人，治列庫宫。周玉君一人，官將百二十人，治地理宫中，衣綵朱袍，丹陽之幘〔九〕，通天之冠。又請周鼎玉女千二百人，衣綵衣，一合來下，爲某致含生之氣，延年度厄，召還魂魄，附某身中，記生名，除死籍，乞生活〔一〇〕。章上所請千二百官君將吏兵，并勑下某身所住所居里中，監察真官四野九野都平君，道上二玄三元四始甲子諸官君，十二水帝河平侯，所在神祇社稷，咸承臣今章御之後，乞某災厄過度，年命延長，四大休吉，道力扶持，元元〔一一〕安穩，以爲效信。恩惟太上分別，哀原臣愚。謹因二官直使、正一功曹、左右官使者、陰陽神決吏、科車赤符吏、剛風騎置、驛馬上章吏、飛龍騎吏等，各二人出。操臣謹爲大道弟子某奏金紫代形解厄延命大章一通，上詣太上某曹治。

【校釋】

〔一〕「貸」，赦免，寬恕。漢書朱博傳：「然亦縱舍，時有大貸，下吏以此爲盡力。」顔師古注：「貸，謂寬假於下也。」資治通鑑魏紀一「然後貸出」胡三省注：「貸，原也，赦也。」

〔二〕「鋌」，説文木部：「梃，一枚也。」李建平指出，「梃」的本義是植物的榦或莖，具有綫性的特征，由此引申爲稱量桿狀物等具有綫性特征事物的量詞，早在兩漢時期已見。往往也可以書寫作「挺」或「鋌」。由於古代的墨也是條形的，所以可用「鋌」來稱量①。通過檢索語料庫，我們發現除赤松子章曆和搜神記外，以「梃」量「墨」的用例在南北朝時期極爲少見，這

① 隋唐五代量詞研究，一七—一八頁。

種用法是自唐代開始出現並逐漸增多的。在唐以後的發展中「梃」才寫作「鋌」，所以赤松子章曆中出現的「鋌」應爲在流傳過程中後人所增補①。

〔三〕「六極」，中醫學名詞，即氣極、血極、筋極、骨極、精極、髓極，均爲虛勞重症。張君房雲笈七籤卷三二：「明醫論云：疾之所起，自生五勞，五勞既用，二藏先損，心腎受邪，府臟俱病。五勞者：一曰志勞，二曰思勞，三曰心勞，四曰憂勞，五曰疲勞。五勞則生六極：一曰氣極，二曰血極，三曰筋極，四曰骨極，五曰精極，六曰髓極。六極即爲七傷，七傷故變爲七痛，七痛爲病，令人邪氣多正氣少。」

〔四〕「盖」，超過、勝過，此處指取得更大成就。唐杜甫八陣圖詩：「功盖三分國，名成八陣圖。」

〔五〕「貿名」，改換名號。「貿名」「易形」相對成文，即謂以金人代己受過。元辰章醮立成曆：「列星度宿，分解災厄，上詣無生府齊童君，勒不死炁之鄉，下勒少陽北宮。爲某貿名易形，削除死炁辛未，移居生録之中，延命無窮。」

〔六〕「魁」，星名，北斗之柄。

〔七〕「億基萬考」，本書卷二禁戒：「千四百過爲一基，基者令人殃流五世。千六百二十過爲一讁，讁者令人斷世無後嗣。」極言罪過之多，道藏中多用「千基萬考」，洞真太上八道命籍

① 劉祖國從量詞使用看赤松子章曆的成書年代，見本書附録。

經：「臣妾七世父母，解脱憂苦，上生天堂，衣食自然，除臣妾等千基萬考，宿對重愆如上。」亦言「千罪萬考」，靈寶無量度人上經大法卷二六：「告下羅酆北府，三官岱宗，河源泉曲，主執萬神，原赦臣某千罪萬考，萬禍千殃，除落冤對，記名三天。」或言「千殃萬考」，太上洞神洞淵神咒治病口章：「若亡人有犯甲戌旬中千罪萬過、千基萬謫、千殃萬考，神將天内吏張不臨將從四百人，與黃素玉女解釋之。」

〔八〕「周旋」，來往、往返。太清金液神氣經：「右五水神，知者長生久視，周旋八極，往還十方，不畏風波，不憂飢渴。」

〔九〕「丹陽之幘」，道藏中多作「朱陽之幘」，道士法服之一。寧全真靈寶領教濟度金書卷一三：「正一功曹弁朱陽之幘，冠通天之冠，衣皂紈單衣，腰帶龍頭之劍。」靈寶玉鑑卷一二：「次存上仙隱影大將軍，姓葛，名雍，字文度，戴朱陽青幘通天之冠，絳紈丹衣，手持玉戟。次存上神藏形大將軍，姓周，名武，字文剛，戴朱陽赤幘通天之冠，絳章丹衣，手執玉陽之節。」

〔一〇〕「生活」，生存，存活。唐釋道世法苑珠林卷五七：「諸含血蟲，皆貪生活，不當殺之。」

〔一一〕「元元」，百姓，庶民。戰國策秦策一：「制海内，子元元，臣諸侯，非兵不可。」高誘注：「元，善也，民之類善故稱元。」後漢書光武帝紀上：「上當天地之心，下爲元元所歸。」李賢注：「元元，謂黎庶也。」

收魘夢章

具法位，上言：謹按文書，某列訴千生有幸，得在道門，以自保持，被蒙恩覆，闔門端正，每自喜樂。但以肉人奉法初淺，僁咎累臻，某自近已來，寢卧不安，眠則魘魅，又夢寤參錯〔一〕，多見先亡後化往來，輒便驚魘〔二〕，大小惶怖。依憑大道請治，告臣求乞章奏，以自救護。謹爲拜章上聞，願乞大道哀愍肉人，解除殃害。若有故氣太歲太陰大將軍，此時司命十二月建，前後八神，拘刑破殺，宅中伏龍，七獄掾吏、遲留逆殺〔三〕、四面蜚功、懸尸六害〔四〕、十二下媚〔五〕，及客鬼寄住之氣，盡令消散。謹請萬神君五人，官將百二十人，主爲某却死來生，却禍來福，辟斥故氣，精祟注鬼。重請天昌君，黄衣兵士十萬人，主收某家中外强殃、十二刑注、夢寤之鬼。重請太陽君一人，官將百二十人，治佐蘭宫，主治眠卧不安，驚怖之鬼，皆令銷却。若有塚墓十二塚訟强殃，復連一切，盡以三氣除之，解絕復連，不得爲後生人作精祟。重請天中敢健吏兵君，官將百二十人，主收捕某家先亡遲留逆殺考害之鬼，付女青北獄治罪。某身中所苦，悉令除差，卧得安貼，不復驚魘。恩惟太上分別，求哀。

【校釋】

〔一〕「參錯」，錯亂。杜光庭太上宣慈助化章卷二：「頃日以來，夢寤參錯，所見非常，家中不利，口舌横生，肉人違科犯約，以致轗軻。」

〔二〕「驚魘」，爲惡夢所驚嚇。太上除三尸九蟲保生經：「白日昏沉，每夜驚魘，催人早死，圖人祭祀也。」

〔三〕「逆殺」，逆亂，禍亂。女青鬼律卷一：「自後天皇元年以來，轉生百巧，不信大道，五方逆殺，疫氣漸興，虎狼萬獸，受氣長大，百蟲蛇魅，與日滋甚。」

〔四〕「懸尸六害」，正一法文經章官品卷三：「北平君官將一百二十人，治群城室，主解天下嫁娶不宜姑翁，生命在天，年歲星逆鬼之中，各有姢鬼妬神，醜宿惡星，懸尸六害，胞形骨消，不宜子孫者，下此神保護之，使命長相宜。」唐李淳風金鎖流珠引卷二二：「五刑交集，三丘五墓，天年歲殺，懸尸六害，孤辰寡宿，九宫八卦，絶命刑禍，天羅所纏，地網所繞，深恐身命，不能保全。」

〔五〕「十二下媢」，「媢」謂鬼魅。列子力命：「鬼魅不能欺。」釋文「魅」作「媢」，云：「或作媢。」太上洞神洞淵神咒治病口章：「竈君嗔怒，日日上天，言白罪過。殃殍男女，十二媢蟲，山川社祠鬼事，不了了。上下相引，共來病人。」又：「道上行客，五虚六耗。五毒凶吹，十二不媢之鬼。春秋冬夏，清濁之氣。歲復月連，日復時連。」

爲亡人首悔贖罪解謫章

具法位，上言：謹按文書，某乙素以下官子孫，運會有年，遭逢大化，操信制屬，以自保治，蒙恩覆蓋，大小慶慰，而以頑愚，修奉多違，以招考罸。頃來轗軻，凡百〔一〕無善，某身疾病，從來。云云。伏自考思精祟所由，恐亡人某生時犯罪，不忠不孝，不仁不慈，婬情嫉妬，罵詈呪詛，牽天引地，叫唤神靈。或貪財盜竊，枉剋非理，改動所作，凡百無善，致收大考，繫身后土。恐亡殁之後，被受重謫，魂魄考對，結在三官，徒刑作役，楚毒備至，不堪困苦，逮累生人，致令某家基考復注，殃禍不絶，生死困辱，不自解免。元元之情，憑恃道氣，某今備條某生時罪狀，首列詣治，并賫某物，以立心信，拔贖某生時所犯百萬之罪。臣以頑闇，不明鬼氣，謹承某辭，伏地拜章上聞。唯願太上大道、天師門下典者，特垂愷悌之恩，察臣所奏，乞依太上首悔〔二〕之制，爲某家亡人某隨事和釋，解散考謫，重遣功曹使者，賫某信儀，遥詣三天曹，按某生時所犯，隨原料剔〔三〕，削除刑名，絶滅事目。謹請太玄真符，攝下女青詔書，地下二千石，丘丞墓伯，十二塚神，泰山二十四獄，中都大獄，天一北獄，皇天九平獄，天地水三官，河侯河伯，將佐掾吏等，一切放某等魂魄，使還附尸骨，免離囚徒困苦之中，得上屬天曹和樂之地，斷絶殃注，滅除死籍。若某生時有犯五盟七詛，更相拘牽，結逮不解者，某乞丐一切解罷釋散。某家從今以去，令生死安穩，門户隆利，疾病除差，以爲效信。恩惟太上分別，求哀。

【校釋】

〔一〕「凡百」，一切。詩小雅雨無正：「凡百君子，各敬爾身。」鄭玄箋：「凡百君子，謂衆在位者。」宋陳景元元始無量度人上品妙經四注：「凡百群倫，庶同歸嚮，咸臻善利，以副憂勤。」

〔二〕「首悔」，自首悔過。首悔衆罪保護經卷中：「應殞之人賜之更生，罪結之人聽以首悔。首悔之者，皆當言議送款，竭情寫意，六齋十直，庚申甲子，八節本命，入室燒香，披陳愆犯，則罪無不原，過無不除，功無不積，德無不立，道無不感，仙無不成。」

〔三〕「料剔」，挑選，挑出。「料」謂別擇、挑選，鬼谷子卷上：「捭之者，料其情也。」陶弘景注：「料謂簡擇……情有真僞，故須簡擇。」老君變化無極經：「吾今即位，衆事敬積。料生別死，大運期近，不得中還。」

賣亡人衣物解罪謫遷達章

具法位，上言：謹按文書，某列素以胎生肉人，下官子孫，千載有幸，得奉大道，兼蒙恩育，賜某大小百官重籙，參佩內外，光顯非分，實荷罔極。但某等肉人，生長季俗，不能承科，奉戒多違，招延考罰。亡過某前得疾病，不蒙原赦，以某年月日謝命三官，從此已來，疾氣。云云。恐某先身宿緣，及在世之時，所行罪惡，新故乘釁〔一〕，及存亡考負，魂魄繫對，在三官困苦之中，不堪憂惱，注逮生人。某大小痛死憂生，無復情計，不知立何功德，以相拔贖，謹賫某生時服飾某種衣物，以贖某死魂，重謫斷絕，復連歸命。告臣求乞章奏，上如所列。臣以大道慈化，憐生愍死，歸向之民，存亡戴賴〔二〕，最以幽縶〔三〕之魂，有昇遷之慶，法輪開度，化生人道。某丹心惻盡，敢緣慈恩，仰希照潤，謹冒清正，拜章上聞，唯蒙太上無極至真申臣所奏，原赦某先身今世，特垂料省。謹爲上請素車白馬將軍，兵士十萬人，又請太玄君一人，官將百二十人，主知某魂神閉繫所在，若長淪三徒，名書六天，願盡爲度脫。重請仙官大歷君，官將百二十人，治西水宮；重請太玄真符，告下天地水三官，女青詔書，地下二千石，丘丞墓伯，十二塚神，泰山二十四獄，中都大獄，天一北獄，皇天九平獄，東嶽泰山地獄，南嶽衡山地獄，西嶽華山地獄，北嶽恒山地獄，中嶽嵩山地獄，北都寒池牢檻諸獄，九江水帝，河侯河伯，將佐掾吏等，一切放某魂魄，削去罪目，解除刑名，放囚出徒，沐浴冠帶，遷昇福堂，反胎化生，還於善門，絕死注於六官，上生名於丹籍〔四〕，賜某等大小所苦，並蒙除愈，口數無他，向願從心，以爲效信，生死千罪萬過，唯乞原赦。恩惟太上分別，求哀。

【校釋】

〔一〕「乘釁」，利用機會，趁空子。寧全真靈寶領教濟度金書卷二九〇：「寒暑燥濕，六炁循環，過則爲災，祅鬼乘釁。六神守鎮，速禦無留，一如告命。」章安宋徽宗道德真經解義卷八：「不以道莅天下，則人爲私邪所勝，故陰陽謬戾，而鬼靈乘釁，得以神其妖。上莅以道，則天清地寧，人和氣和，而鬼亦寧。」

〔二〕「戴賴」，擁戴信賴。三國志吴志周魴傳：「時事變故，列於別紙，惟明公君侯垂日月之光，照遠民之趣，永令歸命者有所戴賴。」魏書劉潔傳：「臣聞天地至公，故萬物咸育；帝王無私，而黎民戴賴。」

〔三〕「幽縶」，囚禁。太上一乘海空智藏經卷八：「若有外道諸邪見師，即以妄語種種惡言，當知是人死入地獄，萬劫幽縶，長淪三塗五苦之中。」

〔四〕「丹籍」，記録善功晉升的仙籍，與記録罪考懲罰的「黑籍」相對。北極真武普慈度世法懺卷一：「於諸宫觀，或在家庭，備列香花，虔心懺禮，誓依吾教，改往修來，即得讉削黑書，名標丹籍，見存獲慶，過世超昇。」道法會元卷三九：「赦宥弟子某宿生今世重罪深愆，超度宗先，消除罪業，紀名丹籍，注職仙班。」

滅度三塗五苦鍊尸受度適意更生章

具法位，上言：謹按文書，臣以凡愚，先身功微，雖生人道，履於穢世，塵濁所染，自分〔一〕淪胥〔二〕，絶望天路，皇極哀矜，未見刑辟，闕閡〔三〕僥倖，得參三景真經。雖志自克勵，而爲尸蟲所纏，累在嗜欲，觸事〔四〕違戒，加值今陽九〔五〕運促，驅除已及，功没罪見，未能自拔，常懼一旦奄忽無期，雖念自新，而結縛未解，善緣未至。敢以刑餘之命，於三掠〔六〕之門，冒陳瞽誠〔七〕，干忤天真，追念悚息〔八〕。臣某等誠惶誠恐，頓首死罪死罪。臣竊見經旨明戒，有可憑恩。經言：自非先身有善，累劫之功，名書瓊簡〔九〕，不得妄見寶經，預以見者，皆應昇度。或功德未足，生死未充，未得白日飛騰。或託尸解，暫經太陰，魂神受對，寄形地官，因緣期訖，得還故宅，一時俱昇。如靈旨所誡，則奉法者猶有可冀，是以愚臣敢申所見。即日有某郡縣鄉里某，年如干〔一〇〕歲，本命某甲，某帝領籍，某月生，受命某天。某在世之時，闕閡好慕，詣道士某，登壇結盟，奉受三景洞經，供養禮拜，時修齋直，但某身履下世，穢濁所牽，功德未滿，滅根未絶，如靈旨所期，某雖形滅，應在尸解。恐某因緣未定，先功未充，以某月日時以疾去世，託滅太陰，形寄土官。今停柩殯宮，須待良辰，遷還蒿里。功德未足，未便早遷，恐爲土府所見驅逼，不相容安，魂飛魄揚，尸形匪寧，摇動考對，注連復生。臣宿世因緣，與某忝結天親，俱處末俗，私心憂念，雖靈契有定，臣猶不自安，嘉荷任之日，以開度爲先。今仰憑無極天尊、元始大化、明真之旨、正一之科，謹爲攝齋，拜章上聞。願大慈哀矜，原除某前身及在世時所犯罪釁，諸有三塗之根，五苦之結，在三官九府考屬執罰之曹，神兵力士鎚杖之下，刑係刀山劍樹，九幽長夜地獄之中者，乞申臣今章，告下三官，賜以某生時建善之功，拔度魂神，還復故形。若某神離魄蕩，尸肉朽腐，願五帝尊神還其肌膚，養復魂神，三光飲哺，注以洪泉，通其榮衛〔二〕，潤以血氣，應轉者轉，應度者度，應生者生。願某所屬某嶽某山真靈正神，爲符下九土地官，各依部界，供給有無，一如明真科旨。當使形安神守，魄不蕩散，頓消罪源，精神還復故宅。乞臣章御之後，某復受生鍊尸，還復故形，上補真仙。伏願太上門下典者，申臣翹翹〔三〕之心，所奏蒙御，開度幽冥，上願天慈造化，無量大恩，下使臣愚念不辜。恩惟太上分別，求哀。云云。爲某拜上滅度形神、拔出三官九府三塗之根、五苦之結、開九幽地獄、還復魂神、鍊尸受度、適意更生章一通，上詣太上某宮曹治。伏須告報。

【校釋】

〔一〕「自分」，自料，自以爲。漢書蘇武傳：「自分已死久矣！王必欲降武，請畢今日之驩，效死于前。」

〔二〕「淪胥」，淪陷、淪喪。晉書涼武昭王李玄盛傳：「淳風杪莽以永喪，搢紳淪胥而覆溺。」唐玄宗御製道德真經疏卷一〇：「厥初生人，身心清靜，而今耽染塵境，失道淪胥者，情欲之所爲也，則知與身爲怨之大者，其唯情欲乎？」

〔三〕「闚闟」，窺伺。玉篇門部：「闟，窺也。」慧琳音義卷七八引集訓：「闟，竊視也。」鹽鐵論力耕：「內懷闚闟而心不怍，是以薄夫欺而敦夫薄。」太清金液神丹經：「夫仙人飛沈靈驗難論，實非凡庸可得闚闟。自丹經神化者，著在實驗，是故天尊貴人隱祕此道。」

〔四〕「觸事」，凡事，事事。太上靈寶洪福滅罪像名經：「弟子等自從無量劫來，至于今日，或前生今世，不識因緣，觸事乖違，所行顛倒，混同塵俗。」

〔五〕「陽九」，天地自然之運度，年厄歲災之數。無上祕要卷九：「道言：靈寶自然運度有大陽九、大百六、小陽九、小百六。三千三百年爲小陽九、小百六，九千九百年爲大陽九、大百六。夫天厄謂之陽九，地虧謂之百六。」

〔六〕「三掠」，太真玉帝四極明科經卷一：「刀山在岱宗之北，空洞小天之上，周回七千里，上置百二十曹府，千二百掾吏，執罰神兵五萬人，主有罪犯於三官者，死魂皆使登山往反，萬劫爲一掠，窮魂楚痛，得經三掠，方詣流火之鄉。流火之鄉在霍山之南，巨陽洞庭之內，周回五千里，罪魂悉付火鄉，食火啖炭，燋魂苦痛，萬劫爲一掠，三掠得充三塗之役。」

〔七〕「謇誠」，謙指己之誠意、衷情。論語季氏：「侍於君子有三愆：言未及之而言謂之躁，言及之而不言謂之隱，未見顔色而言謂之瞽。」「瞽」謂昏昧、不明事理，作謙辭的「瞽誠」，義同「愚誠」。

〔八〕「悚息」，本謂因惶懼而屏息，引申用爲書信套語，猶惶恐。陶弘景真誥卷一一：「愚心鄙近，亦以肉人穢濁，精誠不懇，無能上達，不悟已暢高聽，得蒙省察，辭與事違，悚息而已。」

〔九〕「瓊簡」，玉簡，仙册典籍。呂元素道門定制卷七：「臣竊見經旨明戒，可憑經言，自非先身累德立功，名書瓊簡，不得妄見經法。」

〔一〇〕「如干」，若干。資治通鑑唐德宗建中元年：「知院官始見不稔之端，先申，至某月須如干蠲免，某月須如干救助。」胡三省注：「如干，猶言若干也。程大昌曰：若干者，設數之言也。干，猶箇也。若箇，猶言幾何枚也。又説：干者，十干，自甲至癸也，亦以數言也。」

〔一一〕「榮衛」，中醫學名詞。「榮」指血的循環，「衛」指氣的周流。「榮」氣行於脈中，屬陰；「衛」氣行於脈外，屬陽。榮衛二氣散布全身，内外相貫，運行不已，對人體起着滋養和保衛作用。素問熱論：「五藏已傷，六府不通，榮衛不行，如是之後，三日乃死。」

〔一二〕「翹翹」，企盼貌。南朝梁陶弘景周氏冥通記卷二：「有緣自然會，不待心翹翹。」舊唐書薛登傳：「希潤身之小計，忘臣子之大猷，非所以報國求賢，副陛下翹翹之望者也。」

出喪下葬章

具法位，上言：謹按文書，某列奉法無狀，招延凶考，亡人某以某年月日没命三官，安喪宅内某地，未得葬之。當以今月某日某時，權移某屍柩，從某地出，安埋某處。某奉屬清真〔一〕，委誠道氣，不復從師卜問，懼爲太歲將軍、十二月建、鉤刑破殺、下官故氣、千禁萬忌所見傷害，求臣上聞，以自防護。臣按某爲道民，事與俗殊，送終葬死，無所忌諱，一心之民，在〔二〕可哀愍。謹請太素太始君五人，官將百二十人，又請葬埋吏十二人，一合下符，攝下女青詔書，地下二千石，丘丞墓伯，十二塚侯，及所經由里域路次〔三〕禁忌之官，不得侵犯某家，當令某潛寧后土，精爽安穩附就，魁綱〔四〕衆忌，一切消滅，要以某家死生無他，以爲效信，事訖言功。恩惟太上分别，求哀。

【校釋】

〔一〕「清真」，純真樸素。南朝宋劉義慶世説新語賞譽：「清真寡欲，萬物不能移也。」金劉處玄仙樂集卷二：「清真保性命，愛盡心猿定。無罪免沉淪，碧霄朝至聖。」

〔二〕「在」，謂實在、的確。無上祕要卷四八：「宣辭訖，某等按如辭言，言款事切，在可哀愍，不勝所見，輒共相攜率，沐浴清浄，燒香然燈，輒經行道。」蔣叔輿無上黄籙大齋立成儀卷一八：「按如詞言，在可矜憫。」杜光庭太上宣慈助化章卷二：「乞從大道，更受生活，肉人歸誠，在可憐傷，謹騰某辭，觸冒湯火，伏地拜章。」推測此義之由來，蓋因道經文獻之「在」時常出現於「甚在可哀」「誠在可哀」等相關結構中，例如，無上大乘要訣妙經：「天尊告道君曰：衆生可愍，嬰諸苦惱，甚在可哀。吾故慇懃，重説是經。汝勤廣開演，濟度一切。」太上大道玉清經卷五：「聞有真道，目不曾覩，遥思遠念，誠在可哀。」「在」就逐漸沾染了「甚」「誠」表示强調程度之深的用法，即使在没有「甚」「誠」等副詞的四字句中，如上列「在可哀愍」「在可矜憫」「在可憐傷」，「在」也可表示實在、的確之義。

〔三〕「路次」，路上，途中，路途中間。要修科儀戒律鈔卷一三：「如路次野中拾得之物，捉取其物，依摽牓，得主分付。如不得主，入常住也。」太上一乘海空智藏經：「若從遠來，汝等應當路次奉迎，爲是經故，所重之物，應以奉獻。」

〔四〕「魁綱」，又作「魁罡」，指北斗星的斗魁、天罡二星。陰陽家謂每年十月，北斗魁星之氣在戌，是爲魁罡，不利修造。三國魏嵇康難張遼叔宅無吉凶攝生論：「百年之宫，不能令殤子壽，孤逆魁罡，不能令彭祖夭。」資治通鑑唐德宗建中元年：「十月魁罡，未可脩。」胡三省注引史炤曰：「魁罡者，北斗魁星之氣，十月在戌，爲魁罡。」

新亡遷達開通道路收除土殃斷絕復連章

具法位，上言：謹按文書，某列素以胎生肉人，下官子孫，千載有幸，得奉大道，被蒙恩覆，得全首領人口，某等誠用〔一〕欣慰。兼蒙師道所見哀憐，賜署某大小天官籙治，荷恩隆重，實在罔極。肉人生長末俗，不能勤修，建立功德，上報恩澤，百行多違，罪過山積，招延考罰，家門衰頓，喪禍不絕。亡過某前得疾病，不蒙原赦，以某年月日命謝三官，從此已來，宅舍不安，鬼氣不絕，光怪夢寤，疾病。云云。喪衰之餘，懼怖屏營，恐某等死時日惡，殃注不已，詣臣告訴，求乞章奏，上如所列。臣按受陰陽造化而生，雖承九天之業，假備四大〔二〕而成，生時相給，終畢相還，陰陽相配，雌雄相隨，陽唱陰和，男行女從。三萬六千神，眼爲生宗，受明日月，卯酉二門，在人爲神，去人爲鬼，人之將死，故眼睛光墮，左雄右雌，名曰土殃。從一至三，雄白雌黃，二七十四，毛羽飛翔，翅脚帶毒，動則輝光，口銜金殺〔三〕，向人皆亡。東西緣緯，南北乘經，值遇太歲太陰將軍、王耗之神，住不敢行，途路既塞，恐成災殃，有犯重喪，奮羽吐毒，注害生人，死注不絕，緣此而興。又恐某屬三塗，尸役地官，搖動驅逼，還逮生人。臣以師道正一嚴明，生死異世，不得相干，某生死氣逮，注復相延，如不解救，則存没莫分，人命至重，枉濫難容。臣謹爲拜章一通，伏願師道必垂哀矜。願請仙官討氣君一人，官將百二十人，主爲死人某開通太歲太陰大將軍，此時司命王耗，千禁萬忌，約勑四時之官，開通道路〔四〕，不得拘留某精爽注復生人。又請北辰司馬都官從事君一人，官將百二十人，誅殃君五人，官將百二十人，收捕某死時雌雄殃殺魁綱之鬼，復注之氣，疾速去離。某家各還本屬，四時之官，不得拘留，原某前身及今生在世時千罪萬過，千愆萬咎，悉皆赦除。某盟結既解，遷達魂神，去離三塗五苦，還昇福堂，衣食自然，利祐後人，不得更相戀慕，復連殃注，於今斷絶，地官衛尸，神還更生。並賜某家從今已去，大小某等疾病陰私除差，門户安穩，生死受恩。恩惟太上分别，求哀。

【校釋】

〔一〕「用」，連詞，因而，因此。書甘誓：「有扈氏威侮五行，怠棄三正，天用勦絶其命。」三國魏曹植美女篇：「行徒用息駕，休者以忘餐。」晉書庾亮傳：「朝政多門，用生國禍。」

〔二〕「四大」，道門經法相承次序卷上：「何爲名四大？一者地大，爲人骨肉；二者水大，爲人血脈；三者火大，爲人温暖；四者風大，爲人冷氣。」宋董思靖洞玄靈寶自然九天生神章經解義：「應感無方圓，聊以運四大。四大者，疏云：地水火風也。」

〔三〕「金殺」，寧全真靈寶領教濟度金書卷三二〇：「金殺，一曰的殺，一曰破碎殺，一曰白衣殺，則寅申巳亥生人見酉，辰戌丑未見丑，子午卯酉見巳是也。」

〔四〕「道路」，原本作「道理」，據標題改。本章名爲「新亡遷達開通道路收除土殃斷絶復連章」，「開通道路」是道門科儀中常見的法事項目之一，其目的是打通前往陰間的道路，從而使亡魂順利抵達幽冥地府，「開通道理」與文意不合①。

新亡灑宅逐注却殺章

具法位，上言：謹按文書，某素以胎生肉人，下官子孫，運會有幸，得染清化，常蒙恩覆，誠自歡慰。但肉人闔門頑愚，施行多違，招致考罰，頃年以來，家居轗軻，喪死相係。某抱病疾，以某月日死亡，恐某死亡之日，注復生人，有土殃惡氣、喪車䰠䰨〔一〕雄雌之鬼，盤停宅内，傷賊〔二〕不已。肉人惶悖，無復心膽，告訴，向臣求乞，請除宅中注殺，安神定氣，上如所列。臣按人死之日，魂魄流散，化成八殺，雌雄咎注，喪車䰠䰨，或出或上，還重殺害，纏綿宅内，伺候衰缺，復欲中傷，注害生人。謹爲伏地拜章一通上聞，特從大道迴神降福，

① 姜守誠道教文獻中「開通道路」考釋，一九頁。

流清蕩濁。謹請天中敢健吏兵千二百人，又請逐注鬼禽奇君、水坦吏各一合來下某家宅舍之中，收捕峀尸注鬼，雌雄客殺，喪車魁魑，一切絶滅。又請却殺將軍十二人，一合下到某家宅中，收却百二十殃殺之鬼，并勑某家所居里中真官注氣，并守宅三將軍，二十四吏，兵士三十萬人，各豎兵刃外向，繞宅三重。又請神水使者與請官併力掃灑宅中神水，雲行萬里，清嚴宅内，蕩除尸穢，衆官備衛，神明鎮守，并遷某臨亡之時報殺將軍，功成事訖，各還天曹，列受功賞。并請安宅、穩宅、鎮宅、清正吏一合下，安鎮宅舍，保護人口，使復注絶滅，肉人千罪萬過，生死所犯，一乞原赦。恩惟太上分別，求哀。

【校釋】

〔一〕「魁魑」，鬼名。

〔二〕「傷賊」，同義連文，傷害。「賊」作動詞，楚辭招魂：「歸來歸來，恐自遺賊些。」朱熹集注：「自遺賊，自予賊害也。」

受官拜章

具法位，上言：謹按文書，某素以下官之餘，胎生下愚，遭遇開泰，得在民次〔一〕，猥蒙天地重光之覆，得預階倫。昔處在某朝，職滿被銓，遷報某位，王命已行，不敢稽闕〔二〕。當以某日拜受板印〔三〕，仰憑大化清淳之氣，奉發之日，不問時王，歸情師道，告臣求哀。謹爲伏地拜章上聞，爲某上請朱雀君一人，官將百二十人，治洛平宫，主萬民和合，賓客人衆，飲食皆令笑喜，無有怨惡。重請位官受爵君，官將各百二十人；重請四方夷蠻戎狄君，官將各百二十人，一合下營衛某。受拜板印之後，辟斥衆災禁害之氣，使某職顯易遷，居官清利，安穩無他，以爲效信。所請君吏，謁言上官，中宫録署，無令恚恨。恩惟太上分别，求哀。

【校釋】

〔一〕「民次」，謂民間。「次」，間，際。莊子田子方：「喜怒哀樂不入于胸次。」唐段成式酉陽雜俎續集支諾皋中：「於一日持鉢將上堂，闔門之次，有物墜檐前。」

〔二〕「稽闕」，延誤缺席，指無法按時到任。「稽」，延誤、延遲。新唐書郭虔瓘傳：「秦隴以西，多沙磧，少居人，若何而濟？縱有克獲，其補幾何？儻稽天誅，則誘大事。」

〔三〕「板印」，手板和官印。「板」，笏，手板。古代官吏上朝時所執的記事板。宋書禮志五：「笏，古者貴賤皆執笏，其有事則搢之於腰帶，所謂搢紳之士者，搢笏而垂紳帶也。紳垂長三尺。笏者，有事則書之，故常簪筆，今之白筆是其遺象。三台五省二品文官簪之，王、公、侯、伯、子、男、卿尹及武官不簪，加内侍位者乃簪之。手版即古笏矣。尚書令、僕射、尚書手版頭復有白筆，以紫皮裹之，名曰笏。」玄都律文：「言三皇以前，人民淳樸，禮制蓋微，謂之板，二頭俱平。自人皇以後，謂之爲笏者，言之似天地方員，衆官所執，常存天地，與道同體，敬之如法也。」「笏」後來也被道教所採用，作爲道教科儀法器之一，要修科儀戒律鈔卷一三：「科曰：法物、什物，造像、造經，有所施用，輕重各别。答曰：鍾磬、幡花、鑪合、帳蓋、寶幢、經韞之屬，此是法物則重，冠履、几笏、褐帔、裙襦、衫褶等，爲什物則輕。」

臨官莅民章

具法位，上言：某以下愚，誤蒙大恩，爲時所銓，顯叙〔一〕某縣。王命既加，當親民物，便以時世僞濁，人鬼互權〔二〕，肉人功薄，無以禳災。今月某日，啓邁〔三〕即路，尅用某月日到境入界，仰恃道氣，不敢卜日問時。入境之日，爲土地精靈、符師社廟、飲食故氣、太歲將軍、道上禁訶、五行王相〔四〕、魁綱諸忌所見中傷，告臣自列，求乞防保。謹爲拜章，願上官典者，告下某里中土地真官、郵書驛騎、亭傳里邑，皆爲開通，營衛某身。重請昌落君一人，官將百二十人。重請祐護將軍、萬福丈人官將，辟斥衆災。解除禁害君一人，官將各百二十人，與四方夷蠻戎狄君吏各一合來下，同共營衛某身。太歲將軍，四時王耗，千禁萬忌，使某到境入界，安穩無他，居官清利，口數康靖，在職遷顯，歲終如願，時君將吏，言功報勞。恩惟太上分別，求哀。

【校釋】

〔一〕「叙」，按規定的等級次第授官職。周禮天官宫伯：「凡在版者，掌其政令，行其秩叙。」鄭玄注：「叙，才等也。」賈公彦疏：「秩，謂依班秩受禄；叙者，才藝高下爲次第。」

〔二〕「權」，似當爲「攉」之訛。正字通手部：「攉，舊注音權，秉也，平也，量也，始也，稱也，又姓。按：九經字様从手者，古拳握字今不行，俗作權，譌據此說，舊注音訓與木部權溷，非。」「攉」同「拳」，謂搏擊、拳擊。唐元稹有鳥詩：「俊鶻無由拳狡兔，金雕不得擒魅狐。」文中此例，指擊打、鬥争。

〔三〕「邁」，遠行，行進。説文辵部：「邁，遠行也。从辵，蠆省聲。」詩小雅小宛：「我日思邁，而月思征。」鄭玄箋：「邁、征，皆行也。」

〔四〕「王相」，陰陽家以王（旺盛）、相（强壯）、胎（孕育）、没（没落）、死（死亡）、囚（禁錮）、廢（廢棄）、休（休退）八字與五行、四時、八卦等遞相配搭，以表示事物的消長更迭。五行用事者爲王，王所生爲相，表示物得其時。漢王充論衡難歲：「立春，艮王，震相，巽胎，離没，坤死，兑囚，乾廢，坎休。王之冲死，相之冲囚，王相冲位，有死囚之氣。」漢王符潛夫論夢列：「風雨寒暑謂之感，五行王相謂之時……故審其徵候，内考情意，外考王相，即吉凶之符，善惡之效，庶可見也。」汪繼培箋：「五行大義云：五行體休王者，春則木王，火相，水休，金囚，土死；夏則火王，土相，木休，水囚，金死；六月則土王，金相，火休，木囚，水死；秋則金王，水相，土休，火囚，木死；冬則水王，木相，金休，土囚，火死。」

受官消滅妨害章

具法位，上言：謹按文書，某遭遇時會，得在清化，身佩仙官，出入蒙恩，誠用光慰〔一〕。某從某世已來，官爵相承，蒙國重恩，今忝某職，以某日恭受王命，溥倚大道，不卜不問，不擇日，不揀時，持心而行。自受職已來，夢寤參錯，疾病更互，怪異妄生，不知何由。推按歲曆，天地六甲，受板日，某子值五離〔二〕本命，某子行年甲午破子，以十一月受板。復是衰月，太歲某，刑殺在某，墓殺在某，某爲刑殺，更相衝尅〔三〕。時日所臨，下值六合，仍會六害。伏聞大道無禁無忌，精誠不至不能，禳災却害，馳來告臣，求乞文書，謹以上聞，願以道氣下流。謹爲上請天閣君，官將百二十人，治安陽宫，主開除九天禁忌，某受命者消滅之。請天王玉女千二百人，衣青衣，主收天下萬民，拜官受位，印金銀，通神明，却災除害，身壽百歲。若某拜受之日，爲五離時，有妖惡衆害，悉爲消滅，乞上官典者差下所請。某中如干政君，若府，云府中二十四政。若郡，云郡中二十四政。若州，云州中十八政。若縣〔四〕，云縣中七政君。一合併力爲某禳却衆惡，消滅禁忌，在官無他，論議合德，吏民歡心，時蒙遷位，歲竟安穩。如願之日，所請天官，言功報勞，不負效信。恩惟太上分別，求哀。

【校釋】

〔一〕「光慰」，意謂榮耀得寵而高興。本經多見「欣慰」「喜慰」「歡慰」「慶慰」等同類構型詞語，意義相同或相近。「光」，榮耀，榮寵，光彩。詩大雅韓奕：「百兩彭彭，八鸞鏘鏘，不顯其光。」鄭玄箋：「光，猶榮也。」漢書禮樂志：「下民之樂，子孫保光。」顔師古注：「言永保其光寵也。」説文心部：「慰，安也。」

〔二〕「五離」，指壬申、丙申、戊申、甲申、庚申日，合稱「五離日」。上清天關三圖經五離解過絶死度生上法：「行六會移度之道，當修五晨離於死户，度於生宫飛仙之法。當以壬申、丙申、戊申、甲申、庚申五離之日，是時帝君高宴，景龍之輿，緑霞飛軿，從仙官玉女，周旋十天，下降人間。」上清太霄隱書元真洞飛二景經：「是故五離之日，首罪於太陰，修生於太陽，落死籍於北帝，求仙於五星。每至其日，齋盛衣服，燒香入室，悔過念善，存神内思，一心注玄，無雜他念，帝君周行五界，神官自記子之功，上奏於玉皇帝君。」

〔三〕「衝尅」，舊時陰陽五行術數中的一種迷信説法。以地支配方位，相抵觸的叫衝，如子（北）午（南）衝，寅（東）申（西）衝。以天干配五行，相制伏的叫尅，如甲（木）尅戊（土），丙（火）

尅庚（金）。占卜星相者據此爲人推斷歲運休咎，遂有「天尅地衝」的説法。三命通會總論歲運：「歲衝尅運者吉，運衝尅歲者凶。」

〔四〕「若」，原無，揆上下文句式文例補。

遷臨大官章

具法位，上言：謹按文書，某素以胎生肉人，枯骨子孫，昔以樂化，制屬大道，以自保治，蒙恩端厚，常自喜慰。某胄胤之門，世以仕官爲業，累爲某官，綜治王事，名績顯著，今還某職，非某肉人所能披致，仰感大道覆載之祐。某官處在機要，或在塞外云云。職攝百國大政，君臣多是强勢，吏民權下悉皆習滑，又多獄繫，枉直難明，懼文失中，遭罹譴負，歸誠大道廣納之施，訴告，向臣求乞文書，以自保護。臣忝荷重任，不勝肉人告訴之至，謹冒清嚴，拜章上聞，願垂矜祐。謹請東九夷、南八蠻、西六戎、北五狄君各十二人，將吏兵士及時下，圍繞某所住宅，俠從〔一〕左右。重請萬福君五人，官將百二十人，主辟斥故氣精祟，呪詛媚固〔二〕，使却死來生，却禍來福。重請大星君五人，官將百二十人，治石仙宫，主制百姓口舌，讒謗不行，收正其位，令百姓吏民相見笑喜。重請祐護將軍、萬福丈人，官將百二十人，主營衛某身。重請青蒼君，官將百二十人，治巨門宮，厭官怨讎刑禍之氣，止之不到。願上請天官時君將吏，一合同時來下某州郡縣鄉里舍，各隨所主，擁護某身，辟斥邪精瘟毒疫癘之氣，謀議〔三〕媚固，皆令消滅。使某心開意悟，五神聰了，所言者當，所作者允，如千百口，皆爲伏諾〔四〕，藴積唯新，闔門平安，歲終舉善，公私隆利，以爲效信。當爲時君將吏言功舉遷，以報勞苦，肉人大小千罪萬過，並乞原赦。恩惟太上衆真分別。

【校釋】

〔二〕「俠從」，跟隨左右，跟隨前後。「俠」，通「夾」，從左右相持或相對。墨子雜守：「守大門者二人，夾門而立。」太上大道玉清經卷五：「言訖導途，仙童隨之，猛獸俠從，上至半山，見寒栖大師居在絶巖之下，碧玉爲居，黄金爲牀，龍虎列侍，神人在傍。」正一法文法籙部儀：「太陽在左，太陰在右，青龍白虎，朱雀玄武，俠從前後，天神當下，地神並出，五老神君，除甲死籍，青書黄簡上。」

〔三〕「媚固」，諂媚嫉妒。正一法文經章官品卷四：「清廉考召征伐君吏，主收嫁娶時之禁忌媚固媢妬之鬼。」「固」，嫉妒。逸周書祭公：「汝無以嬖御固莊后，汝無以小謀敗大作。」王念孫讀書雜志逸周書四：「固，讀爲婟，音護。説文：『婟，嫪也。』廣雅作『嫭』，云：『嫉、嫪、嫭，妒也。』是婟與嫉妒同義。」一説，猶戾，違反。孔晁注：「固，戾也。」

〔三〕「謀議」，本謂謀劃、計議，此例中與「媚固」連言，作貶義詞，指陰謀詭詐。

〔四〕「伏諾」，謂聽命服從。正一法文太上外籙儀：「令某自今以後，所向金石爲開，水火爲滅，千鬼萬神，盡爲伏諾，所化者化，所治者差，被受大恩，以勸未悟，恩惟太上云云。」杜光庭太上宣慈助化章卷二：「伏罪首過，乞丐生活，仍於某家私自跪誓，言當改過爲善，改逆爲順，伏諾從道，不敢前却，唯乞原赦。」太上清静元洞真文玉字妙經：「大明化仙，迴元解惡。魂通剛正，萬惡伏諾。司命定生，皇神安魄。」

保護戎征章

具法位，上言：謹按文書，某列素以胎生肉人，下官子孫，運會有幸，遭逢大化，被受恩覆，誠用欣慰，但以頑愚，罪過山積，常招禍祟。云云。道里長遠，行經江山，歷涉淮泗，方向凶敵白刃之中，鋒毒既交，酷加文武。又軍法嚴峻，動有梟戮，妨惡持權，脅人爲暴。肉人功薄，無以禳災，恐某當此厄難，不能度脱，元元之情，憑恃道氣，詣治告臣，求乞祐護。謹爲伏地拜章一通，上請東方九夷君、南方八蠻君、西方六戎君、北方五狄君各十二人，重請千里君、萬里將軍、祐護將軍，共營衛某身，隨逐覆蓋所在之處，常令安穩。辟斥衆災、疫癘鬼賊，使某白刃不加，度脱厄難，官中清利，無他譴負，以爲效信。當爲時君將吏言功報勞，恩惟太上衆真分别，求哀。

附録

從量詞使用看赤松子章曆的成書年代①

赤松子章曆是早期天師道重要經典之一，主要内容是天師道上章科儀，備列上章時必須知道的各種事項，如章信、章辭、上章之宜忌、章奏模式等。全書凡六卷，卷一總説章曆由來，卷二載書符式、書章法、封章法、斷章法等，及上章時請官、存思、避忌、禁戒等規定。卷三至卷六具載各種章奏六十七通，載各種章名及格式，通過上章儀式，解決人生中的各種問題，消災度厄，這些文字模式可供法師直接抄寫使用。全書文辭質樸，包含不少新興語言成分，具有較高的研究價值。

① 本文原刊於宗教學研究二〇二〇年第三期，收入本書時個别字詞略有調整。

關於赤松子章曆的成書時代，尚無定論，但也没有太大分歧。任繼愈先生認爲約出於南北朝①。丸山宏先生認爲在六朝末期到唐朝，指出書中上清言功章反映了三洞制度確立以後的經法系統，所以赤松子章曆成書不能早於六朝末年②。丁培仁先生將其年代定爲南北朝③。蕭登福先生認爲赤松子章曆章辭用語質樸，應是漢魏早期正一派所使用之道書，撰作年代約在南北朝初期④。目前學界的主流意見是認爲此書出於南北朝。

持不同意見的主要是海外學者，大淵忍爾先生認爲赤松子章曆蓋唐末以前編著⑤，小林正美先生認爲是唐朝初年⑥。倪克生（P. Nickerson）先生認爲其編定要遲到唐朝末年⑦。施舟人（Kristofer Schipper）先生認爲赤松子章曆的現存文本不能早於唐朝末年，因爲

---

① 道藏提要（第三次修訂），任繼愈主編，中國社會科學出版社，一九九一年，二六八頁。
② 道教儀禮文書の歷史的研究，丸山宏，汲古書院，二〇〇四年，六四頁。
③ 增注新修道藏目録，丁培仁，巴蜀書社，二〇〇八年，二七三頁。
④ 正統道藏總目提要，蕭登福，文津出版社，二〇一一年，五九七—五九八頁。
⑤ 六朝唐宋の古文獻所引道教典籍目録採録文獻簡介，大淵忍爾、石井昌子、尾崎正治編，國書刊行會，一九八八年初版，一九九九年改定版，八頁。
⑥ 唐代の道教と天師道，小林正美，知泉書館，二〇〇三年，四〇頁。
⑦ Stephen R. Bokenkamp, *Early Daoist Scriptures*, University of California Press, 1997, p. 238.

它提到了孝道仙王①。傅飛嵐（Franciscus Verellen）先生認爲赤松子章曆受到唐代特有的信仰和實踐的影響，如城隍信仰和孝道或爲先亡燒衣物錢財等②。北京大學王宗昱先生對赤松子章曆的成書問題進行了深入而細緻的研究，他把成書年代的下限定在北宋初期③。

對文獻真僞及作者時代的鑒別，先秦時期已經萌芽。概括而言，文獻鑒別的方法大概有文獻學方法、歷史學方法、文化學方法、語言學方法四種。衆所周知，語言具有社會性，亦有時代性，個人的思想活動、遣詞造句必須以其所處時代的語言爲基礎，不管造假者水平多麽高超，都會在語言表達上露出破綻。徐復從語言上推測孔雀東南飛一詩的寫定年代④、楊伯峻從漢語史的角度來鑒定中國古籍寫作年代的一個實例——列子年代

---

① Kristofer Schipper and Franciscus Verellen ed., *The Taoist Canon: A Historical Companion to the Daozang*. The University of Chicago Press, 2005, pp. 134–135.

② 天師道上章科儀——赤松子章曆和天辰章醮立成曆研究，傅飛嵐著，吕鵬志譯，見黎志添主編道教研究與中國宗教文化，中華書局，二〇〇三年，三七—七一頁。

③ 赤松子章曆的成書年代，王宗昱，見劉仲宇、吉宏忠主編正一道教研究（第一輯），宗教文化出版社，二〇一二年，一六一頁。

④ 學術月刊一九五八年第二期。

考①都是早期的成功之作。近年來，隨著漢語史學科的不斷深入，利用語言學手段進行文獻作者或年代的鑒别逐漸受到重視，取得了豐碩的成果，諸如方一新、高列過東漢疑僞佛經的語言學考辨研究②、盧巧琴東漢魏晉南北朝譯經語料的鑒别③、熊娟漢文佛典疑僞經研究④等。鑒於赤松子章曆成書時代上的分歧，我們嘗試利用語言學的方法，從量詞角度入手對此進行考察。

目前學界對赤松子章曆的研究非常薄弱，專門以此書爲研究對象的論文只有寥寥數篇，除王宗昱、傅飛嵐的兩篇鴻文外，僅餘周豔萍赤松子章曆擇日避忌研究⑤、鄭志明赤松子章曆與生死的儀式治療⑥、程樂松元辰章醮立成曆所見的正一章儀⑦。前人校勘成果，僅有中華道藏尹志華點校本，周豔萍赤松子章曆擇日避忌研究附録有卷一、卷二擇日避忌

① 列子集釋附録三，中華書局，一九七九年。
② 人民出版社，二〇一二年。
③ 浙江大學出版社，二〇一一年。
④ 上海古籍出版社，二〇一五年。
⑤ 北京大學二〇〇七年碩士學位論文。
⑥ 宗教學研究二〇一〇年第 S1 期。
⑦ 宗教學研究二〇一一年第三期。

的部分相關内容，並將上章吉日、醮章吉日與六甲章符日加以對勘，具有一定的參考價值。

赤松子章曆卷一羅列各種章信一百三十五種，各有章名、信物。信物的品目、數量，因章而異，分爲三等。卷二載書符式、書章法、封章法、斷章法等，卷三至卷六具載各種章奏六十七通，載各種章名及格式，這些名目繁多的上章儀式，都對信物的種類及數量有嚴格要求，所以書中的數量結構出現頻繁，形形色色的量詞爲我們判定成書年代提供了方便①。

本文要對赤松子章曆中的量詞進行描寫和研究，自然會涉及量詞的分類問題。量詞是一個複雜的系統，學界至今尚未統一意見，我們主要借鑒劉世儒先生魏晉南北朝量詞研究②一書的分類框架，即首先依據量詞所計量的對象性質劃分爲名量詞、動量詞兩大類。鑒於赤松子章曆中動量詞數量太少，本文主要以名量詞爲描寫對象。然後再從子類上進行進一步的劃分，劉著把名量詞分爲陪伴詞、陪伴稱量詞、稱量詞三類，他主要參考的是當時的漢語語法教材，現在我們採用最新的名稱，將名量詞分爲個體量詞、集合量

① 從量詞角度判定語料年代，前賢已有實踐，從語言角度看齊民要術卷前雜説非賈氏所作（漢語歷史語法散論，柳士鎮，上海人民出版社，二〇〇七年，一七頁）指出量詞「個」同時間名詞「月」字連用，是唐代才出現的語言現象。

② 中華書局一九六五年。

詞、度量量詞三類①，因爲動量詞的内部成員數量較少，僅有兩個②，所以不再劃分小類。

赤松子章曆中共出現名量詞三十四個，其中個體量詞十九個，集合量詞三個，度量量詞十二個，列表如下：

類別		成員	合計	百分比
個體量詞	泛用的個體量詞	枚	19	55.9%
	次泛用的個體量詞	口、領、幅、張、條、鋌、貼、事、笏、種、所、通、階		
	專用的個體量詞	管、文、軀、身、形		
集合量詞	定數集合量詞	雙、對	3	8.8%
	不定數集合量詞	副		
度量量詞	度制量詞	分$_1$、寸、尺、丈、疋	12	35.3%
	量制量詞	升、斗、石		
	衡制量詞	分$_2$、銖、兩、斤		

① 漢語量詞的認知研究，宗守雲，世界圖書出版公司北京公司，二〇一二年，一四八頁。

② 赤松子章曆中動量詞只有「遍」「周」，且皆僅見一例。赤松子章曆作爲上章科儀手册的文本性質決定了其名詞性内容遠遠多於動詞性内容，所以動量詞使用極少。

赤松子章曆中共出現量詞三十六個（含動量詞兩個），其中僅卷一就出現三十個，這是因爲卷一的主要内容是對上章儀式所需信物的種類及數量的列舉，在列舉過程中運用了一系列富有特色的量詞，所以詞量豐富。後五卷大部分是對不同類型章本的介紹，因而量詞用例較少，且大多是對卷一中量詞的重複使用，卷一中未出現的量詞僅有「鋌」「所」「軀」「對」「遍」「周」六個。

書中大部分量詞是對先秦、兩漢量詞的繼承，這些量詞在赤松子章曆中多沿用前代用法，有些也發展出了新的用法，尤其是個體量詞。例如「口」在此時期的詞義就得到了進一步虚化，之前只能稱量人，發展到南北朝便開始泛化①，可以稱量「動物」「有刃的器物」，甚至可以寬泛地使用於刀劍類的器物，赤松子章曆中四十七例「口」全部稱量刀、書刀。量詞「張」「領」「幅」在赤松子章曆中均産生了新的搭配。「張」在兩漢時只能稱量可張開的「弓」「琴」等，六朝時可稱量「紙」「傘」等有平面的事物，赤松子章曆中出現了五十二例以「張」量「紙」的用例，另有二例稱量「斧」和「傘」。「領」最初用來稱量有領的

① 比較早的例子見於東漢，如「筒二枚，錢二千，大刀一口」（東牌樓漢簡六）。長沙東牌樓東漢簡牘是二〇〇四年新發現的材料，感謝李建平先生惠示此例。

「衣服」，後推廣到稱量無領的「被」，南北朝時期進一步發展，可稱量「毯」「席」等，赤松子章曆中出現了四十四例以「領」量「席」的用法。「幅」在先秦時是用來稱量布帛的度量量詞，南北朝時發展出了稱量紙等面形事物的個體量詞用法，赤松子章曆中出現十一例以「幅」稱量「紙」的用例。

赤松子章曆中也出現了一些南北朝新興量詞，如「副」「文」。「副」作爲南北朝新興的量詞，此前還不多見，赤松子章曆中「副」共六例，用來稱量成套的衣服和配套使用的筆墨。「文」也是南北朝時期的新興量詞，赤松子章曆中「文」共出現四十六例。這些新興用法具有中古漢語的典型特徵，反映了中古時期的語言面貌。

金人、錫人這種有「軀體」的代形偶人，是道教上章儀式中的一種章信，以替死人受謫罰，從而分解災厄，延年保命。作爲上章儀式手册，必須有專門衡量代形偶人的量詞。「身」在南北朝時一般情況下是只用於「佛像」的量詞①，而赤松子章曆中的三例都用來稱量道教上章儀式中的代形偶人。與之相類，常用來指稱寳臺、塔、造像的「軀」，在本經中三例亦皆稱量代形偶人。另有五例「形」也作此用法，則具有濃郁的道教文獻語言特色，

① 魏晉南北朝量詞研究，劉世儒，中華書局，一九六五年，一九二頁。

「形」作量詞其他文獻未見。

特别值得注意的是，今本赤松子章曆恐已非原帙，在複雜的流傳過程中，部分内容爲後人所改，有一些後出的語言成分，必須嚴加甄别。書中出現了六個近代漢語時期的量詞，即「鋌」「貼」「事」「笏」「管」「對」，它們的産生年代應爲唐代以降，下面我們重點討論這六個特殊的量詞。

【鋌】説文木部：「梃，一枚也。」王筠句讀：「謂一枚曰一梃也。下文：『材，木梃也。』竹部：『竿，竹梃也。』但指其幹，不兼枝葉而言。」段注：「凡條直者曰梃，梃之言挺也。」劉世儒先生指出，「梃」最常見的是用於甘蔗，偶然也有用來量「墨」的，以「挺」量「墨」也是取其挺直義，只是後來發展才寫作「鋌」，但以「挺」量「墨」，在南北朝並不多見（常見的是「丸」），這樣偶見的用例又是出自後人竄改過的搜神記，它是否就是當時的量詞，實在還成問題①。「鋌」爲「梃」之誤。「梃」本義是植物的「幹」，古代的墨也是條形的，因此可用「梃」

① 魏晉南北朝量詞研究，九八—一〇〇頁。

來稱量，取其如樹幹般直而挺之義。麻愛民先生認爲，「挺」有「直」的意思，用爲量詞稱量「直而長的條狀物」①。洪藝芳先生指出：「『挺』是『梃』之俗字，而後世稱量『墨』，有作『鋌』，今又作『錠』者，皆爲『梃』之訛誤。」②

「鋌」在赤松子章曆中共出現二例，均用來稱量「墨」，例如：

（1）狀紙一百二十張，墨兩鋌，筆兩管。（卷五）

（2）紙一百二十幅，筆兩管，墨兩鋌。（卷六）

通過檢索語料庫，我們發現除赤松子章曆和搜神記外，「梃」量「墨」的用例在南北朝時期極爲少見，這種用法是自唐代開始出現並逐漸增多的。在唐以後的發展中「梃」才寫作「鋌」，所以赤松子章曆中出現的「鋌」應爲在流傳過程中後人所增補。

【貼】「貼」同「帖」，説文巾部：「帖，帛書署也。」本義是寫在絲織物上的標籤，後其語義擴大，廣韻帖韻：「帖，券帖。」一些寫有文字的文書、單據等也稱爲「帖」，此類物品

① 漢語個體量詞的産生與發展，麻愛民，中國社會科學出版社，二〇一五年，五九頁。
② 敦煌吐魯番文書中之量詞研究，洪藝芳，文津出版社，二〇一〇年，二六八頁。

一般爲紙質，故由此引申，可以用「帖」來稱紙的量。

赤松子章曆中有以「貼」量「紙」的用例，表示一定量的紙張，但僅出現一例。例如：

（3）紙五貼。（卷二）

魏晉南北朝量詞研究一書中並未收録量詞「貼」，我們對南北朝時期的語料進行檢索，也未發現「貼」作量詞的用例。根據麻愛民①、張赬②二位先生的考證，「貼」作爲量詞的用法新興於唐代，魏晉時還不見。李建平先生在唐五代量詞研究中介紹量詞「帖」時也指出「隋唐五代時期是該量詞剛剛産生的時代」③。據洪藝芳先生的考證：「『帖』作爲量詞，首出於吐魯番文書，根據其最早之用例其所屬文書年代約於公元六一八至六八四，亦即『帖』的使用約始於初唐時期。」④

綜上，個體量詞「帖」應爲唐代新興的量詞，可稱量「面形事物，如紙」⑤，但這種用法

① 漢語個體量詞的産生與發展，一二〇—一二一頁。
② 類型學視野的漢語名量詞演變史，張赬，北京大學出版社，二〇一二年，一一一頁。
③ 隋唐五代量詞研究，李建平，山東人民出版社，二〇一六年，六三頁。
④ 敦煌吐魯番文書中之量詞研究，二九七頁。
⑤ 類型學視野的漢語名量詞演變史，一一一頁。

並不常見，且大多出現於敦煌文獻、吐魯番文書中。在唐代，「帖」的主要用法是稱量藥劑，因古代藥方寫於紙上，因此稱藥一劑爲一帖。赤松子章曆中的「貼」當爲唐以後道徒所竄入。

【事】説文史部：「事，職也。」本義爲官職，由此引申，泛指事情、事物，作爲量詞用以稱量事物，相當於「件」。「事」能否作量詞一直存在争議，兩漢及魏晉時期就出現了「事」稱量名詞的用例，如下例：

(4)仁、水、火三事，皆民人所仰以生者也。(論語衛靈公皇疏)

劉世儒認爲例(4)中這種用法並不是真正的量詞用例，更準確地説它是表總括的名詞同位語，因此他得出了「『事』這個詞始終没有發展成正規的量詞」的結論①。但據我們的研究，在赤松子章曆中「事」已成爲真正的量詞。

「事」在赤松子章曆中共出現四例，其用法略同於「件」。其中前三例用來稱量衣物，第四例稱量筆、墨，如：

① 魏晉南北朝量詞研究，一五八頁。

(5)著身衣三事。(卷一)

(6)衣服三事。(卷一)

(7)衣綿三事。(卷一)

(8)筆墨各五事。(卷一)

從以上四例來看,「事」用於名詞後,構成「名詞+數詞+量詞」的形式,用來稱量衣物之類,表示「件」之義,已基本可以確定其量詞屬性,所以劉世儒先生所得出的結論似乎並不符合事實,可能是受當時所調查文獻資料的限制而造成的。

通過檢索語料庫發現,「事」作量詞是從唐代開始大規模地出現用例,據敏春芳①、鄭邵琳②、游黎③的考證,「事」是唐五代新興的量詞,可以稱量衣服、器物等。

綜上,「事」在南北朝時期還未成熟,不能歸入正規的量詞系統,而它「在唐代時真正具備量詞的資格,並在後代文獻中繼續沿用」④。過對語料庫的檢索,我們發現「事」在唐

① 敦煌社邑文書量詞「事」「笙」辨考,敏春芳,敦煌學輯刊二〇〇五年第二期,一八一頁。
② 從唐石刻看量詞「事」的產生及其發展演變,鄭邵琳,華北水利水電學院學報二〇一三年第一期,一二七頁。
③ 唐五代量詞研究,游黎,四川大學二〇〇二年碩士論文,六一頁。
④ 敦煌吐魯番文書中之量詞研究,三二六頁。

五代不僅已發展成量詞，並且適用範圍廣，使用頻率高。

【笏】説文新附：「笏，公及士所搢也。」本義是古代大臣上朝所執狹長手板，用作量詞，多用來稱量鑄造成此形的金銀，後來也可以稱量「墨」等。漢語大字典「笏」字條義項三：「金銀的計算單位。鑄金銀成笏形，一枚爲一笏。後指成錠的東西。」①

「笏」在赤松子章曆中用例較多，共出現四十六例，全部出現在卷一中，且都是用來稱量成塊的「墨」，舉例如下：

(9)筆二管，墨二笏。（卷一）

(10)命素一疋，墨一笏。（卷一）

(11)墨一笏，紙二百張，書刀一口（卷一）

魏晉南北朝量詞研究中並未收録量詞「笏」，通過對語料庫的檢索發現，除赤松子章曆外，「笏」在南北朝時期無其他用例，而以「笏」量「墨」這種用法的大規模出現是在宋代之後。據李建平先生考證，「笏」作爲量詞唐代時已經出現，但在隋唐五代文獻中還較爲

① 漢語大字典第五册，漢語大字典編輯委員會編，湖北辭書出版社、四川辭書出版社，一九八七年，二九五一頁。

罕見，但後世仍可見①。量詞「笏」在南北朝是否已經産生仍待續究，但可以確定其成熟和大規模的使用應該是在唐代以後。鑒於赤松子章曆中出現了大量以「笏」量「墨」的用例，我們判斷，這些「笏」應爲流傳過程中後人所添補。

【管】説文竹部：「管，如篪，六孔。十二月之音。物開地牙，故謂之管。」本義是竹制的樂器，因爲筆桿爲竹制，由此引申以「管」稱量「筆」。在赤松子章曆卷一中量詞「管」使用頻繁，共五十例，後五卷中只有兩個用例，都是用來稱量「筆」，例如：

(12)净席一領，筆二管，墨二笏。（卷一）

(13)狀紙一百二十張，墨兩鋌，筆兩管。（卷五）

(14)紙一百二十幅，筆兩管，墨兩鋌。（卷六）

關於量詞「管」的産生年代，目前尚無定論。張赬認爲「管」六朝已經産生，洪藝芳也指出：「以『管』量筆，是承襲魏晉南北朝之用法而來。」②而劉世儒認爲「這個量詞在南

① 隋唐五代量詞研究，九八頁。
② 敦煌吐魯番文書中之量詞研究，二六八頁。

北朝是否已經產生，實在還成問題。」①麻愛民將「管」的產生時代初步確定在隋唐時期②，李建平亦同意麻説。

經檢索，我們發現南北朝時期以「管」量「筆」的個别用例，如漢語大詞典「管」字條義項二十三：「太平廣記卷一一九引北齊顔之推還冤記魏輝俊：『當辦紙百番，筆二管，墨一錠，以隨吾屍。』」③還有北魏寇謙之老君音誦誡經：「歲輸紙三十張，筆一管，墨一挺，以供治表救度之功。」同時我們發現以「管」量「筆」的用法在隋唐時期已有一些用例，但李建平先生認爲「隋唐五代文獻中『管』用作量詞仍然罕見，而且其名詞性也比較强」④。

綜上，最晚在隋唐時代，「管」作爲量詞已經產生，而其成熟與大規模應用要到唐代以後。赤松子章曆中共出現五十二例量詞「管」，數量相當可觀，我們推斷這些内容當爲

① 魏晉南北朝量詞研究，一六九頁。

② 漢語個體量詞的產生與發展，一一八頁。

③ 「冤魂志確切的成書年代，歷來的學者似乎都未明確指出，我們只能根據相關的材料判斷，該書應成書於隋代。冤魂志已亡佚，今日所見均是輯本。冤魂志在流傳過程中題名屢有變化，經過考辨，認定冤魂志應是其本名，還冤志和還冤記等，乃後人未能詳加考證，妄加改動造成的。」（顔之推冤魂志研究，祁凌軍，西北師範大學二〇〇九年碩士論文，二頁。）

④ 隋唐五代量詞研究，二一八頁。

流傳過程中後人所增益。

【對】説文丵部：「對，應無方也。」「對」的本義是「回答」，爲動詞。有問有答兩相對應，因此「對」含有相配之義，由此引申爲表雙數的量詞，一般是稱量人爲配成對的事物。「對」在赤松子章曆中出現一例，如下：

(15)其章具有儀注，若明日拜章，今夜具備浴室五所，如人之沐浴，具備如力，及先製小衣服三對，兼具銀錢，獻上先亡，以充洗浣。（卷五）

通過對語料庫的檢索發現，除赤松子章曆外，「對」在南北朝時期未見其他用例，李建平認爲「對」作量詞此前文獻未見①。洪藝芳也指出：「其作爲量詞，前無所見，首出於唐代。」②據此，「對」應爲唐代新興量詞。

綜合以上分析，「梃」是在唐以後的發展中才寫作「鋌」，書中的「鋌」（二例）應出後人之手。「貼」（一例）的量詞用法新興於唐代，唐之後使用範圍不斷擴大。「事」（四例）

① 隋唐五代量詞研究，一三〇頁。
② 敦煌吐魯番文書中之量詞研究，三三三頁。

直到唐代才真正具備量詞的資格，本書中表件、副之義，已是較爲成熟的用法。「笏」（四十六例）作爲量詞在隋唐五代尚屬罕見，到明清以「笏」量「墨」才較爲常見，書中「笏」都是稱量成塊的「墨」。「管」（五十二例）量「筆」的用法在隋唐五代仍然罕見，直到唐以後才大規模出現。「對」（一例）作量詞從唐五代開始，一經産生就獲得廣泛應用。

從這六個晚出量詞的分佈來看，有四個都出現在卷一，即「貼」（一例）、「事」（四例）、「笏」（四十六例）、「管」（五十例），尤其是高頻使用「笏」和「管」，這説明赤松子章曆卷一被後人增補改竄最爲嚴重。其次，就是卷五、卷六，裏面出現了「鋌」（二例，卷五、六各一例）、「管」（二例，卷五、六各一例）、「對」（一例，卷五），這兩卷有少量後人改動的痕跡。

在宗教學領域，已有學者指出現在見到的赤松子章曆中有唐朝甚至更晚增加的内容，現存的文本應視爲一個增補的本子。北京大學王宗昱先生認爲赤松子章曆中的「城隍」顯然是地獄的含義，據俞樾説此用法始見於太平廣記①。又，三五雜籙言功章裏説到很多的籙，它們反映了赤松子章曆的成書年代，王先生認爲三五雜籙言功章這篇材料是

① 關於「城隍」的内容，見赤松子章曆卷四。

唐代張萬福以後的文字①。赤松子章曆第一卷有一段和北帝信仰有關係的文字，這段咒語很像太上元始天尊説北帝伏魔神咒妙經，文句上有很多相同點，在時間上應該同時，王先生認爲這段書符咒語的年代大約在唐朝末年。赤松子章曆第二卷的存思一節文字，與上清天心正法第六卷的文字非常相近。上清天心正法是北宋天心正法派的重要經典，成書年代在公元一〇一一—一〇七五年間，而赤松子章曆的故事情節比上面這段話還要長一些。王教授根據這條材料把赤松子章曆成書年代的下限定在北宋初期②。王先生認爲這本書也許很早就有了，但是後來又不斷有人增進了新的内容，我們目前見到的赤松子章曆是一個彙編本，其條目的系統性是不嚴密的，它不是一本獨立創作的書，而是資料彙編，是一個重新編輯的本子。王先生的研究是具有相當説服力的，本文從量詞角度所進行的語言學分析或許能爲赤松子章曆的時代判定提供新的輔助證據。

我們基本可以斷定，赤松子章曆卷一中後人羼入的成分最多，卷二、四、五、六亦有一小部分後世道徒編輯增益的内容。利用赤松子章曆研究中古道教文化，當需謹慎，首先

---

① 關於三五雜籙言功章的内容，亦見赤松子章曆卷四。
② 赤松子章曆的成書年代，一六一頁。

要進行文獻鑒别的工作，把那些後代出現的東西挑出來，不要讓其影響我們的研究。

以上我們對今本赤松子章曆的量詞使用情況進行了簡單分析，其中有不少中古時期的用法，也有一些是唐代才出現的，我們應該認識到今本赤松子章曆在流傳過程中有不少後人增補的内容，這些都體現了此書文獻語言時代的複雜性。從書中出現了「貼」「對」「事」「鋌」「管」「笏」這六個唐代新興的量詞來看，特别是大規模使用「笏」和「管」，我們可以判定，今本赤松子章曆的最後成書時間不可能早於唐代。

道教文獻常托之神授，其編著者姓名和編著年代大多不詳，在流傳過程中又常受到後人的篡改。道教文獻語言往往紛錯雜糅，新舊兼備，時常會有後代羼入的成分①。赤松子章曆也體現了這個特點，其文本的複雜性提醒我們必須對其文本語言的歷史層次性有充分的認識。

① 以東晉葛洪神仙傳爲例，方一新等先生認爲：「由於流傳過程中後人的增改，神仙傳已非原帙，其中摻雜了一些後代語言成分，須作甄别。」並舉「闞由」「近效」「冲舉」「雜貨」這四個較早見於唐以來文獻的詞語來説明問題。（參見神仙傳的詞彙特點與研究價值，方一新、柴紅梅，古漢語研究二〇一〇年第一期，二七—二八頁。）